组块教学·智慧教师研修书

跟着薛法根教语文

组块教学的解读与运用

本册主编：张　涛　韩宇哲

本册副主编：张海霞　马兴术

本册编委：

张恒梅　丁秀丽　高丽莎　贾　野　佟敏娟

宋有丽　徐海霞　于招霞　李晓飞　彭　涛

李玉梅　薛立娜　李治萍　张　莉　高　伟

闫艺馨　张胜男　杨昊霖　段雨萌　张洋溢

徐　迪　李　娜

江西教育出版社

JIANGXI EDUCATION PUBLISHING HOUSE

·南昌·

图书在版编目（CIP）数据

组块教学的解读与运用 / 张涛，韩宇哲主编 . -- 南昌 : 江西教育出版社，2021.12

（组块教学 . 智慧教师研修书系）

ISBN 978-7-5705-2688-8

Ⅰ . ①组… Ⅱ . ①张… ②韩… Ⅲ . ①语文教学 – 教学研究 Ⅳ . ① H19

中国版本图书馆 CIP 数据核字 (2021) 第 237975 号

组块教学的解读与运用

ZUKUAI JIAOXUE DE JIEDU YU YUNYONG

张　涛　韩宇哲　主编

江西教育出版社出版

（南昌市抚河北路 291 号　　邮编：330008)

各地新华书店经销

安徽联众印刷有限公司印刷

720 毫米 ×1000 毫米　　16 开本　　18.5 印张　　字数 246 千字

2021 年 12 月第 1 版　　　2021 年 12 月第 1 次印刷

ISBN 978-7-5705-2688-8

定价：48.00 元

赣教版图书如有印装质量问题，请向我社调换 电话：0791-86710427

投稿邮箱：JXJYCBS@163.com　　　电话：0791-86705643

网址：http://www.jxeph.com

赣版权登字 -02-2021-694

推开门后的新发现

——为"组块教学·智慧教师研修书系"而作

今天清晨，降温了，很舒适，我的心情颇好。坐在窗前的书桌上，我翻阅苏州吴江盛泽实验小学（简称盛泽实小）的书稿——"组块教学·智慧教师研修书系"，心情甚好，在舒适外，还有很多的惊喜，像是吹来一阵阵凉风，送来一股股清新的空气，读着书稿，似乎我也生长了一些智慧，因为智慧是对情境的认知、辨别和顿悟。而盛泽实小的教师研修书系，本身就是一种情境，这一情境特别真实、丰富和生动。

还有另一种感觉，那就是读盛泽实小的教师研修书系，像是推开了一扇门。尽管我不知多少次走进过盛泽实小的校门，但是，这次感受不同。书系这扇门，更宽敞，更明亮，更宏大，也更灿烂。这扇门是文化之门、思想之门、智慧之门，它虽是抽象的，却也是丰富的，因为日常所有的生活都凝结在一起，折射出盛泽实小教师们的情怀、哲思，以及在他们耕耘着的田野上飘逸着的文化。这扇门是开放的，却也是需要推开的。轻轻推开，才会在一刹那有了新的发现与感悟，原来，推开门就是打开边际，才能听到"边际"上的对话，触及学校的"内在秩序"，感受"在一起"的力量，盛泽实小的书系又一次唤醒了我的耳朵，让我倾听那美妙的旋律。

不妨把盛泽实小教师研修书系看作是教师的"人间词话"。于是，王国维所辑词话的三重境界浮现在我的眼前："昨夜西风凋碧树。独上高楼，望尽天涯路。""衣带渐宽终不悔，为伊消得人憔悴。""众里寻他千百度，蓦然回首，那人却在灯火阑珊处。"盛泽实小人已用书系搭建了这三重境界的阶梯，向着那境界攀升，书系也正是这三重境界的真实写照。在这个时代，我们的教师，我们的学校需要有自己的"词话"。

推开门，首先看到的是校长薛法根，因为他总是站在"校门口"——学校的前端和高处。说到盛泽实小，薛法根是一个绕不过的人，因为有了薛法根，才有了今天的盛泽实小，才有了这一书系。站在校门口，我最想说的是一句老话：一个好校长可以成就一所好学校。的确，历史与现实不止一次地证明，一个好校长之好，在于他和教师们一起创造了学校的文化，恰恰是文化上的进步，才使学校迈向自由的境界；好校长之好，还在于他让教师成为创造者，而教师又去创造课程、创造教学、创造学校、"创造"学生。薛法根的确是一个好校长，他是伟大的。帕克·帕尔默说："伟大的事物，不在别的，而在于主体，在于自己。"薛法根用他所坚守的智慧教育理念建构了学校的核心主张，用他所坚守的语文组块教学指引了学校的课程改革、教学改革；"组块"已成为结构、关联、融通、跨界学习的代名词，成为学校课改、教改的核心理念。依我看，薛法根用自己的情怀，用自己的智慧，用自己的行动，诠释并践行了"教师第一"的理念与思想。薛法根是好校长，是名校长，是智者，我们应该向他致敬。

推开门，还应该说点"新话"，"新话"是教师们在书系里的所思所言，所彰显的是教师发展的理念和主张，其实这些"新话"都是在老话中生长起来的。

"组块教学·智慧教师研修书系"告诉我们，首先，教师发展源自生命，教师发展是为了丰盈生命，提升生命的价值与意义。教师发展的"第一动力"

应是内生力，是生命的创造力。丰盈的生命和心灵，激发教育的新发展和真学问的出现。书系为教师开辟了一条新路，那就是视野要广，格局要大，格调要高，境界要高。王国维说："有境界自成高格。"换个角度看，生命力源自对价值的认知、澄清与选择，用书里的话来说，就是要寻找自己的边际，建构自己的价值坐标，让价值照耀自己的天空。

其次，教师发展源自宗旨，宗旨犹如人生和教学的指南针。教师离不开学科，离不开教学，学科教学是教师发展的基地，甚至可以说是教师发展的摇篮。盛泽实小的教师们非常清楚，发展自己、提升自己，是为了学生，并且与学生共同成长；而学科的宗旨是育人，学科育人、教学育人是教学的指南针，也是教改的准绳。这一宗旨催生了教师的使命感。盛泽实小的教师对学科育人有自己的理解，那就是要明晰教学的"内在秩序"，教改的深意在于重建学科教学的"内在秩序"。指南针也好，准绳也罢，使命也好，"内在秩序"也罢，盛泽实小有自己独特的表达：组块教学，以及由组块教学所引发的联结性教学。他们已基本上寻找到学科育人的校本化实现方式，正是在这样的过程中，教师的发展得以优化。

再次，教师发展的深度源自研究、实验与提炼。这一书系让我特别有感觉的是，每一本书都有一定的深度，理性思考的水平明显提升。深度从何而来？书系告诉我们，其一，要坚守实践。永远不离开"田野"，永远扎根在大地上，从丰厚的实践土壤里汲取营养和力量。其二，要研究。"笔尖下的教育生活"要研究，多觉联动音乐教学要实验，综合实践活动也需要探索。有研究，才会有深层次的思考。在盛泽实小，研究已成为教师们学习、工作的方式，这真是可喜可贵。其三，要总结、概括、提炼。从经验感悟走向理性思考，从实践走向理论，从散状走向结构，走向体系建构。他们注重在感性的基础上加以梳理、概括和提炼，概括是有序、有效的，提炼是有深度和力度的。这一书系就是一个极好的典型。值得注意的是，盛泽实小的教师从不同的角度去认识、剖析"伙伴与伙伴德育"，尤其是对道德学习、对话世界做了有深度的提炼。研究性、学术性明显加强，与此同时，他们探索了伙伴德育的不同途径和方式，发现了"在一起"的力量。这一研究前景很好。

最后，表达方式上的多样化，使书系显得亲切、丰富，阅读时犹如与作者促膝谈心，又犹如聆听一次倾诉。美国伦理学家麦金太尔说："人在他的虚构中，也在他的行为和实践中，本质上都是一个说故事的动物。"而赵汀阳认为，文化就是一个故事。读着书系里的故事，一个个活生生的有内涵的教师站在我面前，故事里透射出来的哲思，令我好感动啊！向盛泽实小的教师致敬。

"新话"是创新、创造后的言说，言说源自心灵的感悟。美丽的心灵，带来推开门后的一片风景、一片思想的丛林、一片更加美好的开阔地。我最想说的是：盛泽实小，你好！

成尚荣

2019 年 9 月 19 日

目　录

第一章　组块教学的理念解读 / 001

第一节　立足多元智能，尊重儿童潜能 / 002

第二节　立足言语交际，彰显语文价值 / 009

第三节　立足大脑科学，开展智慧教学 / 019

第二章　组块教学的理论解析 / 025

第一节　组块教学概念的内涵 / 026

第二节　组块教学模式的内核 / 030

第三节　组块教学特点的重心 / 051

第三章　组块教学的策略分析 / 059

第一节　重组内容，学得高效 / 060

第二节　精简目标，学得充分 / 091

第三节　整合活动，学得轻松 / 101

第四节　迁移运用，学得扎实 / 129

第四章　组块教学的风格赏析 / 157

第一节　"清简"须舍得 / 158

第二节　"清简"须转变 / 164

第三节　"清简"须积淀 / 169

第五章　组块教学的实践运用 / 175

第一节　明确价值，重组内容 / 176

第二节　聚焦目标，设计活动 / 218

第三节　关注成长，点亮智能 / 251

参考文献 / 285

后记 / 286

第一章 组块教学的理念解读

什么样的课堂，才能真的让学生发生学习，才能真的提升学生的语文素养？陶行知老先生是我们热爱的教育家，他提出要解放孩子的头脑、双手、脚、空间、时间，使他们得到自由的生活，从自由的生活中得到真正的教育。可见，教育的根需要深植于自由的土壤。一切化被动为主动，才能收获真正的成长。薛法根老师开创的组块教学，正是基于智慧解放教育理念引领下的教学理念，努力促进语文课堂成为"学习真正发生的地方"，让语文走进学生的心里，走入学生的生活，启迪学生的智慧。

第一节　立足多元智能，尊重儿童潜能

人是拥有自由灵魂的，教育的终极目标是让人变得更有智慧。但是，当教育以功利为目标时，社会、学校、家庭就会犹如一张张无形的网，束缚住个体成长。组块教学则很好地平衡了成长与发展的双边需求。

一、基于智慧解放教育理念的教学变革

解读者

王宇，女，1982 年 6 月生，大庆市直属机关第一小学校语文教师，曾在全国中小学教师"精彩一课"展示活动中获得一等奖。她在学习和实践组块教学的一年里，懂得了组块教学理念下的课堂是智慧式课堂，能够有效改善儿童的记忆能力，促进儿童言语潜能的实践转化。

教育是一种唤醒，唤醒学习者的智慧，唤醒学习者的潜能，从而使其获得自由与创造。正如德国哲学家雅斯贝尔斯说的："教育是一棵树摇动另一棵树，一朵云推动另一朵云，一个灵魂唤醒另一个灵魂。"在充分肯定儿童智慧潜能的前提下，薛法根老师破解了儿童学习过程背后的机制，成功地运用"组块"理念唤醒了儿童的言语智能。这个唤醒的整个过程贯穿着智慧解放教育的理念。智慧解放教育的核心是"解放"，因为"教育即解放"，而非压迫，需要"适度而完善"地解放意识、解放教学、解放人性。

（一）自觉建构联系，促进实践转化

教育的意义之一在于解放意识，让人觉醒。薛老师引导学生运用"组块"理念，鼓励自觉发现并建构语文知识间的内在联系，从而实现儿童言语智慧潜能向实践转化。

薛老师执教《黄果树瀑布》一课时，引导学生用"黄果树瀑布＿＿＿＿＿"这样的句式表达眼中的黄果树瀑布，学生的回答大多停留在"黄果树瀑布真美啊！"这样简单的句式。再问，或许会有"好美啊""美极了"等复制粘贴式的回答。为了能够激发学生的言语潜能，薛老师巧妙地引导学生用课文中的词句来赞美黄果树瀑布。慢慢地，学生能够运用文中的词语"雄伟壮观、令人沉醉、心旷神怡、令人震撼、令人啧啧赞叹、气势非凡、久久不能忘怀"等来赞美瀑布了。更有学生找出了描写瀑布声音的比喻句"像潮水般涌过来，盖过了人喧马嘶""千万架织布机的大合奏""雷声轰鸣，山谷回应""乐声奏鸣，漂浮在声浪中"来赞美瀑布了。经过薛老师的点拨、激励，学生们最终收获了"最美"。

薛老师充分相信学生"我会学""我有发现""我要多积累"的潜能，解放了听教师说的束缚，尊重生命个体，让学生能够自主说话，说想说的话，说更好的话。在意识解放的过程中，学生自觉发现和实践，收获了言语智能的提升。

（二）改善记忆方式，促进思维转变

教学的解放在于崇尚智慧。组块教学旨在通过"组块"改善学生的记忆能力，促进思维方式转变，这样的课堂处处散发着智慧的光芒。薛老师在执教《螳螂捕蝉》第一板块教学时，先听写四组词语。词串一：蝉、悠闲、自由自在；词串二：螳螂、拱着身子、举起前爪；词串三：黄雀、伸长脖子、正要啄食；词串四：侍奉吴王的少年、拿着弹弓、瞄准。这些词语分别围绕蝉、螳螂、黄雀以及侍奉吴王的少年选取，并组合成有内在联系的四组词。薛老师要求学生听完一组词语之后再默写，这种听写方式使词语整体化、序列化，促进识记能力的短时生成。接下来，薛老师再运用这四组词讲"螳螂捕蝉，黄雀在后"的故事，要求学生边听边记。此时，这一连串的词语通过老师生动形象的故事具有了情境性，这样就能加深词语间的故事性关联，并以记忆组块的形式植入学生的记忆，以便大脑再次识记。最后，引导学生练

习复述，形成长效记忆。学生不仅完成了听、记、复述，还习得了复述故事的方法。这一实践言语活动正是"组块"理念将零散的教学内容勾连合并成整体，使复杂的文本简洁化，提高了学生的学习效率，使学习充满希望，实现智慧潜能的再创造，彰显了智慧解放的教育理念。

（三）激活独特感受，塑造个性人格

智慧解放还体现在人性解放，做自己想成为的那个人。薛老师的语文课既充满语文味，也带有人性的温度。他执教《桃花心木》时，抓住"奇怪"一词引导学生从作者的立场去建立思考路径，理解种树人"简简单单""明明白白"的道理。接着，薛老师话锋一转："如果我是那棵被渴死的树苗，就很不理解他的话了。"此话一出，之前所有看似合理的推理似乎都被推翻。"我看他是个懒虫，是个大懒虫！一起骂他！你为什么不骂他？"这一问题激活了学生个性化的思考，大家给出了不同的答案。薛老师又说："他没有良心！他没有爱心！你为什么不骂他？"又有学生对种树人的做法谈自己的想法。经过薛老师层层的引导，学生得出了"树苗只有独立自主，才能生存百年"，人也是如此的道理。树犹如此，人何以堪。这是学生得到智慧解放的真实状态，学生由物及人，才能明白家长、教师的良苦用心，这样的感悟不是道德式的绑架"压迫"出来的，而是学生从简单朴素的种树哲学中"自悟"出来的。

薛老师课堂上对学生的充分肯定、自我潜能的唤醒，激发了学生不断完善自我的欲望，让学生体验到我可以和作者有相同的理解能力，我可以有老师一样的思考能力，我成为我想成为的那个人的成就感，从而实现成为更好的智慧个体的追求目标，这是对学生"人性的解放"。如果智慧解放教育是一场教育的智慧革命，那么智慧解放教育理念下的组块教学则是一场教学的智慧变革，它让"教"变得轻松，让"学"变得快乐。

二、尊重学生，是师爱的最高表现

解读者

　　张翠平，女，1984年8月生，大庆市直属机关第三小学校语文教师。她在学习组块教学的一年里，懂得了多元智能理论是尊重学生个性发展、表现师爱的理论基础，并在课堂实践中证明了教师应正视多元智能的不均衡性，恰当地评价和引导学生在学习和成长中发挥的重要作用。

　　课堂上经常会出现这样的情况：当教师提出问题时，一部分学生表现活跃，发言争先恐后；另一部分学生则很茫然，似乎还没有反应过来。这正是学生个体差异的一种体现。多元智能理论告诉我们，每个人都具有某些方面的智能优势，学习类型、学习方法和发展方向各不相同、各具特点。如果我们仅凭眼睛看到的现象，就武断地界定某人是"优生"和"差生"，这不仅不科学，而且会给学生的成长带来伤害。

　　作为教师，我们应当树立积极乐观的学生观。正视差异，研究差异，善待差异，为学生提供适合的教育，促进其优势才能的充分展示，帮助他们全面发展。怎样才能让每个学生都能在教师的关注和尊重中长大成才呢？带着这样的思考，走进组块教学，研读薛法根老师的著作和教学案例。我惊喜地发现，在薛老师的课堂中，充满爱和尊重的评价和引导无处不在，他以这种智慧的方式，挖掘学生的潜在智能，让学生的言语智能得到最大限度的发展。

　　（一）积极评价，挖掘智能潜力

　　在教学《珍珠鸟》一课时，薛法根老师让一位女孩朗读课文第四自然段，一连四次，小女孩在读"一会儿把灯绳撞得来回摇动"这句时出错。薛老师让她停下来，摸了摸她的头鼓励说："你很勇敢，敢于暴露自己的缺点。你更有毅力，读错了再读，一直努力着！相信你一定能自己读对它！"于是，女孩再次鼓起勇气大声朗读一遍，这一次完全正确，课堂上响起了热烈的掌声。紧接着薛老师奖励她把这一段完整地朗读一遍，掌声再次响起。学生语言智能发展的不均衡性是客观存在的，薛老师面对这种情况，不急不躁，把对学生的爱化作尊重，再把尊重放进静静的等待中。我相信多年以后，这个女孩一定还记得这节语文课，她从此知道做事不要怕错，要"敢于暴露自己的缺点"，还要"更有毅力"地改错。教师积极的评价，让每一个学生逐渐看到自己的潜能。

（二）智慧引导，促进智能发展

薛老师在执教《"番茄太阳"》一课时，让学生简要地说说课文围绕"番茄太阳"写了怎样的一个故事。学生第一次的概括注意到了作者的心情变化，但没说清楚"我"和明明之间发生的事情。当学生感觉概括有难度时，薛老师先是感同身受地鼓励孩子"这个概括起来有点难"。接着，四两拨千斤的一句引导"想一想：我，明明，明明一家人，在一起……"，让学生恍然大悟，当学生说"一起生活，一起说话"时，薛老师又及时给予引导：可以用"常常一起聊天、交谈"来概括。这个时候，学生脸上已经洋溢自信的笑容，在薛老师的指导下，进行了第三次概括，薛老师随机补充，学生的概括语言在薛老师的指导下更加准确、简练。最后薛老师让学生再完整地说一遍，此时，学生已经对概括主要内容的方法了然于胸，自然能够有条理地组织语言了。所以，当学生想不清楚、说不明白的时候，不是学生缺少智慧，而是缺少教师智慧的引导。

在教学中，教师应充分认识到学生智能发展的不均衡性和延迟性，正视差距，尊重学生；对学生抱以积极、热切的期望，因材施教，因势利导。教师智慧的引导，能促使学生主动思考，往深处走一走，挖掘出智慧潜能，看到更美的风景，收获成长的自信。

三、给足够的时间，让孩子慢慢长大

> **解读者**
>
> 赵文冬，女，1973年12月生，大庆市龙凤区澳龙学校语文教师，曾获"龙江骨干教师"称号。她在学习组块教学的一年里，懂得了组块教学能够激发儿童的智慧潜能，注重在课堂实践中积累和运用语言文字，发展儿童的言语智能。

组块教学是在智慧解放教育理念下开展的一项语文教学变革，旨在通过"组块"有效改善儿童的记忆能力，促进儿童思维方式的转变，进而运用"组块式思维"自觉发现并建构语文知识间的内在联系，促进儿童言语智慧潜能的实践转化。简言之，组块教学就是充分尊重每一个学生的学习愿望，使其努力成为最好的自己。

（一）相信儿童，以足够的耐心静待花开

无限相信每个孩子都有学会的时刻。我们要给孩子足够的时间，让孩子慢慢长大；一定要坚信每个孩子都有学会的可能；一定要有足够的耐心去静等花开，倾听拔节生长的声音。薛法根老师执教《清平乐·村居》的第二板块时，没有急于直接告知"小儿无赖"的意思，也没有对学生提出的"赖皮的""只会耍赖的人"的说法急于否定，而是出示了《相逢行》中的诗句，耐心引导学生质疑问难，充分疏通词句。《相逢行》中小妇无事可做，携带琴瑟自娱自乐，与《清平乐·村居》中的"小儿"相对比，孩子理解到"无赖"与"无所为"意思相近，就是"无所事事，无事可做，百无聊赖"的意思。在薛老师的耐心引导下，孩子对"无赖"的理解也就水到渠成了，也学会了查资料、对比的解词的方法。这种教学智慧的背后是无尽的耐心，科学认知个体的差异，静待孩子突破理解上的"瓶颈"，呈现学生从不会到学会的过程。

（二）了解儿童，以生活化问题促进言语智能

言语智能生长于言语实践活动中，因此，教学应具有实践的情境，帮助学生从具体的语境中习得言语结构，习得言语能力，并能在新的问题化语境中加以运用，实现言语的交际功能，获得成功的言语体验。在执教《清平乐·村居》的第三板块时，薛老师引领学生关注词的内容，读进去，想开去，去发现由景到声再到人的生活化视角——远观村居美景，耳闻吴侬软语，近看人物活动，层次感极强。由远及近，从文字层面进入实实在在的听觉、视觉来理解词句，带着这种理解进行朗读，去体会村居的淡雅朴素、宁静温馨。在板块四中，薛老师由"喜"字入手，抓住词眼，运用生活经验体会词的情感，提出"谁喜？""因何而喜？""小孩子最高兴的是什么？大孩子最高兴的是什么？老人呢？"这些生活化的问题，剖词析句，结合作者的写作背景来体会这首词所要表达的情感。"翁媪因喜而醉"，而词人却因愁而醉，这个"醉"里藏着词人的"悲和愁"，这是需要我们细细品味出来的。

（三）理解儿童，遵循认知规律

教育的意义在于发现人的智慧潜能，并使之得到充分而自由的发展。教师在其中不能因"尊重"自由和解放而"死亡"，而要"适度和完善"地"复活"。薛老师的课堂因为遵循儿童认知规律，扶放有致，总能让学生学得轻松、愉快。在《清平乐·村居》的教学中，薛老师的"四读"将学生带入了情境：初读，读通读顺，粗知大意；再读，疏通词句，浮现画面，了解诗意；三读，体会词情，交流感受，以读传情；四读，品味语言，熟读成诵。这样的教学设计，让学生更好地理解了词的内涵、了解了诗人的情感，春风化雨般循序渐进，豁然开朗。

薛老师的课堂，从来不急不躁，细牵慢引。他的课有时会上一个多小时，但我们丝毫看不出学生有疲倦感，反而会发现他们声音越来越高、眼睛越来越亮、回答问题越来越自信。这就是静待花开的美好，生命在被尊重中焕发出无限生机。

第二节 立足言语交际，彰显语文价值

生活即是教育，实践促进成长。语文教学不能只停留在对学生语文能力的培养，还应该让学生把课堂中学来的"能力"转化为生活中的"言语智慧"，从而更好地生活。薛法根老师告诉我们："从文本中选取典范的、学生可以接受和模仿的言语事实，提炼其中蕴藏的言语运用规则，创设学生熟悉的生活化情境，引导学生借鉴运用，实现迁移。"打通文本内容与学生生活的通道，是我们每位教师应该学习的教学智慧。

一、"教什么"比"怎么教"更重要

解读者

陈墨，女，1986 年 1 月生，大庆市东方学校语文教师，曾获区优秀教师奖。她在学习组块教学的一年里，懂得了组块教学中语文教学要从学生言语交际的实际所需出发，并在课堂的实践中，证明了组块教学给语文教学工作带来的高效和实效。

语文课程的重要价值是教会学生运用言语交际，那么在教学中该如何真正实现这一价值呢？"教什么"和"怎么教"，哪一个才是首要问题呢？以我们熟悉的微信 App 为例，如果把微信 App 看作是语文课程，学生就相当于使用微信的客户端，那么教师就相当于指导安装、使用 App 的客服。客服需要解决客户在使用这款软件中的困惑，进而使其掌握使用方法、熟练操作。这个指导过程是客户问客服答，所答皆所问。同理，语文课程应该解决孩子在交际中使用语言的盲点和困惑，这是教学"服务"的立足点，"教什么"比"怎么教"显得更重要了。

（一）发掘文本中的表达范例

《义务教育语文课程标准（2011 版）》提出语文课程可以从语言文字的运用入手，通过对语言文字的品读，探索文本的意蕴；积累语言文字的表述范例和实践。可见教学内容应该以品读、积累、运用语言文字为主，那么这个"语言文字"从哪里来？通过潜心研读、学习和实践薛法根老师的课堂教学，我惊喜地发现组块教学倡导为言语智能而教，从全面细致地发掘文本蕴含的言语教学价值出发，是有梯度可行、有模式可寻、有言语可说的语文课程内容。

薛老师在讲授《我和祖父的园子》一课时，第五板块运用了"结构化"的方法，引导孩子们打开思维，梳理思路，组织语言，张嘴表达。课文中作者借物抒情表达自己在园子里是自由自在的，用了几个和"要做什么就做什么"相似的结构描写了作者闲适的状态："一切都活了，要做什么，就做什么……它若愿意长上天去，也没有人管。"薛老师巧妙地把这种表达从文本中提炼出来，让孩子们体会、模仿。最终孩子们打开了思路，在"要做什么就做什么"的言语框架下，一段段向往自由的美好文字流淌在课堂："我的童年生活是自由快乐的。我想捉蝴蝶就捉蝴蝶，我想吃黄瓜就吃黄瓜，想摔跤就摔跤，想睡觉就睡觉。我想捅马蜂窝就捅马蜂窝，倘若被蜜蜂蜇了一个包，也没有人管。"……薛老师通过挖掘文本中的表述范例，让孩子们知道阅读与表达的不可分，既锻炼了学生的语言表达能力，又教会了阅读中理解和积累的方法。

（二）发掘文本中的价值语段

薛老师的某一个教学内容从来不会只发挥一个作用，他会充分挖掘文本的语文课程价值，巧妙设计多元教学活动，最大限度地训练学生多种言语技能。在教学《雾凇》一课时，雾凇的形成过程是本课的教学重点，体会"总分结构"的写法是教学难点。而这个重点和难点，薛老师通过一个教学活动轻松解决。课文第二自然段的八句话，是运用总分结构写雾凇的形成过程。薛老师紧紧围绕这一自然段展开了教学，先请八名同学分别读一句话，再要求他们根据对语句的理解判断该句在段落中的重要程度，认为自己读的句子是重要的、核心的就站立，反之就坐下，并说明自己的理由，最后留下的就是该段的中心句。在这个过程中，学生通过理性思考和表达，诠释了雾凇形成的原因和过程，也清晰理解了总分结构是由概括到具体的表述方法。

薛老师的课堂从儿童言语交际需要出发，挖掘课文隐藏的语言价值，确定"教什么"；再从打通文本与生活的需要出发，搭建实践的平台，确定"怎么教"，在潜移默化中提升学生的言语智能。如果没有"教什么"的准确捕捉，哪能充分发挥"怎么教"的威力？

二、小学语文课程应具开放性，教学实现生活化

解读者

> 李治萍，女，1981 年 11 月生，大庆市直属机关第一小学校语文学科主任。曾荣获"全国优秀语文教师"、黑龙江省"龙江卓越"教师、"大庆市小学语文学科带头人"等荣誉称号。她在学习组块教学的一年里，懂得了课程内容生活化更能激发学生作为生活主体参与课堂活动的强烈愿望，真正成为课堂的主人。

语文生活化并不是近些年才出现的新的理论观点，早在 20 世纪初，著名教育家陶行知就提出了"生活教育理论"，他认为"生活无时不变，即生活无时不含有教育的意义。因此，我们可以说'生活即教育'"。陶行知先生这些观点深得现代教育者的认同。美国教育家也提出了"语文的外延与生活的外延相等"的观点，语文教育是和生活密不可分的。因此，薛法根老师提出语文课程内容生活化就显得尤为重要。

那么作为一名小学语文教育工作者，如何实践"语文课程内容生活化"呢？我认为要多举并用、多点开花。

（一）转变观念，从理论上认识课程内容生活化

随着时代的不断发展，社会对学校教育的要求也不断提高，传统的语文教育模式脱离生活，已经不能适应社会发展要求。新的课程改革给课程以科学的定位，它是教师、学生、教材、环境等因素相互作用的"生态系统"。新课改表明课程不只是生硬的文本，而是有温度的体验过程。薛法根老师在《为言语智能而教》一书中也指出，最好的语文课程内容就是在学生的日常生活中呈现出来的"活的言语"。什么是"活的言语"？在我看来就是来自生活，有人文气息的课程内容，符合真实社会人的言行的课堂活动，折射人性光芒的课堂思考，而不是一句句单纯传递字义的符号。统编小学语文教材很好地体现了"生活化"的理念，统编教材在编排上充分尊重、贴近学生生活，特别关注学生已有的知识经验和生活体验。从教学内容、教学方式、学生前期衔接等多方面创新，力求形式多样化。这些改变是语文课程内容生活化的具体体现，作为一线教师，我们要从理念上敏锐地察觉到这些转变，并相应地转变教学方式、整合教学内容。

（二）让教学方式贴近生活

让语文教学方式贴近生活，就是通过创设丰富的生活情境，强化学生的生活体验，加强语文教学的实践性和开放性，使学生在生活中或在生活化的情境中学习语文，并将语文知识和能力在实践生活中加以创造性地运用，从而提高学生的语文素养，进而提高生活质量。语文教学注重实践性，多给学生体验生活的机会。

要让学生在教学过程中有生活的体验，就要做到"情境的迁移"，教师要将课本中描写的场景去勾连学生生活中的情境，从而帮助学生理解问题。薛法根老师在执教《我选我》一课中就运用了情境迁移来帮助学生理解问题。文本中插入了一个问题：为什么王宁的话刚说完，教室里就响起一片掌声？乍一看，这个问题挺简单。但是仔细一想，学生该从何处入手思考解答呢？教学中教师一般让学生自行思考，往往是几个思维活跃的学生替代了其他学生的思

考，答案出自优秀学生的头脑。但教学的价值不在于学生有没有获得正确的答案，而在于是否经历了一个思考的过程，找到如何思考问题的思维路径。没有正确的思维路径，学生只能凭直觉去猜测，这样的教学难以促进学生的心智发展。教学中，薛法根老师借用一个学生朗读后大家鼓掌的情境，启发学生思考：刚才你为什么给他鼓掌？你的掌声表示什么意思？有了这样一个具体的语境，学生从自身的课堂经历出发，便能够选用恰当的词语来表达掌声的含义：表扬、肯定、赞许……由此，再让学生回到课文的语境中，思考同学们为什么给王宁鼓掌，便不再是一件难事，因为学生已经领悟到了思考问题的路径。因此，将教学方式生活化促进了学生理解能力的发展，有利于课堂生成。

教学方式贴近生活，还体现在教学语言的幽默。幽默的语言表面上是教师课堂即兴的发挥，但实际上一定是用心观察现实生活、智慧表达真实生活而来。贴近生活的幽默感不仅体现了教师的教学机智，还起到了活跃课堂气氛，缓解学习压力的作用。在执教《我和祖父的园子》一课中，薛老师利用"故错法"，将课文中的几个"好"字集中起来说，形成了一种笑料。薛老师当时是这样说的："这个词比刚才那个词好多了。今后我们用词不要总是用'好'，好不好？现在不只用'好'了，那就'好'了。"这一连串的"好"引得学生哈哈大笑，课堂气氛变得更加热烈起来。

（三）让语文学习向生活拓展

语文课堂教学是学生学习语文的重要资源，但绝不是唯一的。语文教材内容本就来源于生活，为语文教学内容向生活开放拓展奠定了基础。"教室的四壁不应该成为水泥的隔离层，应是多孔的海绵，通过各种孔道使教学和生活息息相通。"语文教学理应打破教室的壁垒，变自我封闭性为开放性，使学生联系丰富多彩的生活进而学习语文。

1. 向家庭生活拓展。家庭是学生语文学习的第一场所，父母是孩子们的第一任老师，家庭中的人、事、物都是学生最熟悉的，教师应把学生家庭生活中有意义的内容纳入语文教学中来，很好地加以利用。

2.向学校生活拓展。学校是学生生活的重要舞台，学校的环境和学校里发生的许许多多的事情，都可以成为语文教学内容，如观察同学的外貌，了解同学的性格特点。师生之间、生生之间发生的有趣的、有意义的事，学校举行的庆典、展览、报告会、少先队活动等各类活动，文娱、体育、科技等各种比赛，学校发生的各种变化，都可以让学生说一说、写一写。

3.向社会生活拓展。语文教材中有大量的反映人们社会生活的内容，但更多的资源还在生活之中。社会是一片更广阔的语文学习的天地。每个人都是社会中的一员，语文教学要向社会开放，使学生从小了解社会、参与社会。

综上所谈，要实践小学语文的生活化，就必须做到课程内容、教学方式、课外拓展的生活化，多方面、多角度重视语文教育的生活化。小学语文教师是实践这一理念的排头兵和中坚力量，必须时刻保持清醒的头脑，不断学习，不墨守成规，才能为教育事业贡献自己的智慧和力量。

三、语文课程内容应结构化和序列化

解读者

佟鑫，女，1985 年 11 月生，大庆市直属机关第一小学校语文教师，在组块教学活动中，获"首届组块教学课堂大赛"一等奖并进行优质课展示。她在学习组块教学的一年里，懂得了语文教学要以获得语言规律为依据，结构化安排课程内容。

薛法根老师基于"言语交际功能"的语文课程观，提出"语文学习就是要从众多纷杂的语言现象中发现并提炼出具有交际功能的言语结构，通过对言语结构的学习和掌握，改善大脑的言语认知结构，从而使零散的语文知识学习结构化、序列化"。否则"碎片化"教学内容，不仅极易导致遗忘，还会使学生难以建构语言系统。所以，语文教学需要从"碎片化"走向"结构

化""序列化",将有关要素进行搭配和安排,使它们相互关联、相互作用,组合成一定的结构,构造成一个整体。

设计教学内容要考虑知识的相互关联、教学环节的相互作用,以便学生从多个例子中进行归纳、概括。例如,在薛老师教学《我和祖父的园子》一课时,第一板块最平常不过的默写词语环节却极富内涵。他设计了三组词,第一组是昆虫,第二组是农作物,第三组是干农活。这三组词以归类的方式进行默写,使学生清晰地把这些零散的词语与文本联系在一起,把这些碎片化的内容提炼出来,为走进文本寻找归属做提前预热。默写昆虫一组词时,引导学生再扩写一个,给学生思考本组词语特点的时间和自由展示的空间。写第二组词时,发现学生有好的记忆方法时及时表扬并让其他学生效仿。他引导学生概括第三组词的特点,还原到语境"干农活"中。学生无意识的表现,经过教师的发现和点拨实现了学习能力的提升。分类的过程就包含着分类方法的指导,从单纯的识记字形进入理解层面,可见设计之巧妙。

在薛老师的课例中我们不难发现,有组织、有系统地安排教学程序,让学生通过结构化的语言材料和言语实践活动,获得语言规则,建构语言图式,习得语用策略,内化言语经验,会形成学生终身受益的语文能力。

四、言语智能生长于实践活动

解读者

王爽,女,1982年7月生,大庆市直属机关第一小学校语文教师,曾获全国"创新杯"现场课大赛一等奖。她在学习组块教学的一年里,懂得了儿童言语智能的生长不是听课或做题中获得的,而是在具体的生活化问题情境中体验出来的。

薛老师提出"儿童的言语智能绝不是在纸上做习题做出来的,而是在生活化的问题情境中磨砺和锤炼出来的"。要想让儿童的言语智能真正地生长，只靠教师的讲和学生的做题是不会让学生将言语知识转化为个体的言语能力和言语智慧的。只有在课堂上给学生创设生活化的情境，在实践中学习语言，才能将课堂中学习的内容迁移运用到生活中融会贯通，这才是最好的学习。

薛老师特别善于从文本中选取典范的、可模仿、可接受的言语事实，然后提炼出其中蕴藏的言语运用规则，引导学生在生活化情境中借鉴运用，实现迁移。例如在《谈礼貌》一课教学中，薛老师不仅关注"说什么理"，更关注"如何说理"，思考"为何这样说而不那样说"，从中揣摩说理的方法和表达规律。当学生已经明确学习重点是"怎样说理"后，薛老师给学生创设了一个这样的生活化情境：

"一个小青年甩着几张百元大钞，问一个卖布娃娃的残疾老人：'喂，独拐李，这玩意儿怎么卖？'老人没好气地说：'不卖！'一个小姑娘问：'老爷爷，您的布娃娃真漂亮，请问多少钱一个？'老人递给小姑娘一个布娃娃，笑眯眯地说：'小姑娘，不要钱！'"

然后，薛老师让学生思考：这件事说明什么道理，用一两句话写出讲礼貌的好处。通过这样的情境创设，让学生联系生活实际谈礼貌，更能引起学生的直观体验和感受。在学生的回答过程中，薛老师适时引导点拨，学生既巩固了课文中的"引用说理法"，还学到了"对比说理法""举例说理法"。在实践中练习，达成了教学目标，学会运用"叙事—说理"的表达方式。

五、基于生活化语境，设计问题和创设评价

解读者

班顺子，女，1985年11月生，大庆石化第一小学语文教师，曾获"'十百千'头雁引航工程教学能手"称号。她在学习组块教学的一年里，懂得了创设生活化语境在语文课堂中的重要性。

陶行知先生早在 20 世纪 30 年代便提出了生活教育理论，反思我们以往的语文教学，只注重教课本，教师很少站在学生生活的角度来设计与展开教学活动，致使语文教学难以成为丰富学生生活的渠道，反而成了学生生活的一种负担。薛老师同样倡导语文"生活化"，他在《为言语智能而教》一书中说："言语智能生长于特定语境中的言语实践活动中。"因此，我们应当尝试在教学中渗透生活，将语文教学转化为学生生活的内在需要，激发语文课堂的活力。

（一）基于生活化语境设计问题

怎样从生活语境出发创设问题呢？

首先，要将"生活即教育"的思想深刻内化。薛法根老师在《为言语智能而教》一书中说："语文课程内容设计从语境出发，创设问题语境，这样就能促进儿童言语智能的生长。"例如，薛老师教学《槐乡五月》第一板块时，创设了这样一个问题："从这篇课文中学到了哪些新鲜的词语？"学生就把自己觉得新鲜的词语都字正腔圆地读给大家听，有形容景色的"瑞雪初降"，有动词"酿蜜"，有名词"衣襟"，甚至还有生活中常用词"蒜泥""陈醋""炒芝麻"，等等。在平常的教学中，有的教师喜欢列出自己觉得重要的词语，让学生来读并识记。本来充满生活气息的词语被教师分解得犹如挂在墙上的标本，瞬间失去了生气。而薛老师的问题设计具有开放性，引导学生把在生活中学到的"活的语言"与文章情境融合在一起，学生结合生活感受更好地理解了文中的词语，自然而然地走进了文本。

又如，有关词语感情色彩的教学，常见的问题设计是："你觉得'傻乎乎'和'傻'，哪个更好？为什么？"而薛老师设计的问题是：我说你傻，你生不生气？我说你傻乎乎的，你生不生气？学生联系具体的生活情境感受着语言的温度，"傻乎乎是有点喜欢的意思，不是指真傻，是傻得有点可爱"，体察到言语的色彩带来交际功能差别，增强了语感。

其次，注重学生表达的生活情感积蓄，把设计问题与学生已有的"表达图式"融合起来。例如在读写结合板块，薛老师并没有让学生围绕课文的内容练习"总结句"的写作方法，而是创设了一个与课文内容没什么关系的话题——"今天是个好日子"。这个话题乍看起来有点突兀，但细品起来就会发现其中的用意，如果"围绕课文内容"设计写话，学生会因为没有与之相关的生活情感积蓄，而很难有话可说，说了也是假的，也是干巴巴的，不带感情。

（二）基于生活化的语境创设课堂评价

课堂评价大体可分为三种形式：师对生的评价，生生之间的评价，生对师的评价。课堂评价用语是课堂上学习活动中的口头评价语，是一种即兴的、瞬时的语言。其中教师对学生的评价用语，可以说是课堂教学的灵魂，其背后往往隐藏着教学的取向。同样的教学内容和课堂情况，不同的教师会有不同的课堂评价用语，其中渗透着教师的价值倾向和评价理念。

首先，课堂评价用语要与学生生活认知有相似的基础。例如，薛老师在执教《槐乡五月》第一板块时，鼓励已经认识"槐"字的学生："老师没有教，自己先预习了，这叫自觉！学习自觉的孩子总能学得更优秀，老师喜欢你！"小小的一句表扬，既使学生明确了有效的学习方法之一就是"预习"，也给了被肯定的学生自信心，有了继续刻苦的动力。"你真棒"是一种模糊的评价，除了得意，似乎没收获有益信息。薛老师的评价，创设了一种学生熟悉的生活化语境，肯定了在课堂外主动预习的行为，学生进而明确了这种行为的正确性，这种成功的体验就会持续发生作用。

其次，创设课堂评价要深入学生思想内核。薛老师指导学生读课文时说："请同学们各自认认真真地朗读课文，遇到生字可以像刚才这位同学一样，看一看生字表上的注音，读正确。"这句引导性的评价语言看似不经心，其实深蕴评价智慧。平时作为榜样的大都是在学生眼中最优秀的"那一个"，而现在，榜样可以只是个课前预习的孩子，或者只是个遇到生字会看生字表注音的孩子。只要是有着好的学习习惯的孩子，都可以成为大家的榜样。一句看似普通的表扬，把学生心中潜在的"优秀观"刷新了，这就是深入学生思想内核，创设评价语言的神奇魔力。

第三节　立足大脑科学，开展智慧教学

《最强大脑》是一档收视率很高的综艺节目，让我们看到了脑力高的人可以高到无法想象。各位选手都是创造生命奇迹的"大师"！我们在惊羡的同时，都在问：他们是如何练成的？其实，人脑天生就具备多种分析和处理信息的能力，但是在上学以后，由于我们过多地强调符号化思维训练，忽视了非符号化思维训练而泯灭了大脑的天赋。"最强大脑"不是练就的，是认识、解放、激发大脑潜在智能而成就的。21世纪是大脑科学时代，语文教育必须主动适应儿童大脑科学发展的规律，在儿童喜闻乐见的游戏活动中学习，充分调动多方面的感官，与大脑联动，促进儿童的最优化发展。

一、成功的课堂，可以让学生"成瘾"

解读者

于南南，女，1987年1月生，大庆市直属机关第一小学校语文教师，曾获大庆市德育先进个人、大庆市优秀班主任等荣誉称号。她在学习组块教学的一年里，懂得了情感是学生参与课堂活动的第一道门，并在课堂的实践中，证明了宽松的学习环境利于学生的智慧生成，促进儿童的主动学习。

薛法根老师的课善于抓住学生的情感点，推开学生自主思考的大门。学生愿意自主学习的课堂就是成功的课堂，成功的课堂可以让儿童"成瘾"。

（一）营造轻松的氛围，促成主动参与

不得不说，薛老师是一个擅长调动学生"情感"的高手。薛老师执教习作课《人物素描》，为达成"以貌写人"的教学目标，让学生用眼睛观察自己有什么不同，长相、言谈举止，不管丑的和美的，实话实说。学生认真观察、踊

跃发言："老师的牙有点儿奇怪，是'兔板牙'。"薛老师风趣地答："嗯，有缺点的人才可爱。"学生说："薛老师像猴子，尖嘴猴腮。"薛老师机智地说："我脑袋小，但是智慧多。"全班响起阵阵笑声……观察眼前的人，学生有话可说，况且还允许说缺点。在这个所有的答案都被允许存在的轻松氛围里，师生间有来有往的互动评议后，孩子们开始对接下来的"三五句描写人物外貌"训练迫不及待了。这时，薛老师再次明确要求："老师只有一个要求——真实。"薛老师放下身段，营造了课堂的诙谐氛围，打通了学生想说敢说的感官体验，渗透进科学又扎实的学习观念，捎带出朴素认真的育人理念，学生想说敢说的主动参与，促成了课堂精彩纷呈的表达生成。主动学习的目标也就自然达成了。

（二）激发情感共鸣，成就积极参与

薛老师的课堂不但关注学生自身的情感体验，而且更加充分地关注到学生对文本中人物命运和喜怒哀乐的感受，给学生自由空间或帮助学生建立多元空间去展现对人物、事件发展、结局走向的理解，而这些学习活动都始终围绕学生的情感主线展开，顺应并成就学生的学习获得感。《猴子种果树》一课的结尾，"这只猴子什么树也没种成"，由此产生了"伤心、后悔、遗憾、自己怪自己"的情感。紧紧抓住这样的情感共鸣，"移情"到生活中失败后的挫败感、失落感，便成了学生创编故事新结尾的良好过渡。薛老师恰当地抓住学生感同身受的情感点去安排的教学活动，成为学生思维活跃、积极行动（续写、创作）的前提保障。

薛法根老师特别善于破解儿童的学习过程，营造幽默宽松的环境，学生因此而产生的饱满情感，无疑是学习兴趣爆发从而走向自主学习的保障。这样的课堂，让每个学生都能发挥自己的潜能优势，学生怎么可能不喜欢？

二、改善思维品质，提高学习质量

解读者

张玮，女，1975 年 12 月生，大庆市东城领秀学校语文教师，曾获大庆市小学语文学科先进个人奖。她在学习组块教学的一年里，懂得了要从文本中提取需要积累的语言材料，重新组合成有内在联系的教学板块。在教学实践中，她感受到了"组块识记"的高效性。

"脑科学是 21 世纪科学中最活跃的一个前沿领域，研究表明人脑有将近 870 亿个神经元，每个神经元约有 1000 个连接。每一秒钟，都有数十万新连接的建立和旧连接的'修剪'。""学习就是学习者建立神经网络的过程，用联系产生意义。让所获取的信息转化成有意义的知识，进而在问题情境中转化为智慧。"美国心理学家米勒在心理学组块原理中提出，"组块"是测量短时记忆（工作记忆）的一个信息单位。在认知心理学中，有意识地将许多零散的信息单位整合成一个有更大意义的信息单位，并贮存在大脑中的心理活动称为"组块"。研究表明，人的短时记忆只能保持"7±2"个单位，超过 9 个就很难记住。虽然人的记忆组块数量不能增加，但可以扩大每个组块的容量，从而有效提高我们的思维质量。薛法根老师正是基于大脑科学和心理学原理创造性地提出了组块教学理念。那么薛老师是如何进行板块式语文课程开发，增加"组块"内部容量，引导学生的学习方式向联结性学习转变的呢？

（一）同类关联

例如，薛老师执教《匆匆》时，板块一的教学目标是"体会叠词运用的好处"，因此他将文中"匆匆、涔涔、潸潸"等十多个叠词组合在一起，引导学生通过朗读体会叠词在姿态、声音、情感、节奏等方面表达出的美感。学生通过读写这个识记组合，形成一个整体的"叠词运用组块"，再凭借已有的知识和经验，扩展了语感，提高了表达能力。

又如薛老师在执教《槐乡五月》板块一时，将文中零散的 11 个词语进行分类重组，把结构或意思相近的词语放在一组进行教学，如叠词一组：白茫茫、白生生、傻乎乎、甜丝丝、喜盈盈；表示香气的一组：清香、醇香、浓香、香气扑鼻；AABB 词语一组：山山洼洼、坡坡岗岗。11 个单元组合成了 3 个单位，扩大了组块容量，减少了组块单位。不仅利于积累，还利于发现词语之间的内在联系和规律，提升了思维品质。这一学习活动的设计，从辨析和归纳方面教给学生分门别类地建构概念，充分体现了教学活动的综合性，不是单纯地为了一个目标，而是通过一个核心目标的学习，取得多层次目标的收获，使学生一"学"多得，在倾听、记忆、归类、理解等多方面能力上均获得锻炼和提高。

（二）新旧关联

执教《二泉映月》一课时，薛老师将教学内容重组为四个板块："环境""处境""心境""意境"，每个板块教学目标明确集中，极大地提高了学习的有效性。在"环境"这一板块中，薛老师让学生体会三处写到月的美景，引导学生通过联系原有的词语积累"银白色""洁白的""皎洁的"来理解新词"月光如银"，这样通过将新概念与已知概念进行联系、比较，将不熟悉的信息与熟悉的信息挂靠起来，让学生构建出内容更丰富的新的"组块"，从而保证将其存储在长时记忆中，进而拓宽了思维活动的广度，改善了学生的思维品质，提高了学习质量。在板块二"处境"的教学中，薛老师将课文中的关键词组成词串，让学生先朗读再体会：师父离世、双目失明、卖艺度日、生活贫困、疾病折磨。读后，薛老师提问："这样的处境，你可以用什么词来形容呢？"学生有的说"处境悲惨"，有的说"处境恶劣"。这个问题的设置指向的就是学生已有的言语积累，同样让学生的新旧信息产生关联，让学生更深入地体会阿炳的处境，提高了学生的抽象概括能力，促使新的知识"组块"形成。

（三）对比关联

思维的本质是发现事物之间的联系，学习的本质是建构事物之间的联系。在执教《火烧云》一课时，薛老师用联结性学习的实践活动，将散乱的教学内容整合成有序的实践板块，促进儿童言语智能的充分生长。第一板块：用词典中解释语言与课文中描写语言进行对比；第二板块：学习火烧云颜色变化，比较课文语言与学生语言的差异；第三板块：学习火烧云形状变化，寻找课文语言与学生语言的差异；第四板块：模仿课文写法，仿写火烧云。在这节课的教学中，前三个板块，薛老师着力引导学生去发现课文语言与自己语言的差异，关注课文如何运用词语，如何组织句子，将教学目标聚焦于提高学生的语言表达质量上。具体来看：第二板块学习火烧云颜色变化时，薛老师先出示某个学生描写火烧云颜色的句子："这地方的火烧云变化极多，红的、黄的、紫的、金的……五颜六色，变化多端，美丽极了。"再让学生找出作家描写颜色的词语：红彤彤、金灿灿、半紫半黄、半灰半百合色、葡萄灰……通过对比学生语言与作家语言，让学生认识到两者的差距，再引导学生有意识地去模仿运用这类词语，思维活动有了深度，进而提升学生的思维品质和言语智能。在最后一个板块中，先出示仿写句式：一会儿，天空出现……（什么样子）……（怎么变的）……（怎么消失）……再让学生仿写火烧云，把这一种表达的方式内化于自己的认知背景中，以结构化的方式贮存，实现了"知"与"能"的联结。

三、儿童是在游戏般的实践活动中成长的

解读者

杨相萍，女，1985年11月生，大庆市东方学校语文教师，曾获大庆市优秀教师荣誉称号。她在学习组块教学的一年里，懂得了课堂教学应该充分调动儿童多方面的感官，在游戏般的实践活动中，获得神经联结，从而成长。

　　学生在课堂上的学习过程不应该是被动的接受过程，理想的学习状态应该是学生一直在主动地汲取，积极地探索。填鸭式的教学显然不符合儿童的大脑认知规律，因此课堂教学应该根据儿童学习的需要恰当地安排学习实践与游戏般的活动。游戏活动可以充分调动和刺激儿童多方面的感官——听觉、视觉、嗅觉、味觉、触觉等，这有利于让学生积极主动、轻松愉快地参与到学习中来。

　　调动感官，可身临其境。薛法根老师执教《清平乐·村居》一课时，安排了不同的活动来调动学生的多种感官：让学生们听一听《清平乐》这首曲子来导入新课，从而调动学生的听觉感官，激发学习兴趣；出示课文插图，让学生仔细观察诗中所描述的景物以及诗中三个儿子活动的画面，调动学生的视觉感官，加深学生对课文的理解；多种形式吟诵古诗，同学间交流谈感受等活动使学生在静态的课堂中动起来，既动脑又动口动手的课堂活动实践从多方面、多角度调动学生学习的积极性与主动性。薛老师的这节课是学生在实践中、在游戏般的活动中，轻松愉快获得成长的教学典范。

　　调动感官，还可加深领悟。薛法根老师执教《哪吒闹海》一课时，让学生在课堂上模仿哪吒闹海的三个经典动作：一摆、一扔、一抖。在学生们按照想象的样子纷纷认真做完动作后，薛老师马上问道："你能掀起滔天巨浪吗？你能把人打死吗？你能让它现出原形吗？"学生的回答是否定的，同样的动作却没有产生同样"闹海"的结果，学生通过自己的亲身体验，明确了神话故事和现实生活的区别。教师不强行填塞，不生涩讲解，不解释神话故事的定义或列举已学过的神话故事，却在游戏般的活动中把遥远的神话故事放在了每个孩子的面前。

　　儿童学习的最佳过程是由具体到抽象的过程，多感官学习，可以加强学生感觉的敏锐度，有助于促进学生多元潜能的发展。游戏般的实践活动，促进了儿童的最优化发展。

第二章 组块教学的理论解析

在领会了组块教学的理念后，很有必要理解一下组块教学的基本概念、基本模式和基本特点，这样才有可能顺利进行组块教学设计。站得高才能看得远、看得全。

第一节　组块教学概念的内涵

既然帮助学生建立知识联系是提升学习效率的关键，那么在教学设计时就需要发现训练点的关联，从而建立教学内容有联系的"块"。

一、"组块"和组块教学

解读者

张晓茜，女，1983年9月生，大庆市靓湖学校语文教师，曾获大庆市先进个人、骨干教师等荣誉称号。曾参加东三省名师示范课，并获国家信息技术与融合大赛一等奖。她追随薛法根老师学习组块教学理念，努力"为言语智能而教"。

什么是"组块"？"在认知心理学中，有意识地将许多零散的信息单元整合成一个有更大意义的信息单位，并贮存在大脑中的心理活动称为'组块'。"将"组块"原理运用到教学设计中，重组内容、整合活动，则大大提升了课堂效益。

（一）"组块"离不开"组合"

在文本教学中，我们可以发掘很多训练点，涉及字词句篇、语法修辞、听说读写等多方面知识和技能，它们像一颗颗珠子散落在文本的每一个角落。看到哪读到哪，读到哪学到哪，一路捡拾，面面俱到，这就是我们常说的高耗低效式教学。此时如果用上"组块"，可以将零碎的教学内容归类、筛选、整合，形成内部有关联的教学内容板块。

例如薛法根老师执教《青蛙看海》一课时，他将教学内容巧妙地进行了关联和统整，设计成四个板块，教学效果令人称绝。在板块一中，薛老师安排了词串识记，出示了两组词串，一组是青蛙觉得登山难的短语——"有力的翅膀、善跑的长腿、吸了口凉气",一组是青蛙觉得登山易的短语——"一级一级往上跳、到达山顶、不知不觉"。这些本来无序、杂乱、零散的词语，经过归类重组，形成一个有意义的集合单位，不仅使词语理解变得轻松，还使积累和运用扎实了，更把领悟文本思想引进了情境。这一教学板块聚焦字词识记能力，但同时关联了语用和朗读，不能不说"组块"提升了教学效益。这些词语如果以没有联系的个体一个一个输入，那么在大脑中的分布就是零散的，记忆和提取都会困难。

在词串中感受了"难"与"不难"后，接下来薛老师选取苍鹰与青蛙的对话，进行角色朗读训练，既引导学生学习了"角色体验与情景对话"的朗读方法，又进一步让学生在读中体会了角色的内心，这是一次"读与悟"的组合。接下来的板块开始"概述内容"训练，在概述的过程中不仅故事内容越来越清晰，还使学生对角色有了初步的认识，这是一次"讲与悟"的组合。最后进行"讨论并理解寓意"，有了前面读和讲的基础，此时的"悟"水到渠成。回头再看，这三个板块又是一个大组合，是"读—讲—悟"递进式组合。

四个板块建立了知识和技能间的逻辑关系，教师既不用像"赶场"似的去追求教学的完整性，也避免了肢解文本；既无须在强化各项技能时机械训练，也没有在枝枝叶叶的细节上浪费时间。组块教学在学生面对众多零零散散的知识时，给了他们记忆所需要的建构联系；在他们面对陌生的知识而茫然时，给了他们可以抓扶的支架。学习变得轻松、愉快起来。

（二）"组块"离不开"整合"

组块教学，将呈散"点"分布的教学内容重组为一个个有意义联系的教学"块"，再将这些"块"根据教学目标整合成序列性的活动板块，引导学生自主选择与建构，提高其言语智能，获得语文素养的全面提升。

组块教学以"发展学生的言语智能"为核心，每个板块都瞄准一个目标设计教学，教师要从教材提供的丰富多彩的内容中挑选出与学生已有知识、经验最为相似的部分，并通过自己深入的解读、消化、融通，调整到能够引发学生共鸣的水平上，用切合学生已有水平的形象的语言、真挚的情感、鲜活的形象或鲜明的思想去点醒、激活潜藏在学生内心深处的情感、兴趣和语言信息块，从而达到互动和共振。薛老师在执教朱自清的散文《匆匆》一文时，将短短的五六百字中"藏着"的十五六个叠词，通过"组块"来学习，这样的教学方法不仅让学生感受了文字具有音乐美感，还将时间"匆匆"具象化了——"头涔涔、泪潸潸"的美感，"轻轻、悄悄、伶伶俐俐"的姿态和声音，"白白"的自责。在学习叠词的过程中，薛老师整合了识记、朗读、想象、人文浸润等多项目标，形成了"聚焦与多元"并存的活动板块，既利于学生的学习，又提高了教学效率。一个板块达成多个教学目标，这是组块教学最直接的功效，也避免了教师什么都要教、什么都没教好的尴尬。

组块教学弥补了线性教学的不足，更具灵活性、兼容性，也让语文教学真正进入了综合性学习的轨道。

二、组块教学主张为言语智能而教

解读者

　　杨倩，女，1987年2月生，大庆石化第一小学语文教师，曾获大庆市"首届组块教学课堂大赛"一等奖。参与学习组块教学的一年里，她懂得了语文的教学过程应是培养学生"言语智能"的过程。

组块教学以"为言语智能而教"为核心理念。辞简理博，从字面看就是教学以培养学生的言语智慧为目的；从心理学角度看是指学生在学习的过程中，不断丰富新的"言语"，再和原有积累的"言语"重新组合，最终生成新的"言语"，这就是"言语智能"。"为言语智能而教"我们就可以理解为：为了学生原有"言语"能与新的"言语"成功组合再生而去教。"为言语智能而教"的组块教学有以下几种体现。

（一）教学内容向生活开放

薛法根老师提出组块教学在内容上以教材为基础，再将鲜活的生活素材与课文相融合，把生活中与文本相关联的内容引进课堂，教师再根据教学需要进行内容重组，这将更利于学生"言语智能"的生成。如在《青海高原一株柳》的教学设计中，薛老师引出青海高原的柳树，先出示诗句"碧玉妆成一树高，万条垂下绿丝绦"，问："这样的柳树喻人，应该是比作什么样的人？"学生回答："像一个有着长头发的女孩子。"薛老师又通过细致描述女人柔美的特点，引导学生用原有语言积累生成新的言语——婀娜多姿，再引出青海高原的柳树，问："这柳树是你心里柔美的女人吗？"至此，学生对文本中的柳有了重新认识的渴望，走进了情境。这一设计充分体现了组块教学的"开放性"，从生活认知走向文学形象认知，促进了新旧融合，生成"言语智能"。

（二）教学内容为智慧增值

组块教学努力提高教学价值，不仅注重培养学生的表达技巧，更注重提升学生的表达智慧。在《青海高原一株柳》第四板块的设计中，薛老师用其他柳树的"死"来衬托高原柳奇迹般的"活"，引导学生理解什么是"衬托"。恰在这时有位同学读课文，这位同学觉得没有其他同学读得好，自嘲是为了"衬托"其他同学，薛老师笑着追问哪一段运用了"衬托"的写作手法，学生准确地指出第八自然段是用"家乡的柳"来衬托"高原上的柳"，学生能学以致用，这就达成了"能力目标"。结尾处，薛老师提出两个假设：如果柳树抱怨，如果它畏怯危险和艰难，结果都会是"死亡"。这两个假设让学生深深领悟：对待命运应该选择"抗争"，这种抗争的态度才可能改变命运。这样的设计可以让学生基于言语成长，走向更高的精神层面——生存哲理。"情感目标"的达成，使教学超越了知识的传授和能力的提升，走向了智慧增值，这一智慧亦是"言语智能"的重要组成部分！

（三）教学内容突破线性思维

在《青海高原一株柳》的教学设计中，薛老师采取了递进式的板块结构：古诗引入，唤醒经验表象；品读第五自然段，感受柳树形象；品读前四自然段，体会悬念作用；品读后四自然段，感悟柳树品格；现场练笔，迁移运用。从表象到品格，从学写法到练写法，表面上递进成线，深入探索就会发现双线组合螺旋上升，引领学生突破了线性思维。每一个点下隐藏着一个丰富的组块，以"生命的奇迹"为点，首先提出问题：这株柳为什么奇迹般地存活下来？然后分析问题：这株柳奇迹般存活下来的原因。最后得出结论：这就是生命的奇迹。这隐藏的小组块拓宽了教师教学的空间，也扩容了学生的记忆单位；教师摆脱了"跟着课文跑"的怪圈，学生从容地从经验走向体验，收获新的智慧。

组块教学在教学内容的设计上处处关注可能由"言语"走向"智能"的点和面，板块内如此，板块间也是如此。

第二节　组块教学模式的内核

"模式"是理论和实践之间的中间环节，具有一般性、简单性、重复性、结构性、稳定性、可操作性的特征。组块教学基本模式是极具可操作性的教学思想，把组块教学理论中最核心的部分用简化的形式反映出来，便于理解、把握和运用，使得教师在课堂上有章可循。薛法根老师的组块教学基本模式从重组教学内容、整合实践活动、优化教学结构、构建基本课型、改善教学评价五个方面，为我们提供了一个具体的教学行为框架。

一、发现教学内容

解读者

　　徐迪，女，1989年1月生，大庆石化第四小学语文教师，曾获大庆市优秀教师荣誉称号。她在学习组块教学的一年里，懂得了要用专业的眼光发现教学内容，清晰的教学内容更能让学生学有所得。

　　实践组块教学时，教学内容的"重组"是难点，而"重组"之前的"发现"实则更难。让我们透过薛法根老师的课例，学习发现教学内容。薛老师一般会将教学设计成三到五个板块，每个板块都有训练的目标点，围绕这个点，他将学习内容的三个"内核"与生活整合起来，形成教学内容板块。

（一）以语文核心知识为"内核"的教学内容

　　薛老师告诉我们，在语文教材中"核心知识"是最基本的存在。执教者应该俯下身来将自己置于和学生一般的高度，用儿童的眼光审视文本，去发现学生需要理解和运用的"隐藏着的核心知识"，而且是教师教一教学生便能掌握的。

　　薛老师执教《鞋匠的儿子》一课时，第一板块集中学习字词，指导书写"尴尬"的部首、"卑""豫"的笔画，强调这四个字的易错之处。这些知识是学生观察便能得到的"陈述性知识"，薛老师没有止步于此，还提炼了"程序性知识"。什么是"程序性知识"呢？就是学生掌握了某一基础性知识的学习方法后，可以将同样的方法运用在其他文章的自学中，这也是语文教学的意义所在。薛老师将对文本中陌生词语的理解方法作为"程序性知识"教授给学生。在理解词语"傲慢""羞辱"的含义时，薛老师引导学生用说反义词的逆向思维法来理解词义；理解"卑微"的含义时，则是引导学生用"联系课文语境"的方法。在这一板块中的"陈述性知识""程序性知识"都是薛老师发现的"核心知识"，是"适合儿童发展的目标语言"，经过巧妙重组，学生易学易会。

（二）以语文能力为"内核"的教学内容

在执教《鞋匠的儿子》第二板块时，薛老师训练学生"概括事件"。"概括能力"是学生阅读能力要素中程度较高的一种能力，薛老师站在一定的高度，用思维训练助力能力训练。先让学生通过对比两件事，全面感受林肯的人格，再了解事例选取的关注点及方法。这样的教学内容不仅仅是在训练学生"概括事件"，还是在训练学生"概括"背后的思维方式和阅读事例的方法。薛老师发现的教学内容是学生经过学习、理解、模仿就能运用的内容。

（三）以解决语文问题为"内核"的教学内容

薛老师在教学《鞋匠的儿子》第三板块时，运用"生活的眼光"，带领学生体会"羞辱"的含义，感受"参议员是如何羞辱林肯的"，再提炼出林肯"如何化解羞辱"。在这个学习过程中，学生将生活中已有的精神力量"礼貌、自信、谦卑"融合到"体会伟大人格"中，也揣摩了化解艺术。薛老师所发现的教学内容是"文学作品的精粹语言"，在"人人平等"这一精神力量支撑下，"理解语句""体悟情感""想象情境"，感受林肯的伟大人格。并在言语实践中，紧密联系生活，让学生学会在现实中可能面临的语文生活问题应该如何解决。

二、唱好重组教学内容的"三部曲"

解读者

张晓利，女，1979年1月生，大庆市龙凤区第五小学语文教师，曾被评为大庆市语文学科教学能手、骨干教师。她通过学习和实践组块教学，提高了文本解读能力，懂得了要注重教学内容的整合和知能的迁移。

薛法根老师常常以"减、联、整合"三部曲来组编适合学生学习的教学内容板块。以薛老师执教的《黄果树瀑布》一课为例，我们共同探究教学内容重组的价值和方法。

（一）"减"旁逸斜出

语文课上有的教师习惯将课文逐段分析讲解，平均用力，生怕落下任何一个"知识点"，但毕竟课堂时间有限，往往造成该重点学习的内容学生反而"吃"不透。这就要求我们懂得取舍，学会减法思维，筛选出能够达成教学目标和体现文本独特言语价值的内容。薛老师执教《黄果树瀑布》一课时，将教学内容删减、整合，设计成有序的三个实践板块，尤其是"仿写比喻描绘瀑声"板块见出"减"的智慧。我们在教学这一课时，往往都是通过解读作者所闻、所见、所感，来感受黄果树瀑布的壮美，教学内容比较繁多。薛老师却没有将"所见"作为教学内容，重点解读作者的"所闻"，以比喻句的学习为突破口，引导学生体会比喻句所描绘的瀑布的生命活力，并透过生动的比喻看到富有生活情趣的人（作者）。在学生充分感受的基础上仿写比喻句，将"比喻"进行到底。薛老师删减了教学内容"所见"，反而突出了重点内容"所闻"，"少则得，多则惑"。这些内容是薛老师筛选出来的"精华"。这样的重组，是以语言应用为主线，既有情感点，又有技能点。这样的选择，无论是阅读感受，还是写话训练，都是学生语文能力成长的"助力点"。

（二）"联"源头活水

《义务教育语文课程标准（2011年版）》指出："语文课程的建设应拓宽语文学习和运用的领域，注重跨学科的学习和现代科技手段的运用，使学生在不同内容和方法的相互交叉、渗透和整合中开阔视野，初步养成现代社会所需要的语文素养。"可见，语文的外延应该与生活的外延相等，关联生活实际的教学，更利于语文素养的提升。薛老师在教学《黄果树瀑布》描写声音的语段时，带着学生走进了"轻柔的、雄浑的、大合奏、雷声、乐声"的声音世界，感受瀑布的声音之美。文本运用比喻使瀑布的声音由无形到具化，薛老师据此设计了仿写练习："下在哪儿的雨声最美？""在一个万人体育馆里，你听到哪些声音如同'哗哗'的水声？"这两问，便将课堂与生活联系起来了，从"学得"走向了"习得"。学生在具体语境的表达训练中，懂得了个性化的表达让语言更生动，懂得了"语言表达的是自己的生活和情感世界"。

（三）"整合"主题资源

通过"减""联"，教学内容变得精准和丰富了，教学时将这些内容进行主题化的整合重构，才能形成具有聚合功能的教学"块"。在教学《黄果树瀑布》的"移情"表达方法时，针对语句"他（徐霞客塑像）遥对瀑布，仿佛在凝神谛听远处的瀑布声。他完全沉醉了。"追问：塑像怎么会沉醉？塑像的情感哪儿来的？情感是如何转移的？使学生明确了是作者的感情"转移"到了徐霞客的塑像上，这种写法叫作"移情"。在接下来的"移情"言语实践活动中，薛老师让学生运用学到的"移情"的写作手法改写一段话。学生用比喻句、拟人句，注入自己的情感，把这段文字改得很生动，体会到了运用"移情"写作手法的效果。就这样，薛老师围绕"移情"主题"整合"了"为什么这样写""如何写"的教学内容，不仅学习了"移情"的表达方法，还实现了文本言语的增值。

在重组教学内容的过程中运用好"减""联""整合"，离不开对文本的深入研读，也离不开对学段目标的把握，更离不开对学生认知规律的熟悉。

三、建立有目标群的实践活动板块

解读者

闫艺馨，女，1991年4月生，大庆石化第七小学语文教师，被评为黑龙江省优秀教师，荣获黑龙江省首届中小学青年教师教学竞赛小学组一等奖。她在学习组块教学的一年里，懂得了组块教学是解决当下语文课堂"高耗低效"的一剂良药，在课堂的实践中，证明了重组教学内容、整合实践活动可以让一个教学板块指向多个教学目标，达成教学的高效。

语文教学是通过一系列听、说、读、写的实践活动，来培养学生语文能力的。教学中如何做到既能让学生获得全面的语文训练，又能确保每项学习成果的有效性呢？薛法根老师提出的办法是"整合实践活动"。这一模式是在"重组教学内容"的基础上提出的，目的在于变革学生的学习方式，围绕教学内容，建立有目标群的实践活动板块。一个板块内融合多项言语活动，指向多个教学目标，最终实现语文教学的高效。

依托薛老师课例，探寻他构建实践活动板块的整合模式，发现了三个层次：以读促写，以丰富学生语言表达为目的的"读写一体化活动板块序列"；活动探究，以建构语文学习意义为目的的"探究性学习活动板块序列"；综合实践，以问题解决为目的的"综合实践活动板块序列"。这三个活动板块序列均以发展学生言语智能为目的，将多项语文实践活动进行整合，有层次、有梯度地促进学生全面发展。

（一）读写一体化活动板块的目标群

薛老师执教《火烧云》一课时，为了达成"写清事物的变化过程"这一核心目标，将几个言语实践活动整合于同一板块之中：

1.初次朗读，出示教师描写火烧云变化和作家描写火烧云变化的语段，引导学生评价、比较。

2.再次朗读，发现作家比教师高明之处在于作家把火烧云变化的过程写得具体、清楚。

3.由读到说，学习、模仿作家是如何把火烧云变化过程写具体、写清楚的。

4.由说到写，展开想象，练习写清火烧云变化的过程。

四个活动，层层递进，一个板块内实现核心目标的过程中，又同时实现了朗读、理解、体悟、模仿、表达等多个小目标，使教学效益最大化。在教学中，薛老师通常会将读与写的实践活动整合在一个板块之内，形成梯度序列，引导学生逐步从读中获取写的方法，运用于生活语境，得到言语智能的提升。就像他曾说过的，"写作当从阅读起步。从读学写，实在是一条简单而有效的教学路径"。整合后的实践活动板块看似无奇，却可以让学生在"听说读写""字词句篇"各方面得到充分扎实的训练，不仅发展学生语言，还能培养相关的语文学习能力和习惯。

（二）探究性学习活动板块的目标群

薛老师执教《山居秋暝》第三板块时，将诗眼"空"作为探究主题，帮助学生建构了一个探究性的活动板块目标群，引导学生积极、主动地走近"空山"意象背后的诗人。

薛老师以"能让王维留在这山中的是什么"为问题，激起学生思维的火花，在交流过程中学生逐步感悟到是山中美好的事物与人物让王维留了下来。薛老师接着发问"王维留在这山中，他的心就会变得怎么样了"，再一次勾起了学生探究的热情，学生逐渐读懂了王维在此情此景中，心也变得纯洁透明，变得真实，不再有压力了。到此，学生也真正懂了这"空"字，不仅是眼前的山，还有心中对俗事的烦郁，这个"空"字也恰恰表明了王维对自由生活的向往。但薛老师并没有止步于此，而是拓展出另两首王维的诗——《鹿寨》《鸟鸣涧》，引导学生自主建构这两首诗中"空山"的意义。学生运用了刚刚习得的领悟路径，很快发现王维的"空山"不仅存在于诗中，更存在于心中，也正因禅心如此，王维才会被尊为"诗佛"。

这个探究性学习活动板块，整合得入情入理、有收有放，实现了由被动学习过程转化为自主探究、建构的过程，不仅达成了体会诗意的目标，也达成了体悟诗境、领悟诗情的目标。

（三）综合实践活动板块的目标群

薛老师执教《小猴子下山》一课时，围绕一组动词，设计了一个综合的语言实践活动。

第一步，教师边讲故事，边出示玉米、桃子、西瓜、兔子的插图，引导学生借助图片认读生字"掰、扛、扔、摘、捧、抱、追、蹦、跳"，并鼓励学生想象，根据前半段情节，猜想后半段结果。第二步，借助课后习题中的插图理清小猴子一路做的事情——掰玉米、扛玉米、扔玉米、摘桃子、捧桃子、抱西瓜。第三步，出示动词"掰、扛、扔、摘、捧、抱"，引导学生发现这些都是与手有关的字，做动作演示，并让学生理解和尝试运用这些动词，最后又拓展出更多与手有关的字。第四步，出示"追、蹦、跳"，引导学生发现这些都是与脚有关的字，然后再做动作体会。

这个活动板块，融合了多项教学活动，达成了多个教学目标：1.认读生字的言语活动。这一活动在结合教师朗读故事、学生想象情节等多个实践活动基础上完成，不仅训练了学生借助插图识记生字的能力，还训练了学生倾听和想象的能力。2.勾连课后习题，巩固识记生字。以小猴子一路走来做了哪些事为线索，识记生字的同时，帮助学生理清故事脉络，提高学生的理解能力和概括能力，同时为下一板块讲述故事奠定了基础。3.复现生字，理解并运用动词。将书中词语内化为自己的词语，将所学动词迁移到生活中，丰富言语表达。这三个显性目标中套着若干个隐性目标，形成了一个目标群，在综合实践活动中一一达成。正如薛老师所说："语文能力不是靠讲出来的，也不一定是靠知识转化来的，而是在言语活动中生长起来的。"

这样，以目标群为核心的实践活动板块模式摆脱了语文课堂"高耗低效"的顽疾，让学生真正获得了语文能力，并能够用语文能力去解决生活问题，实现了语文素养的转化。

四、"联"是教学结构的灵魂

解读者

杨清，女，1990 年 2 月生，大庆石化第七小学语文教师，曾获黑龙江省教育科研成果二等奖。她在学习组块教学的一年里，懂得了语文学习的过程应是在"联系"中达到共振的过程，并在课堂的实践中，证明了优化教学结构是为了学生收获学习方法。

学生与教材、经验与知识、已知与未知的联通，构建着学习力，"联"在学习中发挥着重要的作用。于是，薛法根老师常常在教学结构中运用"联"的方法，以培养学生自觉联系的意识，教会学生学习方法，使其成为更好的自己。薛老师善于将"读、悟、习"三者相互关联，形成课堂教学的基本结构，读中悟、读中习、习中悟、悟中习，三者相互助力。其实它们的个体内部还存在着小关联，这才是教学结构的灵魂所在。

"读"中的"联"。教学中薛老师坚持"读读""评评""背背"六字相联。在执教《清平乐·村居》一课中，薛老师让学生三读课文，直至达到熟练背诵。在"读"这一环节，薛老师就充分运用"联"的理念。第一次读，是在倾听老师范读的基础上，学生自由朗读，将读准字音与读懂字义联系起来，这是将识字与了解诗词基本知识联系起来了。第二次读，薛老师让学生想象画面理解字词，将读懂诗词意思与读出人物形象联系起来。第三次读，在读懂意思和读出形象的基础上，薛老师又引入了情感和社会价值，让学生说出作者的所见所闻，引导学生发表自己的感受和看法，在"评评"的过程中把个人情感与人物形象联在了一起，将读引向了更深处。最后，在"背背"中将个人的情感与作者的思想情感联系起来。整个过程，从读准字音到读懂意思，再到读出形象，读出情感，最后读出思想，通过"读、评、背"之间的联系完成了对整首诗的深入理解。

"悟"中的"联"。领悟不应只靠单纯的理性分析，还应该紧密联系经验和体验。薛老师在执教《清平乐·村居》第四板块时，为了让学生充分"知词人"，在学生充分诵读之后问道："词人独特的情绪，特别的情感，没有直接写出来。他是通过这首词当中那些特别的字眼表达出来的。词人的全部所思所感都藏在哪个字眼里了呢？"同学们都回答是"喜"字。经过一番讨论后，薛老师问："词人到底喜不喜？是真喜还是假喜呢？"此时出示了作者的时代背景，让学生自己看，自己读。

师：辛弃疾本是该作诗填词的人吗？能看出来吗？

生：他生活的环境不好。金人侵占了他的家乡，所以他逃离家乡后，非常不开心，总想帮助南宋去报仇。

生：他本来是一个打仗的将军。他应该在战场，在战斗的前线。

师：但是他现在却在哪里？乡村，无事可干！他不是"喜"，而是——

生：悲、愁。

师：他人是"喜"，而自己却是"愁"的，现在我们来看这个"醉"字，这个"醉"除了是翁媪两人喝点小酒有点微醉以外，还有可能是谁醉？他因何而醉？

生：辛弃疾，他为不能保家卫国而醉，借酒消愁。

生：因为他不能上战场去消灭金兵，所以他会喝解闷酒。

这一环节中，薛老师引导学生联系课文的情境与作者的生活经历，然后顺势引导学生联系自己的经历体验和当时的时代背景。在上下联通中，学生豁然开朗。薛老师调动了学生的经验积累，达成了对文本语言、情感及思想的感悟。在广泛的联系中，自悟自得，同时提高了学生的悟性，培养了学生的灵性。没有烦琐的推理和理解，在联系中得到的理解和感悟更透彻。所以，薛老师说："在把握那些只可意会不可言传的对象时，体悟式思维更有效。"

"习"中的"联"。习，就是运用，是语文学习的最重要路径。学生只有通过实践和思考才可能把知识和技能转化为智慧。在薛老师的课堂中，他想方设法地给学生创造多种多样的语言实践时机，引导学生将课堂的所学迁移到实际生活中，加以运用，进而巩固和掌握。同样以《清平乐·村居》第四个板块为例，在"知词人"的环节，薛老师让学生探寻辛弃疾其他词中的"醉"，细细品味其为何而醉；又探究辛弃疾作的词都非常美，因何而美。引导学生开展阅读辛弃疾诗词的专题研讨活动，促使学生运用所学来赏鉴。正如吴忠豪教授所言："语文能力不是教出来的，而是在实践中获得的。"薛老师引导学生将课内知识与课外拓展联系起来、体悟与运用联系起来，使学生在习得的实践活动中建立了自觉联系的意识，促进了知识、能力、情感的转化和发展。

因为"联"，"读、悟、习"成了教学结构中不可或缺的三要素。

五、创设语言实践的基本途径

> **解读者**
>
> 刘宇虹，女，1980年3月生，大庆市靓湖学校语文教师，曾被评为大庆市优秀教师、骨干教师。她在学习组块教学的一年里，懂得了语文教学要为发展学生的言语智能而教，并在课堂的实践中，证明了好的语文课是想方设法为学生创设语言实践平台的课。

语言习得，是语文教学的本义所在。教师应该积极为学生创设"习"的机会，使学生在丰富的语言实践活动中学习语文、运用语文。薛法根老师认为"习"的基本途径有三种：读中迁移、综合性学习、反思性学习。

（一）读写结合，强化迁移

薛老师说："读与写的'法'就在那些文质兼美的文章里。""没有作文的阅读课都是不完整的语文课。"阅读与写作是"读而不作则罔，作而不读则殆"。只有在阅读教学中融入写作教学，学生才能真正做到"学以致用，融会贯通"。我在执教《大江保卫战》一文时，为了让学生"学得透彻"，模仿运用了薛老师常用的"读后即写"这一教学策略，用一个个问题引发学生思考，为语言实践搭好平台：

1. 同样是写保大堤，第四自然段与第二自然段有什么不同？

2. 既然已经写了整体保大堤的场面，为什么还要写个人？

3. 这种写法叫"点面结合"。"点"，可以突出重点，体现深度；"面"，可以顾及全局，体现广度。这样以一个英雄的形象衬托整个群体英雄，既有深度又有广度地反映出战士们英勇无畏的形象。那么写一个人与一群人有什么不同？

4. 作者运用了一系列的动作描写，来体现铮铮铁汉的本色。请你也仿照课文"点面结合"的写作方法，描写一个场景。

四个问题，层层递进，各个问题之间既意义独立又相互勾连。在引导学生进行比较阅读中，潜移默化地获得了"点面结合"的言语智慧。在接下来的实践中，学生的学习从"教结构"过渡到"用结构"，会更加意识到阅读与写作是密切相关的，逐步积累了大量的写作知识和技巧。这种"读中迁移"的实践途径，兼顾了读、悟、习，实现了"从'教课文'到'教语文'"，再"从'教语文'到'育智能'"的转变。

（二）综合性学习，打破界限

语文课程标准提出的"综合性学习"是一种科学的学习方式。它主要体现为语文知识的综合运用、听说读写能力整体的发展、语文课程与其他课程的沟通、书本学习与实践活动的紧密结合。开展综合性学习是培养学生主动探究、团结合作、勇于创新精神的重要途径，有利于全面提高学生的语文素养。薛老师执教古诗《示儿》时，在板块四中做了综合性学习设计：

1. 爱国诗及爱国诗人灿若星辰，为何朱自清说陆游"才配称为爱国诗人"？

（1）出示陆游的家世简介，知晓陆游从小深受中国传统文化熏陶及忠君爱国的教育。

（2）出示陆游的一生经历，感怀陆游屡次遭罢免依旧壮怀激烈的报国之情。

（3）出示陆游一生多个阶段的爱国诗作，从诗作中看到陆游爱国的一生。

2. 请将杜甫、辛弃疾、文天祥等爱国诗人的代表作集成"爱国组诗"，开展课外主题阅读；参照阅读名家对《示儿》等诗篇的解读评论，以加深理解。

这一板块，引领学生从一首诗读到一个人，进而从一组诗读到一群人，在探究中拓展了学生的阅读视野。正如薛老师所说："教学中要打破课堂界限、学科界限、课内外界限，充分利用教育资源，引导学生在丰富多彩的现实生活中学习语文、运用语文。"

（三）自主式反思，激活智慧

反思是对自己的思维过程、思维结果进行再认识的检验过程，反思性学习是学生通过对学习活动过程的反思来进行学习。它是学习中不可缺少的重要环节，是新课程倡导的一种学习方法，充分体现了"以生为本"的新课程理念。在教学中，我坚持让学生每课写"学后笔记"，例如在学习《九色鹿》后，引导学生思考：

1. 自己是针对哪些内容开展学习活动的？

2. 这些内容具有什么特点，是采用什么方法进行学习的？

3. 自己在学习中遇到了什么困难和障碍，是怎样克服和解决的？

4. 通过学习获得了什么结论，增长了哪些新知识，这些新知识会有什么用途？

在这样的问题引领下，学生通过反思评论九色鹿、调达、国王等人物来感知形象，发掘更大学习潜能；反思学习中叙述故事、体验角色的困难，深化了认知；反思提取关键词理解内容、凭借语言进行想象、用已知词语表达感知等学习方法，提升自主学习能力；反思课堂中对文本听、说、读、写各方面的收获，获取"再发现"的结论。"反思性学习"使学生有意识地、积极主动地进行自我回顾、自我分析、自我评价、自我总结，从中发现自身学习中存在的问题，并及时加以调整，形成"疑—思—学—疑"的良性循环，这个过程是一个言语实践过程，激活了智慧，实现了自我发展。

叶圣陶先生说："教师的教是为了不教，学生的学是为了会学。"通过薛老师的读中迁移、综合性学习、反思性学习三种"习"的基本途径，真正地把感悟内容与习得语言有机结合，使学生不仅得以广泛地接受语言、学习语言，真正提升语言表达能力，也让他们学会了探索，学会了思考，培养了学习能力。

六、在基本"课型"上思"变"

解读者

李晓飞，女，1984年2月生，大庆市直属机关第三小学校语文教师，曾获全国第六届小学群文阅读现场课大赛特等奖。她在学习组块教学的一年里，受薛法根老师的启发，懂得了其基本课型，并明白了在课型的运用上要灵活。

"模式"是指某种事物的标准形式或使人可以照着做的标准样式。有了基本模式，就增强了实践操作性。组块教学的基本模式是从教学内容、语文活动、课堂结构、课型分类、教学评价五个方面进行实践。我来说说它的基本课型：诵读感悟型、情境运用型、研读探究型、主题活动型。

诵读感悟型。这一课型强调了"读"和"悟"，通过有层次的诵读训练，让学生感悟言语规律，积累语言材料，培养语感。例如，薛法根老师执教的三年级下册《燕子》一课，首先通过朗读，初步感受燕子的外形之美、春光之美、燕子飞行及停歇之美，这是从整体把握；接着围绕"作者是怎么写出外形之美"这个问题，引导学生从"抓住特点、用词优美"两个角度理解表达的方法和语言形式；通过把"乌黑光亮"置换成"黑乎乎的羽毛"，把"剪刀似的尾巴"换成"树杈似的尾巴"来进行对比，再通过朗读感受这些短语的排列结构和节奏之美。这样边读边悟，学生就感受到了言语的规律，再从"怎么写"这个角度，继续探究其他段落的表达规律，加深对"抓住特点、用词优美"的理解和体会，再次有感情地朗读，进而完成背诵、积累语言材料的任务。此课型运用"读—悟"达成积累的模式，在教师的引导下，让学生发现"语言的秘密"，感悟蕴含的"情感魅力"。

情境运用型。此课型强调创设"情境"，进而引导学生对话、交流，在实践中学习语文、运用语文、掌握语文。例如，薛老师执教《鞋匠的儿子》一课时，在"揣摩化解艺术，体会伟大人格"这一板块中，设计了几个问题：参议员是怎么羞辱林肯的？如果你是林肯，当时会用怎样的话语来回应？林肯只用了三段话，就化解了这场羞辱，赢得了赞叹的掌声。仔细品味一下，这三段话中哪些词句最让参议员感到意外？哪些词句最能改变参议员？用什么来改变？学生通过交流分享，在感受参议员的傲慢、体会"羞辱"的同时，更加深切地体会到林肯话语中"礼貌的力量、自信的力量、谦卑的力量、情感的力量、思想的力量"，从而探究如此巨大的力量背后的核心是什么。通过交流谈论，学生总结出核心就是"人人平等"的伟大思想和林肯高尚的品格。在这一板块学习的基础上，薛老师创设了三个情境，让学生们仿照林肯化解羞辱的方式，写一段化解尴尬的话语。此课型在课文与生活的"情境"中穿梭交融，实现了语言的内化运用。

研读探究型。顾名思义，这一课型重在引导学生在深入地思考后进行探究、质疑，进而收获新知识、产生新思想。如上面我们提到的《鞋匠的儿子》这一课，在"揣摩化解艺术，体会伟大人格"这一板块中，研读探究"林肯话语中的力量，以及如此巨大力量背后的核心是什么"。学生只有在交流中进行深入的探索和思考，才会感受到林肯伟大的思想和高尚的品格。这一课型重在"研读"和"探究"，强调了学生的思考和质疑能力，只有深入的思考和研究才有可能更接近事物的本质。说到这里你会发现，这些基本课型彼此是交融的，并非是孤立存在的。

主题活动型。这一课型就是围绕一个教学主题开展综合的语言实践活动。例如，以"思乡"为主题的诗词赏析。学生在收集"思乡"的诗词中学会了筛选;在诵读诗词中感受了作者用词的精妙;在寻找诗词所写的景物中,发现作者表达思乡的所托之物;在与伙伴的分享交流中体味古人的离愁别绪;在与古人的对话中,将自己的思绪诉诸笔端……这种综合的语言实践活动,让学生的知识、能力、情感都得到了发展。这一课型围绕"综合实践"开展,核心仍是"发展学生的言语智能"。

这些基本课型在教学中也可以"变"。薛老师在课堂上常常展现着他的"变"与"不变",让课堂充满灵动的气息。

说"变",我们可以看到从教学内容到实践活动的"统整",还有从教学结构、教学评价到课型定位的"联结"。薛老师在"变"中践行着语文课堂的本真,同样是状物文的《荷花》和《黄山奇松》运用了不同课型进行教学设计。《荷花》一课用"诵读感悟型"来设计,通过诵读重点语段,感受荷花姿态之美,再引入生活观察,进行表达训练,尝试写"一树的石榴";而《黄山奇松》采用"研读探究型"来组织教学,通过导"奇"、说"奇"、悟"奇"、诵"奇"、写"奇"这样层层深入的设计,紧扣文眼"奇"字展开教学。可见,即使是同一文体的文章,也不要囿于基本课型的框架之中。

基本课型是基础,教师也要根据文章的特点进行变换、交融,这样的课堂才会变幻出更加诱人的滋味。

"不变"的是每一节课都要紧紧围绕"发展儿童的言语智能"这个核心任务组织教学,"变"的是完成这一任务的路径。因为接收对象在变,需求在变。

七、在鼓励式评价中培养创新精神

解读者

　　扈冰,女,1977年12月生,大庆石化第十小学语文教师,曾获大庆市中小学教师综合素质大赛一等奖。她在学习组块教学的一年里,懂得了运用鼓励式的教学评价语言,可以激发学生的创新意识。

美国成功学大师卡耐基曾说："使一个人发挥最大能力的方法就是赞美和鼓励。"

一个肯定的眼神，一句鼓励的话语，足以让人感到愉悦和鼓舞，激发出内在的潜能。组块教学基本模式中的教学评价提倡"营造一种平等、民主、和谐的课堂教学氛围，以利于学生主动、自由、充满信心和乐趣地进行学习实践活动"。鼓励式的教学评价着意于培养学生的创新精神，把"三个鼓励"融入课堂，就能让学生在学习中充满主动，乐于探索。

（一）鼓励学生善于提问

教师在教学过程中，要懂得帮助学生沿着一定的思维方向去质疑，"鼓励学生提问，并引导学生善于提问，培养其好奇心和探究精神"。

薛法根老师在执教习作课《人物素描》时，为了让学生更深入地了解一个人，获得真实、准确的习作素材，就是从引导学生学会提问开始的。对于学生提出的"简单"问题，如："你几岁？爱吃什么？""你的工资多少？家里几口人？……"薛老师一一给予了耐心风趣的引导，尊重、保护了学生的好奇心，又顺势引导学生要提有价值的问题。"还有很多问题可以问，比如说有没有遇到挫折，帮助过你的人，你最自豪、痛苦、遗憾的事。这些多有价值呀，问要问得准，才能对这个人真正有所了解！""我们都有刻骨铭心的事，每个人有成功有失败，想不想听老师失败的事？""这个问题有价值，我很高兴回答你……"薛老师的评价既肯定了学生的问题，又让学生收获了搜集素材的正确提问角度。

（二）鼓励学生个性化解读

学生对文学作品欣赏、解读的过程，往往是一个再创作的过程。在教学过程中，教师要珍惜学生的独立见解，珍视学生的智慧萌芽，让课堂充满笑声，充满丰富多彩的精神生活。

薛老师执教《爱如茉莉》一课时，品析课文结尾处两个"爱如茉莉"，学生们纷纷发表自己的看法。薛老师评价道："这样的理解很有意思。""非常好，这又是一种理解。""这样理解很有新意。"这种鼓励性语言激活了学生深入文本的思维，也引发了多元化解读的兴趣。"说得好啊，你从一个词语中读出了两层含义。""通过反复来强调'爱如茉莉'，你说得很专业！"薛老师善于抓住课堂上的每一个契机，倾听个性表达，并鼓励学生多角度感受语言，形成自己独特的解读，生成与文本内涵相关的个性化情感。薛老师认为："学生个性化的理解，是最具有灵性的。"

（三）鼓励学生自主选择

薛老师执教《槐乡五月》第二板块内容时，先让学生选择自己读得最好的段落进行朗读，学生们情绪高涨地举起小手。接着薛老师鼓励学生找出文本中感觉特别新鲜的字，一个学生找到了"飘"字。在薛老师的点拨和鼓励下，学生们纷纷说出自己感觉新鲜的字和词。薛老师再引导学生结合生活体验说出对这些字的理解。在和谐的课堂氛围中，学习自己选择的内容，学生特别活跃，学习得投入而深刻。

八、学生的自我评价才是对教学的客观评价

> 解读者
>
> 丁秀丽，女，1976年11月生，大庆市三永学校小学语文教师，曾获大庆市优秀教师、模范教师、骨干教师、教学能手等称号。她在学习组块教学的一年里，懂得了"六问"的自我评价更能让教师明确如何上课。

学生是课堂的主人，课堂的效益效率应该将学生作为评价的主体。如何通过反思和评价，明白自己学习的优势与劣势，调整自己的学习行为呢？从对学生的"六问"开始。

薛法根老师设计了学生的每课"六问"，既客观地反映了课堂教学的真实情况，又促使学生对自己的课堂表现进行反思。这"六问"是：①懂了吗？

②会了吗？③喜欢否？（是否喜欢这样上课？）④发言否？（是否主动地发表自己的见解？）⑤完成否？（是否有足够的时间当堂完成规定的练习？）⑥进步否？（是否有收获、有长进？）

教师的"教"要灵活。学生"懂了吗？""会了吗？"是我们课堂中一定要关注的。教师用心地教是为了学生能充分地学，"以学定教"要求教师要根据学生的学习情况，灵活安排适合学生的学习活动。如果我们在教学中总是被所定的"计划""教案"牵制，不去因学生的实际学习情况而随机应变，那么无形中我们又走回旧途，又在牵着学生走，最终导致的结果便是打击了学生学习的积极性，学生怎么会"喜欢"呢？在具体的教学实践中，我们应该根据学生学习的实际情况，适时调整自己的教学计划，学生不容易理解的内容，可以把教学进度放慢点儿，安排多些时间给学生思考、练习。课堂中教师循循善诱，与学生一起交流学习感受，让学生在民主、和谐、轻松的学习氛围中，主动地发表自己的见解。学习语言表达，是一件很幸福的事情，学生"懂了""会了"才是"以生为本"的正途。

教师的"教"要有度。薛老师说："只教不懂的，不教已懂的。"现在的学生学习辅导用书各种各样，里面针对字、词、句、段、篇的学习指导也是非常细致。学生通过预习，借助学习辅导用书整理归纳，有一部分知识点就已经学会了。教师需要从文本中看到学生看不到的却很重要的东西。教师要努力让学生似乎已经熟悉的文本变得陌生起来，在学生自以为读懂的地方读出新鲜的东西来。如薛老师在教学《真理诞生于一百个问号之后》时，先引导学生质疑课题，然后问学生"司空见惯"的含义，学生能够答得出来，但薛老师话锋一转，问"司空见惯"的来历。结合刘禹锡的诗句，讲了"司空见惯"的成语故事，这样既丰富了学生见识，又培养了学生深入思考的优秀学习品质。薛老师还引导学生将三个事例进行比较，然后提出一连串的问题，让学生在比较中发现了不同文体在叙事时的不同。文章结论的前句说"科学发现并不难"，后句说"科学发现并不易"，薛老师引导学生用心思考这两句话，探究这种写法的作用。薛老师将学生没想过的、没查到的问题在课堂上提出来，引发学生更多的思考，真正做到了只教不懂的，不教已懂的，让学生体验到进步感。

教师的"教"要有效。我常常思考，为什么有的课堂上学生学得那么投入，怎么实现的？一所学校硬件设施并不好，但是家长为什么愿意择校让孩子来学习？经常听到有人说：某某老师课讲得特别好，就是学生成绩不理想，那好课的评价标准是什么？当然，不能片面地用一张试卷来评价学生学的效果，但是试卷却可以反映出教学效益不高的问题。所以，教学设计是不是为学生的好学和学好而设计的？学生在你的课堂上学到了什么？发展了什么能力？这是教师在"教"中要思考的。

教师要告别课堂热热闹闹的假象（假合作、假交流、假展示、假检测）、花花哨哨的课件……每课"六问"真的很有必要！走出自己，走近儿童，"六问"会让我们知道如何上好一节语文课，也会让语文课堂变得充盈起来。

九、教学评价和教学设计一样重要

> **解读者**
>
> 张雪，女，1989年7月生，大庆市兰德学校语文教师，曾被评为大庆市教学能手。她在学习组块教学的一年里，懂得了得体的教学评价能促进学生语文能力的提高。

教学评价是语文课堂不可缺少的艺术，蕴含着丰富的育人智慧，它不仅仅指向教师的"教"，还指向学生的"学"，要求教师心中要"有学生"。

（一）恰当点评营造轻松学习氛围

薛法根老师善于运用恰当、得体的教学评价语言营造自由、轻松的学习氛围，促进学生积极参与活动，在实践中提高语文能力。在《"番茄太阳"》

一课中，薛老师利用教学评价营造了一种轻松的学习氛围。

师：谁会读这些词语？（相继出示：蔬菜、亲戚、捐献）

生：我会读——蔬菜。

师：你养成了自学的好习惯，祝贺你！你最喜欢吃哪些蔬菜？

生：黄瓜、西红柿，还有藕。

生：土豆、扁豆、蚕豆、毛豆……（众笑）

师：你可真逗！（众大笑）净吃"豆子"，不吃其他的吗？

"幽默"不能和"随意"画等号，有的教师在课堂中的幽默往往离题万里，喧宾夺主，造成了课堂秩序散乱，学生思绪偏离课堂教学内容。但薛老师幽默的教学评价总是与自己的教学目标丝丝入扣，利用"逗"与"豆"的谐音创造了幽默，拉近了教师与学生之间的距离。

生：不是，还吃白菜、菠菜……（众大笑）

师：听出来了吗？这位同学按照蔬菜的名称归类着说，真了不起！（掌声）

…………

薛老师在学生的回答中敏锐地发现他按照蔬菜名称归类说这一特点，学生在这次"曲折"的回答中获得了老师的赞扬，促使学生积极、有效地参与到语文活动中，又说出了更多的蔬菜名称，潜移默化中推动着教学活动井然有序地开展。在这种师生和谐的学习氛围中，学生又怎么会害怕回答问题呢？

（二）循循善诱促进学生提升语文能力

薛老师在课堂中不会用简单的"好"与"不好"去评价学生，总是能在师生互动中巧妙地抓住学生回答的特点进行引导，提高学生的学习积极性，促进学生不断进步。

在《二泉映月》一课中，薛老师是这样一步步评价学生朗读词语的："哪位同学来读读这组词语，把我们带到二泉美丽的景色中？""很好！在词语之间可以有一些停顿，谁再来？""月光照水是很柔美的，不是像你读得那样生硬，再试试。""你那月光一照让人感到可怕，月光照水，要柔情似水。""不错，要求一个男生读出柔情还是比较难的。"薛老师在进行教学评价时始终心中有学生，而不只是关注教学流程。此处的朗读指导，薛老师并不急于示范如何读，也不急于先告诉学生应该如何读，而是首先肯定学生的朗读，再引导学生读出停顿，最后让学生读出月光照水的温柔，层层递进，逐步提高。虽然这位学生读得生硬，但是薛老师利用适时、适切的评价，对学生的朗读进行巧妙点拨，引导学生体会月光照水的温柔，不但使学生读得越来越入境，而且还很愉快，引发了学生几次笑声，创设了良好的学习氛围。

从薛老师的教学评价中可以感受到，他始终如一地尊重和爱每一个学生，发展学生的言语智能，希望学生在语文课上有愉悦感和进步感。正如薛老师所说："组块教学试图通过教学评价，营造一种平等、民主、和谐的课堂教学氛围，以利于学生主动、自由、充满信心和乐趣地进行学习实践活动。"

第三节　组块教学特点的重心

语文课堂中往往最容易出现且致命的错误就是分析过多，淡化了学生最需要的语言建构与运用。组块教学基于独创性的理论基础——"言语教学智慧论"，形成了"便教利学""学以致用""用能有效"的基本特点，并使之成为常态化的教学样式。

一、让学生发出自己的心声

> **解读者**
>
> 高丽莎，女，1977年10月生，大庆市靓湖学校语文教师，曾被评为大庆市骨干教师，曾获全国说课大赛一等奖。她通过对组块教

学的学习，深刻认识到只有尊重学生个性解读，激发学生大胆地表达真我，才能助力学生的言语智能发展。

语文课程标准"教学建议"中提出："阅读是学生个性化行为。阅读教学应引导学生钻研文本，在主动积极的思维和情感活动中，加深理解和体验，有所感悟和思考，受到情感熏陶，获得思想启迪，享受审美情趣。"语文学习是一种生命与生命的精神对话，是学生与文本、作者心灵的对话。组块教学倡导尊重个体生命，注重个性化解读和感悟，通过联系学生生活，调动已有经验和相关信息，引领学生进入情境体验。如何让学生真思考、真感悟、真表达，发出属于自己的声音？

（一）给足学生与文本对话的时间

我们可能都上过这样的课，学生朗读或默读一遍课文后，还没来得及去充分理解、感悟，就开始让他们表达感受、交流感悟、做出判断……学生与文本的对话被教师的讲解、提问和热烈的小组交流所打断，以至于无法获得对文本深入的理解和感悟。所以给足学生与文本对话时间，尤为重要。

《青海高原一株柳》是著名作家陈忠实的一篇散文，在借物喻人、托物言志的手法下，篇幅较长，语言厚重，立意有深度，是一篇学生不容易理解和感悟的文章。薛法根老师执教这一课时，通过三步教学活动，逐层深入地让学生走进文本，理解了文章内容，也把握了文本结构。

第一步，课文九个段落，围绕柳树分别写了什么？请你用心读一读课文，边读边画出每个段落的重点词语。

第二步，出示句式"这是一株（　　　　　　）的柳树"，借助段落中的重点词概括每一段的主要意思。

第三步，这九个段落犹如九颗珍珠，是如何成为一串项链的？它们之间有什么样的联系？

这三步教学活动循序渐进，让学生潜下心来走入文本，在阅读、思考、提炼、总结中与文本亲密接触。通过每个段落的梳理，师生们共同总结出前五个段落是作者"眼中之柳"，后四个段落是作者"心中之柳"。在学习过程中，教师只是一个引领者，阅读和感悟都是学生自己的事，这种体验让学生获得了学习的成功感和愉悦感，激发了大胆表达的欲望，为下面的感悟提升做好了铺垫。这一教学板块应该是最耗时的，但却是最重要的，因为学生的感悟不是一蹴而就的，不可急功近利，把读作为感悟的手段，没有充足的时间就达不到预期效果。

（二）教师与学生进行有效对话

在教学中，师生交流是推进教学的重要途径。教师的提问随意性大，会导致对话低效，削弱教学效果。如果问题缺少思考价值，缺少思维的自由度和开放度，那就不会带来真正的对话，学生也不会有真正的思考和领悟。教师与学生的有效对话，才能够激发学生主动并深入地思考，提升阅读感悟。

薛老师在《青海高原一株柳》的教学中，设计了"悟想象，知意图"板块，教师连续提出了这样几个问题：

柳宗元写过一首诗《咏柳》，你们会背吗？

诗人咏的是什么地方的柳？

这样的柳有什么特点？

如果把它比作一个人的话，你觉得是什么样的人？（江南女子）

本文作者咏的这株高原柳，是什么样的？如果比作人，是什么样的人？（西北汉子）

同样是柳树，为什么变得面目全非，连性别都变了？这株柳在青海高原上是如何生长的？用心读第6、7自然段，你能猜到作者这样想象的意图吗？

一连串的问题将学生的思考引向深处。把"柳树"与"人"自然而然地联系在一起，为接下来理解"借物喻人"的写法奠定了基础。学生的回答是多元开放的，但又都在教师的预设之中。有效的提问让学生的思维活跃起来，并获得言语智慧的提升。

（三）在理解文本基础上自我对话

在理解文本的基础上，通过多种形式的"写"，提升学生对文本生成性的理解和感悟，实现对文本的自我对话。因此，在语文课堂上，巧妙地使教学内容立足于文本，又超越文本，让每一个学生进入自己的角色，激活已有的生活积累，发出属于自己的心声，产生自己的思想。

薛老师在教学《青海高原一株柳》"练改写，知人生"板块中，问："作者咏的仅仅是柳吗？"这一问引领学生向文章的深意处思考，咏的是"柳"，赞的是"人"，让学生与作者进行对话，其实作者就是"高原柳"这样的人。课文学到此，本以为结束了，但薛老师顺势提升，让学生再读最后一段文字，略加改写，作为自己的励志铭。

"开头可以这样写：如果你身处逆境，甚至陷入绝境，那么，我们……"

教师结束语："把青海高原一株柳移栽到你的心里。从此，你将会拥有一个强大的内心世界，你的人生也会变得厚重而伟大！"

这一环节将学生从文本中带出，由对"高原柳"以及作者的敬佩想到自己将要做怎样的人，实现学生与自己的对话，也是对文章感悟内化于心的过程。这一次对话真正体现了将语文学习与学生生活联系在一起。

在薛老师的语文课堂上，我们真切地感受到了他特别关注对学生内心世界的唤醒，用文本打动学生，形成情感的碰撞和心灵的交流，让学生经历真正的心灵成长。

二、让语言学习融入生活

解读者

王超，女，1981 年 10 月生，大庆市湖滨学校小学语文教师，曾获全国优秀指导教师奖，被认定为大庆市骨干教师。她在学习组块教学的一年里，懂得了语文的韵味来自语言的三合一本质，并在课堂的实践中，证明了语文实践活动的魅力。

薛法根老师提出，将零散的、单项的语言训练整合成综合的语文实践活动，将语言、形象、情感锻造成"合金"，积淀在学生的心中。在教学中，薛老师将语言、形象、情感当作一个不可分割的整体去预设三维目标，引导学生进入生活语境去感受和体验，真正促进学生语文能力与人文素养的养成。

（一）结合生活体悟言语

在薛老师的课堂上，他始终基于语言引导学生体验情感，注重语言和情感的同构共生。在执教《唯一的听众》一课时，薛老师以体验"我"在拉琴过程中的心情变化为主线，依托文本朗读，层层深入地引导学生感悟。首先，让学生整体把握"我"先后在哪些地方拉小提琴，地点不同，心情有哪些不同。学生把握了"我"从沮丧到兴奋，再到自豪的情感变化。接着，体会老人诗一般的语言是怎么打动"我"的，体会"我"的内心变化。学生在情境演读、对话朗读、体验思考相融合的综合学习活动中体会语言、感悟情感，逐步走进了"我"的内心世界，与人物同想同感。再接着，引导学生进一步聚焦反映"我"情感变化的关键词句，学生纷纷抓住自己感悟最深的词句来朗读并交流个体感受，此时学生们对"我"的情感变化理解得更深刻了。最后，薛老师抓住真相大白后的省略号，引导学生去想象此时"我"的感受，并写出来。整个学习过程中，学生充分咀嚼言语文字，结合自身生活经验感悟文字和情感，言语之根越扎越深，生成的情感枝叶越来越茂盛。

（二）借助实践发展能力

薛老师的课堂，总能巧妙地设计言语实践活动，既有助于学生理解文本，又发展了学生的多项能力，所有目标的达成给人以水到渠成之感。

1. 创设情境体验角色

在执教《你必须把这条鱼放掉》一课时，薛老师创设了"父子对话"这一情境表演。学生充分进入角色，"儿子"抛出一个又一个刁钻的理由为自己争辩，"父亲"逐一应答，以理服人。学生在对话中碰撞出思想的火花，随着深入体验，理解也更加深切。这样的实践活动，引导学生走进了生活，联系自己与父亲的相处方式，也联系了生活中的道德准则，在父子角色中努力说服对方，激发了言语智慧，也在内心树立了正确的价值观念，实现了语文工具性与人文性的内在统一。

2. 借用言语图式学表达

在执教《我和祖父的园子》一课时，薛老师将"祖父做什么，我就跟着做什么"这样的表达范式提炼出来，创设成一个富有情趣的师生对话活动——师："祖父戴一顶大草帽"，生："我戴一顶小草帽"；师："祖父栽花"，生："我就栽花"；师："祖父下种"，生："我就下种"……在语言范式的模仿中学生充分地感受形式、体悟意蕴。薛老师顺势鼓励学生借用课文中写倭瓜、黄瓜、玉米、蝴蝶自由自在的内容，采用"我想怎么样就怎么样"的句式，将"我"跟着祖父在园子里自由自在的童年生活描摹出来。学生放飞了想象的翅膀，写得丰富多彩、妙趣横生。从师生趣味对话到自由仿写，这样的言语实践活动有梯度、有整合、有生活，不但巧妙迁移了课文中的言语图式，而且以情感为动力，真正促进了学生言语智能的发展。

在课堂教学中，情感、形象、语言三位一体的言语实践活动，引领学生回归了生活，实现了生命与生命的对话，这是语言的魅力，也是语文课堂的本真。

三、以"运用"为主线设计实践活动

> **解读者**
>
> 杨丹丹，女，1988年3月生，大庆市直属机关第四小学校语文教师，曾获大庆市"首届组块教学课堂大赛"一等奖。她在学习组

块教学的一年里，懂得了组块教学多以"运用"为主线开展综合实践活动，实现生命与生命的对话。

薛法根老师提出，语文教学要以"运用"为主线，设计综合实践活动，在课堂中开展文本、教师、学生之间的多重对话。组块教学正是在这样的"运用"中，调动了学生运用经验与文本对话，激发了学生运用情感与教师对话，促进了学生运用思辨与同伴对话，进而强化和积淀了生命体验，撞击出思想的火花，催生出鲜活的表达。

（一）运用经验，与文本对话

在执教《"番茄太阳"》一课时，薛老师引导学生运用感官经验、生活经验、学习经验，层层深入地感悟"番茄太阳"的意义。薛老师先运用感官和生活经验创设情境："假如你现在双目失明，再也看不到万事万物、四季轮回，你会觉得生活变得怎么样？"学生感受到失明后黑暗无比、灰心沮丧。薛老师接着将学生引入到明明的视角中，虽然看不见这个世界上那么多美好的东西，但是她可以用手摸。学生感同身受，理解了"手"成为明明"眼睛"的意义；阿姨怎么走路，她看不见，学生理解了"耳朵"成为"眼睛"的意义；天上的云怎么飘的，雨是什么形状，她看不见，学生知道"问"是唯一的途径，进而也理解了"嘴"成为"眼睛"的意义；天上的太阳看不见，学生借助刚刚学得的经验，知道了明明可以借助摸番茄，感受太阳的样子，理解了她心里就有一双眼睛的意义。

（二）运用情感，与教师对话

在《人物素描》习作指导课中，薛老师为了指导学生将人物写"真实、鲜活、准确"，将自己作为人物描写的对象，让学生先观察外在，再了解内在。薛老师鼓励学生要善于观察到他的与众不同之处，无论美丑都要实话实说，这种态度拉近了学生与教师的情感。学生敞开心扉与教师对话，"老师的牙齿有点儿奇怪，是'兔板牙'""像猴子，尖嘴猴腮"，薛老师不但不恼，反而笑呵呵地接话："嗯，有缺点的人才可爱。""你说得很准，我属猴，有点儿像，不奇怪。"学生在教师的智慧与温和中更加信赖对话的自由，逐渐在教师的引导中学会了观察的角度，并带着交流之后的成果写出了真实而精彩的习作。这样的课堂真正体现了师生的平等，教师蹲下来与学生沟通，学生也同样敞开心扉运用情感与教师对话。

（三）运用思辨，与同伴对话

　　薛老师善于营造学生自由对话的氛围，学生在倾听、交流、思辨中，感悟不断加深，思维不断发展，言语能力不断提升。《爱如茉莉》文中有两处这样的语句："爸爸边打哈欠边说：'我夜里睡得沉，你妈妈有事又不肯叫醒我。这样睡，她一动我就惊醒了。'""你爸爸伏在床边睡着了。我怕惊动他不敢动。不知不觉，手脚都麻木了。"薛老师的课堂上，学生对这两处的理解产生了分歧，有的学生认为："这样的爱好像很沉重。他们完全可以彼此说明白啊，这样两个人都没有休息好啊！"有的学生则不同意这样的看法，认为如果爸爸、妈妈彼此把话说明白，感情就平淡了，不如文中表达的情感浓烈。另一位学生补充道："我觉得这样的情景是很正常的，在生活当中是经常能看得到的。我上次发烧，妈妈就一夜没合眼。其实，爱就是这样的。"在对话中，学生渐渐懂得生活中的爱不需要说出口，却可以为你默默守护一夜。同伴在思辨中为彼此打开了一扇窗，增强了感悟能力，提升了言语能力。

第三章　组块教学的策略分析

在我们日常教学中，会遇到各种问题，采用常规的教学方式，教师没少讲，学生没少学，可就是看不见孩子的进步。教学效率低下，往往是目标达成度不高造成的，而薛法根老师的组块教学理论告诉我们，运用"组块"教学方法策略能有效解决这一问题。把文本中零散的知识点通过联结理论进行重组，再加上有效的教学实践活动，形成"相似块"，引领学生在其中体验、感知、理解、记忆、积累，并加以运用，进而达成发展学生言语智能的目标，这就是基于组块教学理念下的教学策略形成的路径。薛老师研究组块教学十几年，经过反复研究、揣摩、实践得出的六种阅读教学策略、九种作文教学策略，为我们的学习提供了很好的资源。

第一节　重组内容，学得高效

"重组"教学内容是操作组块教学的关键点之一。教学内容的重组要在教学目标引领下完成，既要关注文本在教材编写体系中的价值，又要关注文本言语中隐含的价值，更要关注文本中学生所需求的价值，把有价值的内容进行重组，才能够让教学有价值，提高教学效率。

一、重组内容，解读课程标准明确教什么

> **解读者**
>
> 姜历历，女，1980 年 4 月生，大庆市三永学校语文教师，曾获大庆市组块教学研究骨干教师。她在学习组块教学的一年里，懂得了重组教学内容要依据课程标准中能力概念的解读，并在课堂实践中证明了目标的达成离不开研制教学内容的重组。

重组教学内容，是语文教学迈向科学化的重要一步。选择和重组教学内容，首先是解读清楚课程标准中的能力概念，因为课程标准是教师进行教学活动的准则，是教师教学的纲领。

语文课程标准中的目标与其他学科课程标准的目标不同，属于"能力目标"，它所描述的不是教学内容，而是学生的学习行为结果状态。"能力目标"没有明确学生要习得这样的语文能力，教师需要教哪些与能力有关的知识、方法等，这就需要教师进行教学内容的选择和设计。语文课程要培养学生多种能力，如朗读能力、复述能力、写作能力等。以培养复述能力为例，首先要正确解读概念，课程标准中提到的"简单描述"，其实就是"复述"。换言之，复述就是学生在熟悉和理解文本的基础上，通过口头，或简要、或详细、或创造性地把文本内容有中心、有重点、有条理地表达出来。

表 3-1　一至六年级"复述能力"培养列表

学段	学段目标	学习方法	目标解读
一	听故事、看音像作品，能复述大意和自己感兴趣的情节	借助图片、关键词、关键句子、示意图、表格等讲故事	一、二年级的学生语言积累少、口语表达能力不强，复述适合以讲故事的形式为主，达到积累语言、运用语言的目的，只要能复述大意和自己感兴趣的情节即可
二	复述叙事性作品的大意，初步感受作品中生动的形象和优美的语言，关心作品中人物的命运和喜怒哀乐，与他人交流自己的阅读感受	三年级详细复述要把握顺序，讲清事情的来龙去脉，讲清人物的表现，学习换人称讲述，尝试改编等四年级简要复述要提炼小标题，找出表示时间顺序的词语，根据故事情节讲述，分清详略，讲清关键细节等	复述包括重复性复述和创造性复述，重复性复述分为详细复述和简要复述。三、四年级的学生具备了初步的复述能力。三年级进行详细复述是接近原文的复述。四年级是在三年级的基础上进行简要复述，为高年段的创造性复述打下基础
三	阅读叙事性作品，了解事件梗概，能简单描述自己印象最深的场景、人物、细节，说出自己的喜爱、憎恶、崇敬、向往、同情等感受	学生在充分理解课文的基础上，转化人称，展开联想，添加情节，加入讨论，展开想象续编故事等	五、六年级的学生已经进行了大量、系统的重复性复述训练，基于此要进行创造性复述。创造性复述要求较高，它不是对课文内容进行简单的重复，而是要在充分理解课文的基础上，通过多种方法进行复述

从复述能力培养列表中我们可以看出，各个学段目标前后承接、螺旋上升，体现了语文素养训练的连贯性和递进性。明确了学段目标后，我们就可以对照着研读课文，发现和设计促成目标达成的教学内容。如一年级下册第七单元《小猴子下山》可以借助插图和句式复述；二年级下册第七单元《蜘蛛开店》可以借助示意图和关键词复述。学生在系统的训练中，学到了复述的多种方法，也提升了理解能力。曹爱卫老师执教《蜘蛛开店》一课时，按照学段目标，采用示意图做复述支架，设计了三个教学板块：一是在整体感

知故事时，借助示意图，讲述故事内容；二是借助示意图，抓住关键词语，讲好故事片段；三是回归整体，借助示意图，结合关键词讲述完整的故事。因为有了清晰的目标，曹老师对教学内容的重组拿捏得恰到好处。第一板块根据示意图，学讲故事大意，同时了解了课文的大致内容；第二板块通过"读段落—找关键词—讲故事"的方法，将理解词语、学习课文的具体内容和复述具体组合在一起；第三板块借助示意图完整讲述故事，将梳理三次开店主线融合进来。

这三次以示意图为支架的复述训练，明确地体现了能力训练的螺旋上升，这离不开相应的内容重组，更离不开对学段目标的把握。

二、重组内容，发现文本的显性价值

解读者

王晓艳，女，1984年5月生，大庆石化第四小学语文教师，曾获大庆市组块教学研究骨干教师。她在学习组块教学的一年里，懂得了教师在重组教学内容时应具备发掘文本核心价值的能力。

当文本被选入小学语文教材，成为一篇课文的时候就自然产生了教学价值。文本的显性教学价值与隐性教学价值，相对而言，主要体现在学段目标和教材的编写意图，教师通过专业研读文本就可以发现最基本、最常用、最具摄取性的知识，进而用于对学生进行听、说、读、写等语文能力的相关训练中。

重组教学内容首先需要发现和整合有价值的显性教学资源，这离不开教师对语文教学有深刻的理解和对教材编写意图的深度把握，只有这样才能提炼出文本的核心知识内容。我们疑惑不解时，可以看看薛法根老师的课例。薛老师执教《我选我》时，充分发掘了这一课的显性核心知识，建构了内容板块。在板块一中，他将零散分布的生字、生词围绕着"介绍"这一主题，组成两组词串:"补选、愣住、亲切、掌声""教室、班级、集体、委员"。在认读和理解这两组词语的同时,薛老师融合进表达训练,借用文中句式"李小青是我们班的劳动委员"及"我们班的劳动委员是李小青",引导学生介绍自己班级的各个委员,介绍自己的同桌、同学、好朋友,进而鼓励学生做自我介绍。这样,薛老师从最基本、最常用的识记词串入手,再以重组教学内容的方式让学生反复模仿、习得规范的语言,这样既方便学生理解记忆,又利于学生学习运用。化难为易、化繁为简、化枯燥为情趣地提升了单位时间的教学效率,也实现了文本最核心的教学价值。

文本的阅读价值就是显性的教学资源,这一价值需要学生阅读才能够实现。文本的思想感情、人生哲理、态度价值、人文信息等,需要多元解读才能使其得以"增值"。不同的学生,在同一篇文本中获得的精神营养也是不同的,所以从文本的阅读价值出发,把相应的教学内容进行重组,在教学过程中根据学段目标和教材的编写意图,把握好文本的核心价值观,引领学生对文本进行正确的多元解读。薛法根老师执教《"番茄太阳"》的第二板块时,从文本最基本的阅读价值出发,通过让学生认真阅读课文,简要地说说课文围绕"番茄太阳"写了怎样一个故事入手,指导学生理解课文主要内容;在学生对文本的内容和情感有一定的了解后,进而引导学生注意作者感情变化,并从不同的角度理解和概括课文主要内容。这里充分体现了薛老师对课程标准中学段目标的精准把握,还有对文本深入的理解和解读。薛老师重视方法指导,在学习概括时,引导学生用词要准确、恰当,语言简练,并把意思说完整,同时引领学生明确文本阅读时要正确把握文章内涵的思想感情。又如在板块三中,薛老师让学生认真读课文,画出关键的语段,读后说一说"番茄太阳"这个名字是怎么来的,并围绕着这一问题展开教学,逐步引领学生明确这一名字所包含的丰富含义,让学生真切地感悟到"番茄太阳"这个名字对一个盲童的特别意义。随着教师的不断追问,学生从课文的语句中解读出了"番茄太阳"这一名字的不同意义,从文本中获得了人生哲理,懂得了明明的笑脸就是最美的"番茄太阳"。"番茄太阳"不仅指最美的笑容，还是挂在"我"心中的一轮太阳。正确地理解课文思想内容，真切地体验课文的情感态度，是显性教学价值的一部分。而由于每个学生从课文中获得的精神养分、获得的教益和启迪都不相同，因此教师必须具备专业的解读能力，适切地发现显性教学资源，逐步引领学生多元解读，使文本本身的阅读价值得以"增值"。

"理论如盐，只有化到了实践的水里，才会有滋有味。"我们要不负语文教师的专业使命，在教学实践中发现和整合有价值的教学资源，充分发掘文本中的显性教学价值。

三、重组内容，发现文本隐性价值

解读者

杜平，女，1973年2月生，大庆市萨尔图区月亮湾小学语文教师，曾在"一师一优课"活动中获得"优课"。她在学习组块教学的一年里，懂得了重组内容重在发掘文本潜在价值，并在课堂实践中证明了发现文本潜在知识是将语言能力定向化培养的一个过程。

教材在教学中不仅有显性价值，也包含着隐性价值，即潜藏在文本背后的"创生性教学价值"。在实际教学过程中，教师发掘显性价值尚且需要专业眼光，更何况是隐性价值，很难会被筛选出来。而这种隐性价值往往关乎学生语文能力的提升，是落实语文课程标准中提出"语文素养的整体提高"总体要求的助推器。

要想挖掘这些潜藏在文本深处的教学价值，我们只能采用"笨方法"，在了解学生语言成长需要的基础上，把握学段目标，审视文本。依托"字、词、句、段、篇"等不同语言材料，选择适合学生交流的语言，选择学生容易模仿的语言，选择具有陌生感的语言，选择作品中典范的语言……从而挖掘出文本中隐含的教学价值。

（一）"字"中的隐性价值

在字义中学习方法。薛法根老师设计《金子》一课的"字词学习"板块时，通过创设语境引导学生用字组词，理解字义，从而发现了"同义构词法"和"反义构词法"。

在字义中拓展积累。薛老师教授《风娃娃》一课时，以"风"导入，让学生给"风"组词，这组词并不稀奇，但他按照"风"的分类来组词，按季节分，按风的大小分，按风向分……抓字拓展，在激发兴趣的同时，也获得了构词方式和认读理解的经验，从而增强了学生对汉字的识记与运用能力。

（二）"词"中的隐性价值

通过词语可以了解人物，在《军神》第一板块教学中，薛老师从认读词串入手，聚焦描写人物的语段，巧妙地把文中刻画人物的方法、特点，通过词串的重组展现出来，再引导学生关注事件的矛盾处和细微处，人物特点变得更加清晰，形象更加丰满。

通过词语可以体会情态。在《赶海》教学片段中，通过读一读、品一品、议一议、用一用等方式，引导学生发现本没有实在意义的叹词所蕴含的特定的情态、情意，明确叹词"嘿、哎、咦、哦"的"表意功能"，从而使学生感悟到在不同场合使用不同的叹词，会使原本就很丰富的语言表述变得更准确、更有趣。在一词一趣中，由表及里地发现了语言的本质。

（三）"句"中的隐性价值

可以在句式中发现写作意图。薛老师通过聚焦《爱因斯坦和小女孩》中"一边……一边……""一面……一面……"这两个句式的共同之处，引导学生探究是否可以将两个同时发生的事情颠倒顺序，从而在读悟之间触及作者藏在词句深处的情感，充分体会到"暗示是小品文的生命"之所在。

可以在句式中获得体验。薛老师执教《槐乡五月》时，选用了"五月，是槐花飘香的季节，_____"这一语言图式，引导学生引用课文中的内容，将"槐花飘香"四个字的意思说具体。通过一次次的体验与分享，学生获得丰富的美感体验，感受到散文的审美价值。由此，经过学习、模仿、运用，真正做到了"将课文语言逐渐转化为学生自己的语言"。

（四）"法"中的隐性价值

一法必经一析，可以在明析中寻求突破。薛老师执教《黄果树瀑布》时，为了力求教学的突破，另辟蹊径，通过引导学生借用文中的语句来赞美黄果树瀑布，让学生们的表达变得丰富、鲜活，从而加以确认"'引用'就是一个促进学生丰富语言积累，内化文本语言的生长点"，才能真正做到把"看得见"的"拿到手"。可以在明析中形成格局。薛老师在讲解《望庐山瀑布》时，通过古诗与现代诗的比照，触及诗歌之间隐藏的共通之处和相异之处："同样是比喻，感受到李白的比喻有何特别之处？为何他能做出这样的比喻？"形成了互文、互议的格局，进而能够感悟到："诗歌阅读要点：从关键词句中领会所写事物的特点。从特点中揣摩诗人的情感。"正是在教师必要的引导和点拨下，将含义丰富的语句和段落提炼出来，在问题情境中发展学生的言语智慧。

在谋篇中拓展阅读。薛老师在执教《示儿》时，引导学生开展课外主题阅读活动，将杜甫、辛弃疾、文天祥等爱国诗人的代表作集成"爱国组诗"，开展主题阅读。从而，在更为广阔的阅读背景之下，更深层次地认识一个个诗人，认识一个个时代，认识我们民族的伟大和坚强。

在谋篇中训练思维。薛老师在执教《谈礼貌》时，通过给学生提供三个故事《千里送鹅毛》《约翰逊访泰》《外交官的尴尬》，让学生区分哪一个故事与课文的论点相符合；再将这个讲礼貌的故事缩写成短文，并写出切合故事的议论；最后比较这个改编的语段，可以置换文中的哪一个语段。让学生在阅读中自然体会出作者是如何构思的，如何选择事例层层阐述的，从而发现作者的思维路径。每学一课，学生都能心知其故，阅读教学才算达到目标。

就是这样，我们的语文教学不断用自己"专业"的眼光去帮助孩子们揭开语言背后的秘密，让那些隐藏在文本背后的资源成为教育力量的源泉。

四、重组内容，先要明确教学内容

解读者

　　袁秀玲，女，1979 年 2 月生，大庆市肇源县小学语文教研员，曾获得大庆市骨干教研员荣誉称号。她在学习组块教学的过程中，懂得了确定科学的教学内容是实现有效教学的关键，教师要深入地解读课标、钻研教材，甄选出适合学生的教学内容。

　　薛法根老师认为："教学中缺少鲜活的、适切的教学内容，缺乏鲜明的课程意识，会造成语文教学的低效，甚至是无效、负率。"那么怎样研制出好的教学内容呢？带着这样的求知欲，我细细地观看了薛法根老师的多节示范课，发现薛老师教学内容确定的大致思路如下：一是准确解读语文课程标准。明确总目标和学段目标，为教学内容的确立提供大方向。二是深入研读语文教材。把握教材编排意图，发现文本的教学价值，从而筛选出值得教的内容。三是熟练把握学情。考量学生的认知和需求，选取适切的内容。

　　薛老师设计《我选我》一课的朗读教学时，首先，依据第一学段"学习用普通话正确、流利、有感情地朗读课文"的朗读能力目标进行定位，明确教到什么程度。接着，根据课标中朗读能力目标编制的"知识与能力水平分类表"到课文中去捕捉有教学价值的朗读知识点，含有生字的词语，如劳动、委员、学校、班会、补选、教室和静悄悄等，提示语"亲切地说"、叙事性文章的朗读基调、提示语与人物语言之间的停顿处理、段与段之间的停顿和词语的感情色彩等多项朗读内容进入教师的视野。最后，根据学情，放在"三个不教"的尺子下衡量——学生已会的、能自己学会的和教师教了也不会的暂不教，删繁就简，提炼出最有价值的内容用于教学。

　　于是，删掉不适合二年级小朋友的关于叙事作品感情基调、词语感情色彩和节奏的转换等朗读知识内容，最后确定了以下四项朗读训练内容：1. 正确熟练认读生字、生词，读好两组词串。2. 根据语境，读准多音字"转"。3. 通过想象说话者的神态，揣摩说话者的语调，读出提示语的语气。4. 读好题目与正文之间和段与段之间的停顿。薛老师在实际教学中，将这四项朗读训练有机融合，并分散进各教学板块，收到很好的教学效果。

在薛老师的课堂上，教师要教什么和学生学会了什么，清晰可见。教师教得轻松，学生学得明白。这与薛老师善于研制适合学生学习的"核心知识"作为教学内容是密不可分的。

五、重组内容，多元聚焦

解读者

宋贤华，女，1976 年 1 月生，大庆市庆风小学语文教研主任，被评为黑龙江省优秀语文教师，曾获全国中小学语文课堂教学大赛一等奖。她在学习组块教学的一年里，懂得了在"能力"的统摄下，将教学内容重组、整合，形成教学块，可以实现文本教学功能最优化。

一篇课文会包含多个知识点，都可以作为发展语文能力目标的资源，然而人在单位时间内的记忆能力有限，繁多、琐碎的教学内容很难教清、学透。组块教学提倡，每个教学板块内部要聚焦目标、重组内容、整合活动，实现记忆单位缩减、板块内部扩容的高效学习效果。

薛法根老师执教《雾凇》一课的第一板块时，聚焦"解说事物概念"，组合了多项内容和活动。1. 教师告知记笔记的方法，让学生养成记笔记的习惯。2. 听教师读完"饱和的水汽、雾气、霜花、遇冷凝结"这些词语后，学生根据记忆默写这些词语。3. 理解这些词语的日常意思。4. 用"饱和的水汽、雾气、霜花、遇冷凝结"，说出一个规范的语段，把握它们之间的联系，清晰阐释雾凇形成的科学原理。这一板块中的教学点包含了学会记笔记、学会倾听等习惯的养成，还涉及了词语的认读、书写、解释，也初步尝试了课文内容的梳理和理解。这些教学点，既培养了学生的记忆能力、口语表达能力，也为下一板块具体理解雾凇形成建立了心理预期。这样的学习板块，聚合了多方面的教学内容，实现了高效学习。这就是组块教学板块设计的基本模样。

薛老师执教《匆匆》一课时，将第一板块的核心目标设计为体会运用"叠词"的好处，于是他用朗读这根线串起了比较、感受、理解、发现等多种体验活动。通过"匆"与"匆匆"的比较朗读，让学生发现"叠词"的节奏之美；再从文本中寻找诸多"叠词"，从不同的角度诠释、比较、感受"叠词"之美。如："头涔涔、泪潸潸"的对偶之美，"斜斜的太阳"的姿态之美，"轻轻、悄悄"的姿态、声音描摹，"赤裸裸、白白"的情感表现。通过细细品读，将文中十多个叠词整合起来，串成了一条迷人的项链。

解读文本，涉及字词句篇、语修逻文、听说读写等多维度视角，所以容易陷进教学内容碎片化、语文知识庞杂化的泥潭。只有围绕识记、阅读、概括、理解、感受、表达、评价等语文核心能力，才能将繁杂零散的教学内容进行归类、筛选、整合，形成具有"合力"的教学内容板块，呈现一系列综合性的语文活动，使教学内容"零存整取"，便教利学。

六、重组内容，指导学生具体阅读方法

解读者

姜云影，女，1987 年 8 月生，大庆市世纪阳光学校语文教师，"全国组块教学联盟大庆工作站"骨干教师。她在学习和实践组块教学中，懂得了在阅读教学中给予学生阅读方法的具体指导是提升学生阅读能力的有效途径。

为何要教学生阅读方法？薛法根老师曾引用金圣叹批评本《水浒传》开篇

的一句话："今人不会看书，往往将书容易混账过去。于是古人书中所有得意处，不得意处，转笔处，难转笔处，趁水生波处，翻空出奇处，不得不补处，不得不省处，顺添在后处，倒插在前处，无数方法，无数筋节，悉付之于茫然不知，而仅仅粗记前后事迹，是否成败，以助其酒前茶后，雄谭快笑之旗鼓。"看来，读书无法，会导致阅读只能是低水平重复。所以，薛老师在教学中注重阅读方法的指导：批注阅读、关注细节、品味语言、读悟结合、读写结合等。

批注阅读，能引发学生聚焦语言文字，思考文章的内容、感情、思想、写法等，这是一种个性化的阅读。文中哪些地方值得关注呢？薛老师注重引领学生阅读"特别"的语句。他在《我和祖父的园子》第三板块教学中，引导学生用批注的方式阅读："这个园子充满温馨，作者是从哪些地方感受到的？又是通过哪些词语、句子流露出来的？看看哪些句子写得特别？"方向指向"特别"，方式指向"圈画"。学生边读边画，思考"特别"之处是因什么而"特别"。批注后，学生找到了拟人化的手法，体会了园子的生机勃勃；发现了排比的句式，体会到园子处处有活力；通过模仿"愿意……就……"的句式说话，感受了自由的心境……这样的批注式阅读法在薛老师的很多课例中都可以寻得踪迹。《桂花雨》一课的第二板块："请你静静地读，在那些能引起你注意的地方做个记号。"学生在标记中抓住了桂花的"香"、摇花的"乐"、桂花雨的"美"。在这种阅读方法的浸润下，学生渐渐习惯了读书动笔，圈画"特别之处"，标记"动心之处"，理解能力必然随之提升。

关注细节，能牵出文本隐含的情感和思想。薛老师在《爱如茉莉》的教学中，始终引导学生关注人物的一句话、一个动作、一个眼神。在品读一个个细节中，学生体会到了"假话"中的真情、矛盾中的真爱。课文结尾处"哦，爱如茉莉，爱如茉莉"，薛老师继续引导关注两处细节："哦"这个感叹词和"爱如茉莉"的反复。学生从细节中读出了其中的意味深长，对平淡、纯净的茉莉之爱有了更深的领悟。这样从细节中品味出的味道，将吸引学生爱上深入阅读，渴望走进语言文字的美好。的确，教师的导读能力影响着学生的阅读能力。

阅读方法千千万，个性阅读是王道。教师带领学生品词析句后，留下的不应仅仅是字词句，还应有爱上阅读的情感和善于阅读的方法，更应有用阅读提升生命质量的策略。不论是诗词阅读的"还原法"，科普阅读的"比较法"，散文阅读的"情境法"，还是小说阅读的"波折法"，都应来源于课堂，回归于日常。

七、重组内容，将学习与生活相融合

解读者

李明，女，1986 年 8 月生，大庆市世纪阳光学校语文教师，曾获"大庆市教学能手"称号。她在学习和实践组块教学的一年里，懂得了语文教学要紧密结合学生的生活经验，让语文教学基于鲜活的生活，也要回归于生活。

教材中编选的文本不仅符合学生心理水平和认知规律，并且大多贴近生活，这是因为语文课程的学习过程离不开综合实践活动，而这些活动又往往需要结合学生已有的生活经验。薛法根老师说："语文课应该充满生活气息。语文教学应该从学生的生活中来，再到生活中去。"只有扎根于生活，才能将语文课堂上的"习得"转化为生活中的"用得"，获得学习的成就感。

借助生活实现积累。薛法根老师执教《猴子种果树》一课时，将课文中意义相关的词语按照一定的语义重组、有序地排列，巧妙地组合成四组词串。在读熟、理解词义的基础上，让学生结合生活经验拓展和积累同类词语，并给学生简单介绍了"农谚"相关知识。薛老师找到了教学内容与生活实际的结合点，不仅激发了学生的学习兴趣，而且通过对词语的理解、运用，锻炼了学生在实际生活中掌握规律、运用语言的能力。

融入生活轻松学习。我在执教《影子》一课时，也努力让生活融入教学，让学生说一说生活中看到的影子，"阳光下，有老师和同学们的身影、书桌的影子、文具的影子……"学生畅所欲言，特别有思考和表达的兴趣。接下来还设计了户外游戏活动，带着学生们在操场上自由摆出各种造型，变出不同形状的影子，了解影子和光的位置关系；还让几个学生一组，玩踩影子游戏，明白了"形影不离"的好朋友关系。就这样，通过生活情境下的游戏活动，丰富了学生对影子的认识，也能理解文中的语句，进而在朗读中读出了欢快的节奏和语气。寓教于"生活"，可以让学生在快乐中学习，也可以让学习变得轻松。

走进生活促进成长。薛老师执教《你必须把这条鱼放掉》一课时，通过"父子表演"的情境劝说"儿子"，明晰了自觉遵守社会公德的重要性。进入角色的生活化表演，体现了语文"工具性"和"人文性"的统一，学生既树立了正确的价值观，也提升了言语表达能力，增长了智慧。

贴近生活答疑解惑。古诗文中有些词句有年代感，学生理解起来有难度。因此在古诗文的教学中，要尽力挖掘教学内容与学生现实生活的联系，创设情境，拉近古与今的距离。我在执教《小儿垂钓》时，为了让学生感受"怕"而"招手"的情态，与孩子们表演了"路人借问遥招手，怕得鱼惊不应人"的情景。我喊道："孩子，请问杏花村怎么走啊？"孩子们根据生活经验，做出各种手势：有的摆手，有的做出让我走近的手势，有的皱起眉头做出赶走人的手势……通过生活实践活动，学生对诗歌的意境有了切身体验，再读诗，声情并茂，完全没有古和今、诗文和生活的距离感。

八、重组内容，牵动经验进入体验

　解读者

　　王柯岩，女，1986年1月生，大庆市第一中学附属第二小学语文教师，曾获大庆市"首届组块教学课堂大赛"一等奖。她在学习组块教学的一年里，懂得了在进行教学内容重组时要充分考虑学生经验，使其获得进入课堂的机会，参与学生的体验式感悟。

"回归自然状态"下的阅读方式，是我们阅读教学的原点。体验式阅读，就是以学生为中心，将学生的阅读学习与实际生活有机结合，使学生在体验中产生对文本的感性认识，并促使学生调动与之接近的生活经验和感受走进文本，使阅读成为一个精神体验与享受的过程。所以，在进行阅读教学内容重组时，应注意引进学生的生活积累和阅读经验，进而学会体验式阅读。

在执教《去年的树》时，我引导学生提炼出鸟儿和大树关系的两个关键词"好朋友"和"天天"。"好朋友"一词对于学生来说并不陌生，从进入幼儿园开始，他们就渐渐结识自己喜欢的玩伴，随着年龄的增长，玩伴也变成了有共同话题和共同爱好的朋友。而"好朋友"就是天天在一起玩耍、天天在一起学习，能够分享悲伤和快乐的人。结合学生已有的生活经验，再引导多种形式的朗读，让学生渐渐体悟到鸟儿和大树两个好朋友之间的深情厚谊，为理解他们之间美好的约定做好了情感铺垫。接下来我让学生通过默读、批注的方式，找出鸟儿在寻找大树的过程中都遇到了谁；分角色读一读他们之间的对话，在对话中，体会鸟儿会产生怎样的心情。带有经验的体验，让学生有了身临其境之感，自己化身鸟儿。反复吟诵，牵动着学生更深入地认知"朋友"和约定的美好。

"约定"对于学生来说，由于生活经验不足，理解会比较肤浅。他们只知道"约定"是约好一定要做的事，而并不能深入理解其美好所在。所以，我引导学生用质疑的眼光去审视鸟儿，在故事的发展中，透过循序渐进地体验鸟儿的心理变化，对于鸟儿对大树的这份真情的美好慢慢从质疑到相信再到感动。通过对故事中鸟儿心理活动的想象，学生对"约定"理解得更为深刻，此时，"约定"已注入体验式阅读者的生命里。

人们常说："语文的外延与生活的外延相等。"在语文阅读教学中，根据阅读需要创设阅读情境，把学生体验过的生活情境移植到课堂中，调动生活积累，进入体验和感悟，同文字产生共振，这不仅可以激发学生的阅读兴趣，也可以使学生更深刻地感悟文字蕴含的思想情感，获得阅读的愉悦感。

九、重组内容，融入学生的个性理解

> **解读者**
>
> 　　董月娟，女，1978 年 12 月生，大庆市奥林学校语文教师，曾在大庆市"首届组块教学课堂大赛"中获得一等奖。她在学习组块教学的一年里，懂得了重组教学内容的过程中，要关注学生的辩证思维和个性理解的融入，使学生爱上阅读，爱上课堂。

《孟子·尽心下》中说"尽信书，则不如无书"，也正所谓"一千个读者眼中就有一千个哈姆雷特"，正确的阅读理解应是多元的，这样才能使文本的阅读价值得以"增值"。我们在教学中常用鉴赏式阅读，不仅要让学生感受作品的思想情感，还要学习其精妙的构思和精美的语言，学生从中获得醇厚的文化滋养。但是，课堂上如果只有教师的声音，而没有学生的个性理解，那么课堂就会因失去生命力而"板结"，任何养分都无法浸润学生的心田。

组块教学往往站在尊重儿童的立场上，所以薛法根老师在教学内容的设计上特别关注学生个性的闪光点。薛老师在教授《三打白骨精》人物分析这一板块时，提出了一个有利于学生个性解读的问题："如果你碰到这样一个师父，第一次打死了妖精，他念紧箍咒；第二次打死了妖精，还念紧箍咒。你心里怎么想？"问题一抛出，学生不再受文本的束缚，有的说师父是非不分，保他何用；有的说感到很委屈；还有的说跟着这样的师父没前途，甚至还说以后再也不保他了。学生的这些个性的解读来源于对人物心境的个性体验，也可以说他们真正地"入戏"了。此时薛老师话锋一转，"一般人都是这样的想法，但是孙悟空不是一般人啊！"这样建立在个性体验基础上的对比分析，非但没有影响对人物的理解，反而突出了人物的特点——孙悟空忠心耿耿和惩恶扬善的品质。

我在执教《景阳冈》一课时，也模仿薛老师设计了一个这样的开放性问题：你对文中的武松有什么样的评价，说明理由。孩子们不再拘泥于武松的勇敢和豪爽，而是各抒己见：有的说武松鲁莽、固执；有的说武松爱面子；还有的说要保护动物，不应该把动物打死……说武松鲁莽是读出了武松不听店家劝阻；说武松要面子是读出了武松看到榜文后不肯返回。这些个性化解读是学生对文本内容的梳理。但如果止步于此，就会削弱文学形象的经典性。我接着问：这么多缺点的武松为什么只要被读者提起，就只会记得他是打虎英雄呢？于是学生开始主动进入文学形象塑造层面的思考，探讨出塑造人物需要生活化、真实化、主导性等新认识。这让学生在今后阅读小说和写作人物方面上了新台阶。课堂的生成有精彩，也有尴尬，由于受阅读水平限制，有时孩子们也可能会提出一些没有价值或者错误的看法，这时千万不要简单纠正或否定，因为生成即价值，引领到位会生出比预设还要有价值的教学点。薛老师在教学《你必须把这条鱼放掉》一课时，设计了"父子对话表演"，薛老师演"儿子"，学生演"父亲"，"儿子"抛出一个又一个"刁蛮"的理由，需要"父亲"充满智慧的解答。最后薛老师提出中心问题："你们喜欢这样的爸爸吗？"学生并没有按照既定的回答，这个说"不喜欢，他对儿子太凶了"，那个说"我也不喜欢，这样的爸爸没有父子情意"……薛老师耐心地听学生们七嘴八舌地说完，教室静下来了，此刻他表情严肃地告诉学生们父母的爱有两种：一种是温柔的爱，能让我们得到满足，感到温馨；一种是严格的爱，虽然让我们感到有点"苦"，但是却能让我们终身受益，能让我们健康成长。这样的爱，更珍贵！这样的父亲，更令人敬重！这样的教学也是最具智慧的，让学生知道批判阅读是冷静理智的、客观的、不带偏见的阅读。

融入学生个性理解的阅读方式，常见的有批注式阅读，薛老师有意识地在课堂上培养学生边读边批注的习惯。批注式阅读让学生会读、会写、会理解，这是一种带着思考的阅读，是有深度的个性阅读，更有利于汲取文本的养料。在个性阅读中，学生尝试自我接纳和成长，慢慢描绘出智慧人生的模样。

十、重组内容，勿忘融入习惯培养

> **解读者**
>
> 　　徐娜，女，1987年5月生，大庆市世纪阳光学校语文教师，曾获得全国群文阅读大赛特等奖。她在学习和实践组块教学过程中，懂得了语文教学要重视语言的建构和应用，在经典名篇和生活中将学习语言内化为一种习惯。

阅读并不单纯是课堂教学活动，应是与学生相伴一生的技能和习惯，助力于提高生命品质。因此，在阅读教学中，我们不仅要关注阅读方法的指导，还要关注将方法内化为习惯，转化为本能。那么如何在重组教学内容过程中融入习惯的培养呢？

薛法根老师在教学中，很注重培养学生的积累习惯。以《我和祖父的园子》为例，薛老师在第一板块开始进行词语听写，分别听写了三组不同类别的词汇：蜜蜂、蝴蝶、蜻蜓、蚂蚱；倭瓜、黄瓜、玉米、韭菜、谷穗；栽花、拔草、下种、铲地、浇水。听写训练不仅能培养学生的短时记忆能力和倾听习惯，也能培养学生快速找到词语之间关联的敏锐度和积累习惯。听写的最后，薛老师让学生将"草帽"一词归类，学生刚开始认为"草帽"和任何一组词语都没有关联性，后来发现和第三组词语有些联系，属于劳动用品。看似简简单单的词语听写训练，培养了学生在积累中进行关联归纳的习惯。

薛老师也很注重培养学生主动查找资料的习惯。在执教《清平乐·村居》第二板块时，薛老师融入了用查找工具书解决疑问的学习方法。针对"媪"的理解，他启发学生用查字典、问别人、猜词义等方法解决。针对"无赖"的理解——他示范借助工具书来考据。通过考据汉乐府的诗句，从"无所为"体会"无赖"的多重含义，进而体味整首词传达的情与趣。在整个教学过程中，薛老师多次渗透工具书的使用，引导学生学会利用身边的工具书掌握诗词语义。

薛老师在教学内容的设计上，也很注重培养学生精思博览的习惯。学生对文本的内容与情感，往往通过朗读就可以自得其意，但教师有时仍喜欢讲述这些学生已经知道的内容，长此以往学生自然就会丧失精思博览的意趣。薛老师在教学中，只是扮作学生与文本之间的"红娘"，通过另辟蹊径的思维"红线"拉近学生与文本的距离，引导学生主动思考，对文本进行细致的探究，形成自己独到的发现。薛老师执教《狼和小羊》时，没有让学生关注显而易见的狼和小羊的形象特点，而是将学生的思维引向羊和狼的两次争辩，让学生思考：小羊的话有礼、有理，也有力，为什么最后还是没有说服狼？通过对争辩的环境、对象、结果的分析，学生顿悟：争辩要分对象，面对狼这样的敌人，争辩是没有意义的。再如，薛老师执教《去年的树》时，有学生问：小鸟为什么对着灯火唱歌？小鸟为什么不对树根、大门、女孩唱歌呢？薛老师引导学生思考小鸟与树之间的关系和小鸟的承诺，而且不满足于将思维停留在友谊和承诺的层面，继续探究生命的意义，启迪学生思考唱歌的意义，让感悟从友谊、承诺走向生命的价值。正如薛老师所言："语文教学并不是教学生去相信，而是教学生去思考，通过文本去触摸智慧。"他山之石可以攻玉，久而久之，教师的这种思辨训练将会成为一块敲门砖，在语文的课堂中打开学生通往持久阅读的大门，并拥有自由多样的阅读眼光和独立思辨的意识。

薛老师在教学中，尤其注重培养学生读写结合的习惯。叶圣陶先生说过："阅读教学要讲究方法，为写作表情达意服务。"那么，如何将阅读深化为一种汲取表达养分的终身习惯？薛老师常常紧紧围绕言语交际功能，准确抓取文本中独特的语言图式进行有针对性的训练，将理论的盐渗入生活实践的水中。他执教《火烧云》的"颜色美"时，先引导学生观察火烧云颜色的词语；

再练习构句方法，用"一会儿……一会儿……"将所有颜色词串联起来；最后他将自己所写的语段与课文进行对比，引导学生学习构段方式。学生从文本中学会了颜色美的写法后，实现表达的重新建构。这种看得见的表达提升，净化在阅读的美好境界中，让写作成为一种从阅读中转化而来的本能。

十一、重组内容，化杂乱为清爽

> **解读者**
>
> 张春玲，女，1975年5月生，大庆市庆风小学语文教师，曾获全国优质课大赛二等奖。她在学习组块教学的一年里，懂得了围绕核心目标重组适宜的内容板块，利于教学目标的高效达成。

教学时间是有限的，而教学内容繁多，如果根据教学目标将相关联的内容加以重组，形成适宜的板块，课堂教学的效益就会更高。传统的"线型"教学——初步理解大意到逐段逐句地分析，再到总结提升，是一根"单线"，耗时多，学生的进步也很难被看见。而组块教学是根据大脑中认知的"相似块"和"组块"的心理活动，在一个板块内组建有序的多元内容，"多线"并举，最终轻松指向"核心目标"。

薛法根老师执教《盘古开天地》一课时，从词语入手，在第一板块中安排了两个活动，涉及识记生字、理解词义、概括内容、训练复述等多个教学内容，但因为重组时关注了它们之间的逻辑关系，所以教学时行云流水，并无杂乱之感。活动一：学习词串。出示词串"混沌一团、猛劈猛凿、开天辟地、顶天立地、精疲力竭、化生万物"，读一读，再让学生说说词语的意思。这让学生通过感官接触语言材料，与记忆中的"相似块"发生联系，形成感知。例如，"竭"字是"用尽"的意思，右半部分"曷"字有"尽"的意思。加上不同偏旁，像"喝、渴"等意思就不一样了。"混"和"浑"比较读音，声调不同，字义也不同。让学生把所获得的语言信息通过相似匹配、对比、重组，实现理解和感悟。活动二：用上这些词，简要说说这个神话故事的主要内容。既让学生练习了抓重点词概述的方法，又巩固了词语的积累和运用，同时明确了文本的主要内容。这样重组内容后的板块，内容多而不繁杂。

在第二个板块中，聚焦复述目标，安排了四个活动，关联了想象、概括、合作、理解、表达等小目标。活动一：抓关键词。再读一读这组词串，提炼出体现盘古开天辟地的三个词"猛劈猛凿、顶天立地、化生万物"，目的是告诉学生复述不是机械地背诵，抓住关键词句展开，复述才能灵活生动。活动二：描述主要情节。让学生具体描述"劈、凿、顶、立、化"的情景，体会动词，复述才能层次分明。活动三：总结写法。出示"轻而清的东西，缓缓上升，变成了天；重而浊的东西，慢慢下降，变成了地"一句，小组内讨论这样写的好处。发现写作特点，对比描述，朗朗上口，富有节奏。了解表达方法，复述才能更清晰。活动四：体会人物形象。你认为盘古是个怎样的人？把描述的情景连起来说一说盘古开天辟地的过程。了解人物性格，在复述中才能进入角色。四个活动环环相扣，虽然内容众多，但因为抓住指导复述方法重组内容，所以教学杂而有序，学习效果明显。

结合薛老师的课例，我们发现构建适宜的板块，可以让多项目标、多个内容、多种能力，聚焦于"核心目标"，化杂乱为有序！

十二、重组内容，聚合有致

解读者

谭丽杰，女，1984年2月生，大庆市万宝学校语文教师，曾获2017年国培计划示范性教师工作坊"坚守学科本质探索优质课堂"教学大赛一等奖。她在学习组块教学的一年里，懂得了语文教学必须"聚焦语用"，把课文中的语言内化成自己的语言，到生活中去运用。

重组教学内容时，要做到聚合有致。首先，考虑运用"减"的策略对繁杂的学习内容进行筛选；然后，运用"联"的策略以相关内容丰富"内核"，以相似的内容区分"内核"，让学习过程变"厚"；最后，"整合"内容形成有效的教学内容板块，让学生学得透彻、学得充分，顺利达成教学目标。

我们一起欣赏薛法根老师执教《火烧云》的字词教学。首先，他运用"减"的策略，从众多词语中筛选两个多音字"模""似"和两个表示颜色的词语"紫檀色""红彤彤"作为"内核"。接着，他根据学习内容之间的关联性，运用"联"的策略，拓展多音字组词、造句和生活中常见的表示颜色的词语，以相同的内容丰富"内核"；拓展 ABB 式的词语，以相似的内容区分"内核"。如，他在讲解多音字"模糊"与"模样"时，拓展"一模一样"；教学"似乎"与"似的"时，又引导学生运用词语造句，以区分多音字的不同用法，抓住多音字据义定音的特点。在教学"紫檀色"这个词语时，他不仅仅讲解了"像紫檀的颜色叫紫檀色"，还联系生活中常见的颜色，像草那样绿叫"草绿"，像梨那样黄叫"梨黄"，引导学生说出"金黄""火红""海蓝"等类似的词语，做到了用相同的内容丰富"内核"。薛老师在讲解"红彤彤"这个表示颜色的 ABB 词语时，先是拓展了"蓝盈盈""金灿灿""绿油油"等词语，又拓展了形容声音的"笑哈哈"，形容表情的"笑眯眯"和"笑盈盈"等叠词，这不仅仅是以相同的内容丰富"内核"，还用了相似的内容区分"内核"。

模仿重组内容的策略，我在执教《小马过河》"读好提示语"板块时，先引导学生们找出"连蹦带跳地""高兴地""吃惊地""认真地""难为情地""亲切地"这些提示语；紧接着发现提示语的作用——说话人的表情、动作、心理；然后，在朗读时，引导学生进入角色的情感，想象人物的状态，读出人物的语气。在这个过程中，还让学生寻找描述相似状态的其他词语来替换，理解了文中人物的情感。这个板块的设计，是为了达成朗读目标，用"减"筛选出提示语进行理解，用"联"理解人物心情，进而读好角色。

薛老师在教学中，常常运用"归类法"进行板块内容重组，有相同类、相似类、相反类、相关类、比较类等；也常常注重字词与句、段、篇之间的关联，让学生清晰地把字词还原于句、篇、文的语境，从"识记"进入到"理解"的层面，再从"理解"到"感悟"和"运用"的层面。这些经过"减""联"选编的内容有机"整合"后，形成了一个个具有聚合功能的教学"板块"，效果奇妙。

十三、重组内容，扩大单位记忆容量

解读者

　　陈菲菲，女，1991 年 2 月生，大庆市直属机关第五小学校语文教师。她通过学习和实践组块教学，懂得了重新组合教学内容可以扩大单位记忆容量，从而利于学生的积累。

"语文能力的差异首先表现在记忆能力和语言组块积累量两方面。为了增加学生语言组块的积累量，就要扩大单位组块的容量，减少组块数量，提高记忆的效率。"组块识记就是要善于从文本中提取需要积累的语言材料，重新组合成有内在联系的板块，以促进学生的理解和记忆。重组的内容和方式是多样的，可以是文本结构框架的梳理，文本内外的联系，课堂内外的整合，识字、阅读与表达的融合，等等，这些重组可以有效帮助学生提高认知能力，扩大单位记忆容量。

薛法根老师执教《和时间赛跑》的词语学习板块时，出示了三组词语：忧伤、哀痛；着急、悲伤；高兴、快乐。先找三名学生读词语，纠正读音；再提示读表示心情的词语，感受词语背后情感的起伏，面部表情要能体现出来。学生读出词语所表达的意思，明白了这些词语与文本内容的联系，体会到了作者情感的变化。借助词语学习，整体把握文本内容，这样的重组不得不说是高明的，学生在借助词串组织语言讲故事的过程中，就能发现词与词之间存在内在联系，并把它们连接在一起，形成一个整体识记单元。更重要的是，这一连串的词语是伴随完整的故事情节植入学生记忆中的，不是单纯词语的堆砌。这样的学习板块，聚合了多方面的内容，精要适切。依靠对词语的重组，扩大了单位板块的容量，形成有联系的记忆组块，使学生可以轻松而快速地识记。学生凭借这样的记忆组块丰富学习内容，提高了阅读能力。

理论向实践转化，需要不断地尝试。我执教识字课《中国美食》时，课文中出现了很多火字旁的字，如炖、烧、烤、爆、炸、炒，结合视频图片以及生活经验，学生们发现这些字都是与火有关系，并且是烹饪方式的一种。课文中还有一些四点底旁的字，如煎、煮、蒸，这些字同样是烹饪方式并且也都与火有关。根据这种规律，去识记更多书本外的字，如焰、灶、炊、炉、烘、焙、烈、烹、熏、熬等。一堂识字课，经过归类识记整理方法，让学生去记忆更多的字词，这种简而有效的方法正是契合了内容重组观点，通过课内外词语的整合记忆，学生的识记容量不断得到扩大，用这样的方法去记忆词语，学生也学会了举一反三。

我执教《找春天》这一课时，以"春天"为主题，在描写早春特点时，文中用"春天像个害羞的小姑娘，遮遮掩掩，躲躲藏藏"生动形象地传递早春的特点。在课堂中，我为学生拓展了朱自清的散文《春》中的句子，"一切像刚睡醒的样子，欣欣然张开了眼。山朗润起来了，水涨起来了，太阳的脸红起来了"；出示《踏莎行·初春》中的词句，"芳草才芽，梨花未雨，春魂已作天涯絮"；又介绍了现代诗歌《初春》中的句子，"春天的毛毛雨洗得小树发亮，一些新芽像鸟嘴，啄得小树发痒"。将这些句子整合成以"初春"为核心的教学块，让学生去感受不同的作品中对于春天的描写角度、方式的不同，所传递的初春之景的生机趣味、欣欣向荣。学生在朗读中揣摩、品味这些不同文本中的句子，在心中逐渐形成丰富的言语积累。顺势利导，我让学生用笔去描绘心中的初春景象，完成学生深度理解文本后的语言表达训练。

重组的核心块，拓宽了学生视野，扩大了学生对"初春"特点的记忆容量。

在薛老师的理论引领下，我不断在课堂实践中用心筛选字、词、句、篇中需要积累的语言材料，按照它们之间内在的联系进行重组、整合，学生的学习效果有了显著提高。重组，为学生扩大单位记忆容量发挥着巨大作用。

十四、重组内容，掌握发现文本主要信息的能力

> **解读者**
>
> 孙银玲，女，1988 年 2 月生，大庆市直属机关第五小学校语文教师。她通过学习和实践组块教学，懂得了重组教学内容，可以帮助学生发现文本主要信息，提高学生解读文本的能力。

薛法根老师在执教《二泉映月》一课时，设计了四个教学板块："环境""处境""心境""意境"。第一板块中，薛老师引导学生朗读：月光如银、月光似水、静影沉璧、月光照水、水波映月。这五个词从不同的角度描写了环境的美。学生在读中识记了词语、理解了词语，也将二泉与月的美景幻化在了眼前。第二板块中，薛老师让学生自由朗读第三自然段，引导提取关键词，形成词串并体会、朗读：师父离世、双目失明、卖艺度日、生活贫困、疾病折磨。十年间，阿炳受尽人生的苦难！薛老师再一次通过提取主要信息，重组内容，让学生学会了概括文章内容和解读文本的方法。到这里，往往大多数教师会带着学生进行同情、理解阿炳的情感渗透，但是薛老师则做了如下的设计：

师：这样的处境你可以用什么词来形容呢？

生：处境悲惨。

师：悲惨，说得好。

生：处境恶劣。

师：这样的处境用课文中的哪个词来概括？

生：饱经风霜。

师：真好，这样的经历还可以用哪个词形容？

生：坎坷。

第一问，"这样的处境你可以用什么词来形容呢？"指向的是学生已有的言语积累，后两问"这样的处境用课文中的哪个词来概括？""这样的经历还可以用哪个词形容？"均指向了提取信息和迁移运用。这一板块的信息为学生理解阿炳坎坷的经历起了支架作用，为后文体会阿炳的心境和琴声的意境搭好了阶梯。因为只有饱经风霜的人，才能听到这些声音——深沉的叹息、伤心的哭泣、激愤的倾诉、倔强的呐喊……

领会了提取主要信息的作用，我在执教《蜘蛛开店》一课时，也努力尝试重组教学内容。在第一板块中，我出示了涵盖本课生字的四组词语：

顾客	招牌	结果
河马	罩编织店	一整天
长颈鹿	围巾编织店	一个星期
蜈蚣	袜子编织店	匆忙

首先，引导学生读词串，完成识记和理解；其次，抓住关键信息画示意图，完成文章内容的梳理；最后，根据示意图讲述故事，达成抓关键词复述的目标。就这样，四组词串的提取，有效避免了低段学生讲故事时所出现的偏题、遗漏等现象，学生可以轻松地抓住主要信息把故事讲好，突破了本课教学难点。在学习过程中，学生根据提示发现了课文的主要信息，增强了讲述完整故事的信心，也潜移默化地掌握了讲好故事的方法。

通过内容重组带领学生发现文本中的主要信息，可以帮助学生了解文章的主要内容，也可以连贯、准确、生动地复述文本，同时引导学生自己从文本中提炼、归类这样的信息而重组，提升学生解读文本的能力和阅读品质。

十五、重组内容，从"陌生化文本"做起

解读者

哈黎，女，1986年1月生，大庆市直属机关第二小学校语文教师。她在学习组块教学的一年里，懂得了教师运用专业的眼光将文本"陌生化"可以激发学生的求知欲，进而培养其言语的敏感力。

重组的内容应该如何筛选呢？将文本"陌生化"为我们提供了一种思路。薛法根老师曾说："文本有'陌生感'的地方往往隐藏着富有教学价值的教学内容。"而学生在初读文本时往往对这些内容缺乏敏感，只浮于文本表面，感觉读懂了，可却对其中的"言外之意"不知"其所以然"。薛老师认为这些"言外之意"正是需要教师引领学生去探究的，这也是重组教学内容时需要处理的地方。那么，如何处理呢？将学生认为熟悉的加以"陌生化"，激发其探究的欲望。那么，如何"陌生化"呢？

（一）"追究"不寻常之处

现代心理学"差异原理"表明：只有那些与内在图式具有一定差异性的图式，才能引起人的敏锐的直觉。在《真理诞生于一百个问号之后》一课的教学中，学生初读文本后本来觉得没有什么不明白的，但薛老师通过引导学生"追究"文本的不寻常之处，将熟悉化为陌生，引领学生进入了"议论文阅读的新视界"。

1.追根溯源。在讲解"司空见惯"一词时，学生已经能说出词语的意思了，但薛老师却出其不意地追问："有谁想过'司空见惯'这个词语怎么来的？"这一问，将学生自认为熟悉的内容"陌生化"了，激发起学生的求知欲，所以当薛老师讲解成语的出处时，学生们都听得兴趣盎然，同时也让学生感悟——学习应该追根溯源。

2.关注文体。文中的三个事例，都是通俗易懂的，学生容易停留在文字

表面，难以发现议论文中事例与记叙文事件的区别。因此，薛老师再次充分发挥"陌生化文本"的作用，提出了一连串的问题："这三个事例有什么相同之处？最重要的过程为何只写了一句话？为什么要用三个事例？"这些问题重新将学生的目光聚焦于事例，引发了深入的比较、揣摩，进而探究出之前忽略的表达形式、文体差异，了解了议论文选材和表达的特点。

（二）体会匠心独运的表达形式

薛老师说，教学中我们常常关注语句的理解，却容易忽略其独特的表达形式，更缺少专门的整合训练。也就是说，我们缺乏对言语表达形式的"陌生化"处理。在《与时间赛跑》的教学中，薛老师把散落在文中的独特表达形式提炼出来，并编成了一组师生对话，供学生反复品味。

师：我的昨天——

生：被时间带走了，再也不会回来了。

师：爸爸的童年——

生：被时间带走了，再也不会回来了。

师：外祖母——

生：被时间带走了，再也不会回来了。

师：父亲告诉你有一天——

生：我也会被时间带走，再也不会回来了。

学生不仅理解了文本中提到的"谜"的含义，还关注到了这种独特的言语表达形式，可谓一举多得。

薛老师的做法给了我启示，在教学中开始注重挖掘文本中一些独特的言语表达形式，进而"陌生化"。在教学《盘古开天地》一课时，我抓住盘古倒下后身体发生的巨大变化，以及段末的省略号，让学生想象盘古身体的其他部分还可能发生什么变化，并引导学生关注文中的表达形式："他的汗毛变成了茂盛的花草树木；他的汗水变成了滋润万物的雨露；他的……"学生从只关注文本内容的神奇，转而开始关注表达形式，课堂气氛变得活跃起来：他的骨骼变成了数不尽的珍贵矿藏；他的牙齿变成了金银铜铁，供人们使用；他的皮肤和肌肉变成了千里沃野……学生不仅掌握了独特的言语表达形式，还锻炼了想象力，更对文本和人物蕴含的深意有了感悟。

（三）打破思维定式

教师若要将文本"陌生化"处理，就要改变思维习惯，只有这样才能将熟悉的文本进行创造性和个性化的解读。薛老师在教学《火烧云》一课时，就为我们做了很好的示范。在揭示课题"火烧云"的意思时，他先是分别出示汉语词典中和萧红作品中对"火烧云"的不同表述，进而引导学生思考更喜欢哪一句。通过两个句子的直观比较，学生都觉得文中的表述更吸引人，并在品读交流中，感受到了这种描述的动态感和画面感，领悟到了作者写火烧云形态的方法。按照常态的思维方式，教学中对于句子的比较也就到此为止，但薛老师却并不止于此，他继续引导学生探究：如果科学课上老师问，用哪句好？通过这样深入的比较，学生明白了语言表达的好坏还要看使用场合，科学老师在对现象做解释时，就需要汉语词典中科学性强的、直接准确的表述方式；而在文学作品中，更需要生动形象的描写，对环境进行渲染。这样的教学方式将熟悉的"比较思维"进行陌生化，打破了学生的思维定式，扩大了视野。同时，学生在不知不觉中了解了什么是火烧云，还明白了不同的语境要用不同的表述方式，这样的内容组合，真是高明。

十六、重组内容，要戴上语文"眼镜"

> **解读者**
>
> 谭丽杰，女，1984年2月生，大庆市万宝学校语文教师，曾获2017年国培计划示范性教师工作坊"坚守学科本质 探索优质课堂"教学大赛一等奖。她在学习组块教学的一年里，懂得了语文教学必须"聚焦语用"。

常态的生活化阅读关注的是文本"说了什么"，而语文课堂上的阅读是非常态的专业化阅读，我们需要引导学生从关注文本"说了什么"，转而关注文本"怎么说"。所以，在设计教学内容时，教师要学会戴着"语文眼镜"读文本，能找出关于文本"怎么说"的教学点。

探究文本，寻找"语言图式"。在执教《我和祖父的园子》时，薛法根老师从文本中提炼出了"祖父做什么，我就跟着做什么"的语言图式，让学生一边练表达一边探究语言背后的情感。薛老师在执教《小猴子下山》一课时，同样用专业的眼光发现了"走着走着，它走到……看见……就扔……摘……"的"语言图式"。边结合几幅其他的场景图片——葡萄架、花园里、小蝴蝶……边借用这个语言图式，加入想象创编小猴子还可能发生的故事。模仿语言图式表达，既可以加深对文本和人物的理解，也形成了规范表达的语感。

结合目标，整合"语言图式"训练。在教学中，我不仅尝试自己发现"语言图式"，也尝试着整合"语言图式"训练的关联活动，生成高级的言语智慧。在教学《羿射九日》一课时，我发现连续运用了四个"被"字的句子："禾苗被晒枯了，土地被烤焦了，江河里的水被蒸干了，连地上的沙石好像都要被熔化了。""把"字句和"被"字句是二年级的学习内容，所以我引导学生运用这个句式进行仿写练习。学生根据课文情境的仿写很有趣，如："小草被烤黄了，大地被晒裂了，江里的鱼被烤焦了，连鹅卵石好像都要被熔化了。"我接着问：如果换成"把"字句怎么说？为什么作者不用"把"字句？"太阳把禾苗晒枯了，把大地烤焦了，把江河里的水蒸干了……"学生们很顺利地完成了两种句式的变换，这并不难。对啊，作者为什么没用"把"字句，而用了"被"字句呢？熟悉的句式一下子变得"陌生"，引发了新的思考。我引导学生朗读这两个句式，感受停顿和重音的变化，学生渐渐明白了两个句式强调的内容不同，一个强调主动，一个强调被动。作者为了强调大地万物承受的痛苦，所以用了"被"。当学生发现"怎么说"的秘密后，就主动运用"语言图式"模仿说话，都很兴奋。这个板块整合了句式变换训练、理解文本内容、朗读训练、探究训练等活动，扩大了板块容量，提高了积累质量。

在教学实践中，我还逐渐明白教学点不能只关注文本中具有表现力的字、词、句，还要对文本中规范和独特的"语言图式"进行专门的整合训练，不断为学生创造语言实践的机会，进而提升其运用语言文字的能力。

十七、重组内容，打造高效教学

解读者

　　李玉梅，女，1978 年 2 月生，大庆市萨尔图区教师进修学校教研员。她在学习组块教学的一年里，懂得了重组教学内容，对提升语文教学效率具有极大促进作用。

薛法根老师说："深入研读语文课程标准，正确解读语文教材，重组、整合散落在文中的语文知识，研制适合学生的教学内容，是破解语文教学'高耗低效'顽症的必经之路，也是提升语文教师专业化程度的快速通道。"这句话为我们指明了提升语文课堂品质的高效路径。

（一）坚持"三个研究"，整合构建教学内容新结构

教学内容基于教材，又根植于生活，所以首先要深入研究语文课程标准和教材文本，再研究掌握学情的特点，进而有针对性地甄选出适宜的教学内容。

一是要研究课程标准。正所谓"万变不离其宗"，国家课程标准是国家基础教育课程的基本规范和要求。它体现国家对不同阶段学生在知识与技能、过程与方法、情感态度与价值观等方面的基本要求，规定各课程的性质、目标、内容框架。我们应深入研究最新语文课程标准，解析语文能力的知识背景，并以此为依据，从课程整体目标入手，科学准确地定位课时教学目标，有效发挥教学目标的定向、调节和激励作用。

二是要研究教材内容。每篇课文都有阅读价值和教学价值，要发现并把握

好这两方面的价值，需要我们对教材进行反复研究、琢磨。首先，要建立教材观，总体认识教材体系，通读整套教材；其次，要研读单元组群，解读和分解单元要素；最后，要精读本课教材，依据学段、单元要求筛选和细化教学内容。

三是要研究学情特点。美国哈佛大学的心理学家霍华德·加德纳在《精神状态》中提出的"多元智能"理论，让我们明白每个孩子都有不同的智能优势组合。教学中，我们要注重研究学生的心理特点、成长规律、行为方式、思维方法等多方面内容，要把握准"学情"，活用"学情"，调整教学策略，只有这样，才能事半功倍。

（二）着力"三个转变"，推进高效教学

组块教学是将零散的教学内容设计成有序的实践板块，实现了一个板块活动达成多个教学目标，减少了低效无效劳动。这种新的教学模式不仅是理念上的开拓，更是实践上的创新。学习应用组块教学，实现高效教学，应着重做好"三个转变"。

一是教学思想的转变。组块教学由组块记忆原理而形成的组块式思维、审美性情感、个性化表达，构成了儿童言语智能的心理学基础，旗帜鲜明地指向以发展学生的语言智能为核心目标。我们学习和实践组块教学，也应紧紧围绕"发展儿童的言语智能"这个核心，选择、重组学习内容，设计实践活动，让儿童在学习实践中得到更为丰富的文化背景及言语智能的充分发展，促进学生语文素养的整体提升。薛法根老师在执教《我和祖父的园子》时，设计了六个教学板块。其中每一个板块都是综合了多项教学活动，如第一板块的"词语归类听写"，要求学生听写三组词语，看似简单的听写活动，其实暗含了多项教学目标：1.培养学生倾听的意识；2.训练学生短时记忆的能力；3.帮助学生归类巩固词语。这样的设计一举多得，教学卓有成效。

二是教学内容的转变。语文教学要充分相信学生的学习能力，摒弃那种事无巨细、从头讲到尾的做法，运用减法思维，将每篇课文中值得教又值得学的"精华"筛选出来。同时，将社会生活中与之相连并适合学生学习的内

容选编进来，以此拓宽学生的学习领域，开阔视野。

三是教学方式的转变。组块教学以学定教，删繁就简，确立了读、悟、习的课堂教学基本结构。薛老师在执教《二泉映月》时，将课文梳理为"环境—处境—心境—意境"四个板块。整堂课，薛老师的思路是清晰简约的，各板块层层推进、意味隽永。这种教学方式，实现了学生个体与教材语言、情感、形象、思想的相互联系和相互融合，达到共振，进入新的学习境界，从而提升学生的学习能力。

第二节　精简目标，学得充分

好的课，最打动人的是教师对一个"教学点"的处理，清晰、透彻和有层次，能让学生学得很充分，能看见明显的进步。究其根本原因，这种学得充分，需要建立在足够的时间基础上，所以一节课教学目标过多是万万不可的。往往是教师什么都教了，什么也没教透，学生什么都学了，却什么也没学明白，贪多嚼不烂。有人拿看电视举例子，四十分钟内不停地换频道，当被问看了什么节目时，都是一知半解，说不清楚。而如果只专心地看一个频道，节目的许多细节都能说得很详细，这就是目标集中的体现。一节课中设置过多的教学目标，跟看电视不断换频道一样。一节课的教学时间是有限的，想要教得清清楚楚和学得明明白白，一定要从精简教学目标开始。

一、精简目标，明确教到什么程度

> **解读者**
>
> 杨群，男，1988 年 6 月生，大庆石化第八小学语文教师。他在学习组块教学的一年里，懂得了精简教学目标源于明确的目标意识，并运用到课堂实践中，教学效率显著提高。

在我的身边有很多教师，包括我，一直习惯采用"直线型"的教学设计，依次围绕字、词、句、篇安排听、说、读、写，一般先是初读课文，再是逐段分析，最后总结提升。教学内容有序呈现，看似教得清楚，实则因内容多而繁杂，学习过程只能是蜻蜓点水、浅尝辄止。这种碎片化教学，不符合大脑科学和心理认知规律，严重影响了学生的学习效果。只有精简目标，让教学的指向少而精，教学过程才能集中而透彻。教学目标少，可以让学习在单位时间内变得更充分；教学目标精，可以明确学习发生的起点和终点。因为清楚了教什么和教到什么程度，教师心中不再模糊和慌乱。

薛法根老师执教《哪吒闹海》时，目标很精简：一是学习概述，二是学习讲述，三是学习转述。四个教学板块的指向都很明确，训练很充分，学生进步很明显。在"概述"板块，薛老师首先带领学生明确概述的方法，告诉学生不管是多复杂的一件事，都可以用三句话概括：哪吒为何闹海？如何闹海？闹了又如何？然后请学生根据这三个问题进行概述。为何闹？是原因；如何闹？是经过；闹了又如何？是结果。学生根据这三个问题，先概括出了原因是东海龙王父子胡作非为，哪吒决心要治一治他们。学生接着用三个"一"，"一摆""一扔""一抖"概述了哪吒闹海的经过。最后，学生们把这个故事概述得完完整整、清清楚楚。在这一板块教学中薛老师没有旁逸斜出地分析人物和细节，指向明确，学生会用"三句话"概述就好，教师教得轻松，学生学得愉快，这完全是因为薛老师的目标设定明确，心中明白要教到什么程度。这样聚焦目标有层次地展开教学，可以将目标落到实处。在教学"讲述"这一板块时，薛老师再一次给我们示范了"教到什么程度"。如何把一个故事讲得完整而精彩？薛老师告诉学生可以"把一句话变成三句话"。"夜叉从水底钻出来，只见_____，便大喝一声_____，哪吒转身一看，只见_____，便笑着说_____，夜叉一听，便_____。"通过领会细节和理解人物，引导学生发挥想象，体验怎样通过"把一句话变成三句话"方法，把故事讲得更具体、生动和形象。经过实践，学生们学会了，做到了。

　　教师做到心中有数，有明确的目标意识，知道这堂课要教到什么程度，是实现教学目标的首要条件。每个板块瞄准一个目标设计教学，教学内容就会一目了然，教学也会水到渠成。

二、精简目标，建立整合意识

　　解读者

　　马立英，女，1983 年 11 月生，大庆市奥林学校语文教师，黑龙江省特级教师，曾荣获黑龙江省模范教师、大庆市教学能手等称号。她在学习组块教学的一年里，懂得了在充分精简和整合教学目标的基础上，确定教学内容，对提高教学效果起到关键作用。

　　教学目标是教学的出发点，更是"教"和"学"的终点。教学目标是否精简，决定着教学效果的好坏。精简，需要通过筛选和整合来完成，尤其是整合的过程，更考验一名教师对教材编写意图、课后习题设计意图的解读能力。有利于教师的"教"和学生的"学"的整合，才是有效的整合。

　　依据教材的编排意图整合目标。统编版教材将语文要素依据学段培养目标分散进每册书的每个单元，再分散到每一课的课后习题和课文导引中。大目标追求统一，小目标追求有别，在整合目标时要考虑大目标和小目标之间的包含关系，也要考虑小目标之间的逻辑联系，再结合文本的特点，确定教学目标整合的方向。我在设计《要下雨了》一课时，关注了本课所在单元的人文主题是"夏天"，语文要素是"联系生活实际了解词语的意思，仿说仿写句子，读好问句和感叹句"。确立这节课的目标：1. 认识 12 个生字，会写 6 个生字；2. 正确有感情地朗读课文；3. 初步了解"燕子低飞、小鱼透气、蚂蚁搬家"与下雨的关系；4. 理解课文内容，锻炼学生观察能力；5.分角色朗读课文。在一堂课中要完成这么多教学目标，一定要进行有效重组才能实现。结合人文主题和语文要素把这些小目标整合成大目标，这样的教学才会更清晰：1.结合生活经验识记字词并理解运用；2.分角色正确流利朗读课文，读好问句和感叹句；3.尝试在对话中提取信息，了解下雨前"燕子低飞、小鱼透气、蚂蚁搬家"这些自然现象及形成的原因。正确理解单元人文主题和语文要素，是整合教学目标的依据，能够保证教学不偏离、不越位。

结合课后习题整合目标。统编版教材的课后习题凸显本课教学重点，抓住课后习题确立目标是备课的"法宝"。薛法根老师在设计《比尾巴》一课时，围绕"读、说、练"三大目标展开教学。其中"读"的目标来自对课后习题"朗读课文和背诵课文"两个活动的整合。课堂上，以拍手读、生生互读、师生合作读、表演读等多种方式进行朗读训练。让"读"变得充分，并借此完成背诵目标，简单高效。

根据教学资源整合目标。合理利用已有资源，并积极开发新的课程资源，可以提供给学生更丰富的学习内容，达成更好的教学效果。薛老师在执教《火烧云》一课时，对"学习火烧云颜色变化"这一目标的处理，给我们很多启发。先通过看图，让学生发现作者是从颜色和形状两个方面写火烧云的美。又将一段学生描写火烧云的文字与作者的原文进行对比，引导学生探究色彩词语的妙用。接着围绕"认识颜色"，从三个字的颜色词语"深红色、浅黄色"到比喻色"葡萄灰、茄子紫"，再到叠词"红彤彤、金灿灿"，处处联系学生的生活经验。"珍珠白、柠檬黄、苹果绿"等丰富的比喻色应运而生，让学生积累了不同种类的颜色词语，也加深了对"火烧云颜色变化"的体会。我们不难看出，薛老师借助图片、下水文、生活经验等资源，整合了理解、拓展、积累、运用词语和学习写作方法等小目标，形成了一个板块核心目标——"学习火烧云颜色的变化"。这样的整合让教学有了广度和厚度。

在整合目标时，要时刻牢记，整合的目的是为了让目标精简，让学生学得充分，所以莫忘对学情的评估，养成"四看"的习惯：向前看已有的认知水平，向后看承接的需求，向上看学段培养目标，向下看文本蕴含的要素，以便验证整合后的目标是否科学合理。

三、精简目标，切合学生的"最近发展区"

解读者

　　张晓利，女，1979 年 1 月生，大庆市龙凤区第五小学语文教师。她通过对组块教学的学习和实践，懂得了以生为本的教学是从学生的发展需求和认知规律出发的教学。

薛法根老师提出"三不教"原则，主张"学生已经学会的，不需教；学生能自己学会的，不必教；教了学生也不会的，不能教。教学目标的定位，是以学生的实际水平与发展需要为衡量标准的"。这两句话明确了学生"最近发展区"的坐标，为精简教学目标提供了学情依据。

《风娃娃》是二年级上册的一篇童话故事，生动形象地介绍了风为人们带来的好处和坏处，让学生懂得"光有好的愿望不行，还要看是不是对别人有用"的道理。关于"风娃娃干过哪些好事""干过哪些不好的事""结果怎样"的内容梳理，学生通过阅读，自己就能做好，不必教。留出时间教什么？教提升学生表达品质的言语材料积累。薛老师在第一板块中，教孩子们认识"风"。"风"很简单，不教学生也会，但是字认识了，就真的掌握"风"了吗？薛老师找到了学生的"最近发展区"，引导学生从"时间、风向、温度、风力"四个角度认识各类的"风"，理解和积累关于风的词语。被陌生化了的"风"，给学生带来了新鲜感，学得趣味盎然。二年级学生在积累词汇时还没有归类意识，薛老师的引导将归类意识浸润到积累过程中，不知不觉地为学生将知识在头脑中重新梳理、建构，形成"知识链""知识网"。这个知识点的难度，对于学生的认知水平不高不低，正好落在了学生所需求的区域上。

在接下来的朗读训练中，薛老师着力于让学生理解文字后面的情感。二年级的孩子读出文本的情感会很难，于是薛老师巧妙设计"学习拟声词"，引导学生理解"哗啦哗啦""嗨哟，嗨哟"，感受水的快乐、船夫的疲惫。在朗读体验中，学生发现不同的语速和声调可以表达出不同的情感。朗读目标如此定位，正是因为薛老师找到了学生的"最近发展区"，有感受却读不出来，那就要给予及时、准确的指导。

第三板块中，薛老师将教学目标聚焦于"讲故事"，重点指导了复述第二段。在学生熟读基础上，给出句式"风娃娃来到_____，看见（谁在干什么），他_____，（结果）_____"引导学生进行复述。由扶到放，学生又自主完成了第三、四自然段的复述练习，达到了"举一反三"的效果。第五段的构段方式与前几段不同，但薛老师仍然让学生用前面的句式复述。这样就提高了难度，需要学生重新组织语言，根据课文猜测"风娃娃来到阳台，吹跑晾晒的衣服""风娃娃来到山坡，折断了路边新栽的小树"等。这还不够，薛老师还引导学生继续想象出省略号里的画面。在引导、点拨中，学生"讲故事"的能力明显提升，推进了"发展区"，形成了新的"发展区"。

教学目标是教学行为的"灯塔"，教师只有掌握学生现有水平和经验，遵循学科教学规律，准确把握教学目标和教学内容，才能让"学"更有效。

四、精简目标，切忌求全

> **解读者**
>
> 刘俊香，女，1977年2月生，大庆市龙凤区第一小学语文教师，曾获"大庆市教学能手""大庆市骨干教师"称号。她在学习组块教学的一年里，懂得了教学目标简明具体的课堂，学生更喜欢。

每一节课时间、容量都有限，不可能将繁多的教学目标都有效达成，否则也不可能扎实地给孩子们留下点东西，所以教学目标必须简单明了，不能贪多求全。薛法根老师说："简单套用'三维'目标，必然使教学目标模糊，失去语文学科的特性。"教学目标的定位应根植于文本特点，根据学生的成长需要进行提炼、整合，加以明确，否则就会"样样有，样样松"。

在教学《普罗米修斯》一课时，我确立了以下教学目标：学会本课生字，理解由生字组成的词语；能正确、流利、有感情地朗读课文；用"连接各人物所做的事"概括故事的主要内容；能够抓住关键语句，感受普罗米修斯令人敬佩的英雄形象。我的做法就是引导学生围绕课文逐段解读，其间还会穿插一些朗读、说话等语文练习。但是这些语文练习往往是围绕每段课文的内容理解展开，学生学完课文最后留下的痕迹还是"普罗米修斯令人敬佩的英雄形象"。

而薛法根老师教学这篇课文时，没有把深入理解课文思想内容作为教学的主要目标。他的教学目标为：一是学习概述故事，二是学习评述故事，三是学习拓展阅读，书面评述。整个教学过程围绕这三项目标组成三个板块。

板块一：学习词串，概述故事

出示词串：普罗米修斯　太阳神阿波罗　主神宙斯　赫拉克勒斯

1. 这些都是文中出现的神，请正确认读并熟读他们的名字。

2. 对以上神作简单介绍。

3. 读读课文，说说这些神之间发生了什么事。

4. 请以普罗米修斯为中心，围绕这些神，用三句话来概述这则故事内容。

板块二：评述故事，感受形象

1. 默读课文，你能用一个词来说说普罗米修斯在你心中的形象吗？

2. 细读课文，在文中画出你认为能表现普罗米修斯形象特点的句子。

3. 运用文中的这些话语围绕中心有条理地阐述自己的理由。

方法提示：围绕观点，理由充分；从课文语言中提取关键语句；有条理地连接句子。

4. 总结人物形象。

5. 文中还写到了主神宙斯和赫拉克勒斯，你也能对他们进行评述吗？请选择一个，对他进行评述。

板块三：拓展阅读，书面评述

1. 默读下面关于雅典娜的两个故事，用一个词说说雅典娜在你心中的形象。

2. 在短文中找出能体现你观点的句子读一读。

3. 围绕你的观点，结合文中语言阐述理由，用一段话对雅典娜进行书面评述。

雅典娜是个＿＿＿＿＿＿的神。＿＿＿＿＿＿＿＿＿＿＿＿＿＿＿＿＿＿＿。

本单元的课文全是神话故事，故事类文章需要在孩子心头积淀起语文素养，它的出发点应该是体验故事，目的地应该是言语习得。《义务教育语文课程标准（2011 年版）》中对第二学段要求"能复述叙事性作品的大意，感受作品中生动的形象和优美的语言，关心作品中人物的命运和喜怒哀乐"。薛老师设计的三个板块就是聚焦在让孩子学会借助课文具体的语言材料，围绕中心评述故事。薛老师准确定位了本节课的教学目标，没有只顾着面面俱到地分析课文的字词句篇，而是精简了繁杂的教学目标，设计了更明确集中的"评述故事"的教学目标，训练点符合教材的编写意图，符合学生学段培养目标。

清晰的教学目标让学生学有所得，让学生在课堂上悄悄地拔节，让我们的语文课堂更灵动简约。

五、精简目标，"一课一得"

解读者

孙丽华，女，1990 年 6 月生，大庆市直属机关第四小学校语文教师。她在学习组块教学的一年里，懂得了精简教学目标，"一课一得"，是实现高效课堂的关键。

人民教育家陶行知提出了"一课一得"的教育理念：一堂课学生学习上有收获，能理解一个问题、明白一个道理、掌握一种方法。对于一节语文课而言，"得"的主体是学生，学生一课之"得"应该以语文课程标准的学段目标和教材单元的语文要素为依据。目的是使学生得到某一方面的提升，包括语言文字、学习方法、课文文意的习得，以及情感、态度、价值观的熏陶，从而提升学生的语文素养。

薛法根老师说："我们倡导的'一课一得'，就是强调每一堂语文课都应该有明确而集中的教学目标，力争让每一个学生都能有所得、有所获、有所长进。""一课一得"要求教师在备课时明确一堂课必须有一个总的发展性目标，充足的教学时间、有效的学习活动助力这一目标的实现，让学生在课堂上真正学有所得。薛法根老师说："教学目标集中一些，教学过程就可以充分一些，学生学得就可以相对深入一些。"学习目标变得明确而集中，基础目标也随之实现，真正达到了"一举多得"的效果，可谓是"无心插柳柳成荫"。薛老师执教的《桂花雨》，让我们深感精简目标的妙处。《桂花雨》是一篇散文，散文形式上不拘一格，以"情"贯穿始终。"阅读散文的关键是能从'文'中读出'情'来，从缤纷的桂花雨中读出淡淡的乡愁来。"薛老师首先明确了本课要教会学生怎么读散文。对于本文，四年级学生能从"爱花香、摇花乐、忆花雨"三方面概括文意，却因少有背井离乡的流离之感，而缺乏对于乡愁的自身情感体验，可见此"一得"之难得。薛老师为了让学生能够从文字中读出深深的情意，他选择在学生误读的地方纠正，在学生漏读的地方提示，在学生浅读的地方深化。

初读课文第一自然段时，学生误以为作者喜欢桂花缘于桂花树笨笨拙拙的姿态、满树茂密的叶子以及那细小难觅的小花。发现学生误读以后薛老师通过追问"'满树茂密的叶子'好看吗？""桂花好看吗？"，使学生明白作者在树、叶、花处着墨是为了衬托桂花的"香"。学生由此获得了对写作手法的洞察力。花香处处在散发魅力，学生徜徉其中，寻常字词的表现力却被遗漏了。

在薛老师的提示下学生们从"浸"中读出了桂花香的可触可感，从"香"中读出了"乐"和"甜"。学生读散文不再是走马观花，而是驻足欣赏，细细品味，学生获得了揣摩语言文字的能力。桂花香久久不曾散去，因为缠绕在人心间的不仅有花香，还有那浓浓的故乡情。"这里的桂花再香，也比不上家乡院子里的桂花。"学生从文中"母亲"的一番话中读出了她对家乡的思念，但是文中的这句话却藏着更深层的意蕴。在学生浅读的地方薛老师补充了创作背景，学生由桂花香读出了"母亲"的思乡情深，由"母亲"的思乡情深读出了作者的淡淡乡愁。学生获得了挖掘散文深层意蕴的能力。沁人心脾的花香就这样款款地走出了文章的字里行间，走进了学生的心田，也让每一位读者有幸游览了作者魂牵梦萦的家乡。

我在教《大自然的声音》一课时，尝试精简并明确目标。薛老师提倡"在确定教学目标的时候，我们必须要明确而集中，并要用足够的教学时间、足够的教学活动来实现既定的教学目标"。确定目标，即教之前要明确"教什么"。《大自然的声音》所在单元的语文要素是感受课文生动的语言，积累喜欢的语句。文章用生动的语言，把人们习以为常的声音写得美妙鲜活，富有趣味。作者将大自然千变万化的声音书于笔端，让人有身临其境之感。再依托课后题确立了本课的教学目标：引导学生联系生活体会描写声音的词语的生动。为了让学生体会大自然声音的美妙，感受语言的生动，我选择在品读中积累，在积累中体会，在体会中运用。为了帮助学生提高学习效率，形成扎实的摘抄能力，我设计了"找找大自然中的音乐家，听听他们美妙的音乐"的学习活动。学生一边读一边将写得最美妙的声音摘抄了下来。此环节能够将词语积累与读书感受结合起来，学生形成了不动笔墨不读书的好习惯。在初读文章时，学生大致能从文中圈画出描写声音的词句，明白文中把"轻柔的风声"比作"呢喃细语"，是跟说话有关，随着我追问"怎样说？说什么？"后，才真正开始思考词语的内涵，体会课文用词的准确生动。此环节中，我鼓励学生对自己摘抄的词语细细揣摩，再在组内交流自己的理解和体会。经过反复推敲与琢磨，学生感受到了课文语言的生动，不仅培养了语感，也提高了品词析句的能力。

为了让学生联系生活实际，我设计了这样一个活动："温柔的声音、轻柔的语调让你想到了什么？请根据图片，仿照句子，说一说。"依据图片，学生由"呢喃细语"想到了妈妈讲的睡前故事、老师的柔声安慰、医生的细心叮嘱，并由此联想到风的抚摸、风的嘱托、风的安慰、风的鼓励……学生在交流的过程中感受到了这个词语的别致，体会到了这种表达方式的韵味，同时对大自然的声音也有了更深层次的思考。学生通过联系生活经验想象这些声音，学会了运用这些词语。在切实有效的语言训练中，学生语言表达能力得到了提升。实践之后方知精简教学目标之妙处，"一课一得"对学生意义之重大。

"一课一得"不仅让学生在"读"与"说"中有所得，在"写"中也会有所获。一节作文指导课也要求目标明确而集中，从小处着手，摆脱面面俱到，文章就会变得妙不可言。例如，写景中加入恰当的拟声词，记事中运用合适的动词，缩小了落脚点，反而会达到"一石激起千层浪"的效果。

第三节　整合活动，学得轻松

语文是一门需要通过实践才能展开有效学习的课程，所以巧妙设计教学活动是上好语文课的重要前提。薛法根老师在《为言语智能而教》一书中提到，教学活动要有一定的向度。一个板块的教学活动，需要在围绕目标的基础上，进行字词的学习、言语的训练、知识的积累、迁移运用等多方面活动的整合。在深层次的应用策略下，巧设问题，进行有宽度、有长度的多样语言训练。

一、整合活动，聚焦目标

解读者

刘艳晶，女，1987 年 4 月生，大庆市奥林学校语文教师，曾获大庆市"首届组块教学课堂大赛"一等奖。她在学习组块教学的一年里，懂得了达成教学目标离不开有效的教学活动，教学活动要围绕教学目标进行梯度设计。

教学活动是连接教学内容与教学效果的纽带，好的教学活动，会让教学过程事半功倍。而设计教学活动不是那么容易的。薛法根老师说："教师设计的教学活动要始终围绕教学目标，每一项教学活动都应该对应相应的教学目标。"这提醒教师，课堂上无论采取怎样的教学方式与策略，都应明确一点——我们这样教是为了什么？

一堂语文课通常有两到三个教学目标，达成目标不能一蹴而就，需要把一个大目标分解成若干个小目标，再围绕这些小目标设计活动。一个活动对应一个或多个目标。薛法根老师在执教《和时间赛跑》一课的第一板块时，聚焦积累目标，设计了一个活动：出示三组表示心情的词语"忧伤、哀痛；着急、悲伤；高兴、快乐"，让学生联系生活实际体会这几种心情。一项聚焦积累目标的教学活动，实现了读准字音、理解词义、为概括内容提供依据、唤起情感共鸣、为领会寓意做铺垫等多个小目标，真是一举多得的活动整合。我在执教《精卫填海》时，努力尝试这种活动整合的方式。在第二板块中聚焦"背诵"目标，设计了一项"讲故事"的活动。在引导讲故事的过程中，达成了理解课文、丰富想象、抓关键词讲故事等小目标，最终，背诵这个大目标的达成变得水到渠成。由易到难的带入，让学生学得轻松而充分。

一项活动指向多个目标，是一种活动的整合方式；多项活动指向一个目标，是另一种活动整合的方式。不论哪种活动整合方式，都需要聚焦目标。

薛老师执教《哪吒闹海》一课时，设计了四个板块：朗读、概述、讲述、转述。这四个板块都是围绕"说"展开，充分训练了学生的口语表达能力。朗读，提醒学生注意说话的语气；概述，教授了"用三句话概括故事"的方法；讲述，教授了"一句话变成三句话"讲生动的方法；转述，让学生懂得了"立场不同说法就不同"的表达要义。四个板块的教学活动形成梯度训练，在对文本从"吸"到"吐"的过程中，循序渐进地达成了表达训练的大目标。

二、整合活动，让学习有梯度

> **解读者**
>
> 　　于伟华，女，1979 年 1 月生，大庆市奥林学校小学语文教师，曾获大庆市"首届组块教学课堂大赛"一等奖。她在一年的组块教学学习和实践中，懂得了有梯度的教学活动，会让学习过程变得更轻松。

　　学生对于知识的学习都是从易到难，逐步走向深入的。那么，我们在设计教学与活动时，不但要遵循这一规律，还要遵循学生成长发展的规律。在课堂上学生获得知识和技能都是通过一个个教学活动来实现的，每个活动对应着相应的小目标，小目标聚合成大目标，这样我们的教学才有层次，由简到繁、步步深入，使学习轻松且有效。

　　我在执教《荷叶圆圆》(一年级) 一课时，模仿薛法根老师，尝试对教学活动进行梯度设计。板块二围绕"情境朗读，感悟文本"这个教学目标，设计了三个教学活动——"多元识字，读熟短语""读好句子，读通课文""创设情境，演读课文"。从词语到句子，再到课文，逐层展开朗读训练，入境感悟，既提升了学生的朗读能力，也让学生深刻体会了荷叶的美和小动物们快乐的心情。

多元识字，读熟短语。为了消除一年级学生识字"认得快，忘得快"的弊端，我采用了随文识字、结合语境识字和反复重现识字的方法来识记生字。如：利用形声字的特点来识记"珠"，通过会意字的特点学习"晶"，借助图片学习"停机坪"；再结合文本语句体会字的含义，在语境中让一笔一画的字带有血肉和温度。文中出现的叠词和生词较多，让学生在识记的同时，读出节奏和感觉。通过以上多元认读训练，学生在活动中情绪高涨，达成了识记生字、读熟词语和进入文本情境的目标。

读好句子，读通课文。识字、解词后，读好句子的停顿成为新的目标。这篇课文的句子洋溢着童话世界的美好，如水珠把荷叶当作摇篮，蜻蜓把荷叶当作停机坪，青蛙把荷叶当作歌台，小鱼把荷叶当作凉伞，非常适合学生展开想象朗读。角色扮演，抓住动词躺、立、蹲、游，加上做动作切身感受小水珠、小蜻蜓、小青蛙、小鱼们喜悦、快乐的心情。化身其中，学生们读好句子顺理成章，读通课文水到渠成。

创设情境，演读课文。好好地读，胜过千万遍地分析，这是语文教学要坚守的原则，尤其是低段教学。在美好的情境中，引领学生完全融入，让课堂成为学生情感体验的课堂、乐于表达的课堂。如：这一池荷叶绿得招人喜欢，引来了不少小伙伴。知道他们都是谁吗？小水珠躺在荷叶上就像躺在摇篮里，小蜻蜓、小青蛙、小鱼儿呢，你对他们的心情有什么样的体会？先在小组内表演读，再给全班同学表演读。

这个板块的活动形式只是"朗读"，但是整合了识字、解词、读好停顿、感悟情感等多个小目标，在浸润中达成，不牵强、不机械。这源于"朗读"得有梯度——读熟短语、读通课文、情境演读，循序渐进，使教师的指导有的放矢。

三、整合活动，关注"习得"力

解读者

于慧敏，女，1986 年 4 月生，大庆市高新区学校语文教师，曾获大庆市教学能手、优秀教师等荣誉称号。她在学习组块教学的一年里，懂得了教学设计要以发展学生的言语智能为核心目标，在评价教学活动整合优劣时，以学生的"习得"为标准。

当前小学语文教学高耗低效最突出的表现就是，课堂上什么都想教，内容多而杂，看起来什么都提到了，但每一个问题都没有有效解决，学生既没有掌握课本中的基础知识，也没有形成语文能力。要改变这种现状，就要真正做到"一课一得"。在教学设计时，必须先制定明确而集中的教学目标，再筛选和重组教学内容板块，最后根据学情设计板块内有梯度的教学活动。设计教学活动是为了帮助学生从"理解"走向"熟练掌握""灵活运用"，所以"灵活运用"是"习得"的落脚点。

薛法根老师的《小露珠》教学实录给了我很多启示。如果说教学内容决定了"教什么、学什么"，那么教学目标则规定了"教到什么程度、学到什么水平"，这是教学行为的指南针，也是教学活动整合的标准，是学生最终"习得"的目标。在这篇课文的朗读训练中，薛老师围绕"正确、流利、有感情地朗读课文"这个教学目标，设计了一系列教学活动，各个指向学生的"习得"。

读熟短语。以层级训练的方式，让学生逐步掌握短语的基本结构，包括停顿、粘连、重音的朗读技巧，做到正确、流利地朗读短语。薛老师重点指导学生读好"像钻石那么闪亮""像水晶那么透明""像珍珠那么美丽"这三个词组，并在反复朗读的过程中让学生体会作者对小露珠的赞美之情。薛老师以引导的方式，带领学生进入语境，让文字在学生的脑海中呈现出画面，问："小露珠来到花草树木中间，又给它们带来了哪些变化？请你读读课文，细细地体会一下。"在学生自由朗读后，薛老师提炼出"格外精神""显出生机""俊俏"，组织学生朗读词语并想象花草树木的变化。再引导学生体会小露珠对花草树木的作用，从而形成对比，让学生更直观地感受其中的变化。这样不仅能训练学生的朗读能力，还能通过语言感悟，加深了对课文的理解。

读通课文。让学生选择自己最难读好的段落当众朗读，在学生感觉最困难的地方进行有针对性的指导，或示范、或指正、或反复训练，实实在在帮助学生克服朗读中的困难，提高朗读水平。如果仅仅读自己喜欢的段落，学生就很难发现自己存在的不足，也难以得到教师的指导。

情境演读。薛老师创设对话情境："现在每个同学都是一种小动物，老师是小露珠，你们见了我，会怎么向我问早？"师生通过扮演小露珠、小动物及花草树木，根据自己的角色有礼貌地问早、问好、回复。随机挑选学生进行情境模拟，从而形成相互沟通、有来有往的生活场景。表达能力是在言语活动交流中习得的，通过这样的对话演练，学生在实践中感悟语言、积累语言、运用语言，将课文中的对话训练转化成生活中的情景模拟，使书本语言转化成生活中的语言，在进一步提升学生朗读能力的同时，也增强了学生灵活运用言语的智慧。

薛老师聚焦教学目标和学生的"习得"力，将三个教学活动进行整合，构成可见成效的教学活动板块，最终实现依托课堂教学发展学生语文能力的核心目标。

四、整合活动，形成教学活动板块

解读者

汪静，女，1977年12月生，大庆市林甸县林甸镇中心小学语文教师，曾获得省级模范教师称号。她在一年的组块教学学习中，懂得了选取的教学内容最终要通过教学活动传递给学生。

　　学生在课堂的学习，往往都是通过参加一个个学习活动来实现的，如果只有分析和讲解，没有聚焦目标的教学活动，势必导致教学效率低，学习效果不好。根据大脑科学记忆的原理，薛法根老师提倡将教学活动整合形成教学板块，集中、分层地达成教学目标，最大限度地提高学生的学习效率。

　　怎样将教学活动有效整合，形成一个个围绕核心目标的教学板块呢？薛老师执教的《鞋匠的儿子》一课，就这个问题做了很好的诠释。薛老师设计了四个板块：词语积累；概括事件；揣摩化解艺术，体会伟大人格；情境运用，化解问题。以板块三的教学为例，其中一共有六个活动：一是想象和朗读相结合，读懂参议员的话句句伤人，初步感知说话的艺术；二是训练语言运用，正视自己化解"羞辱"的语言艺术；三是对林肯的三句话进行圈画、批注，培养筛选信息的能力；四是通过读、思、品、论林肯的三句话，体会林肯情真意切、富有张力的言辞魅力，达成言语内容与言语形式的和谐同构；五是比较林肯话语中五种力量之间的关系，帮助学生树立正确的人生观和价值观；六是角色朗读，启动思维，积累语句，升华情感。六个活动都有各自明确的目标指向，各个小目标又整合成为一个有机的整体，让学生对林肯化解羞辱的话语艺术，以及伟大人格魅力的体会，由懵懂变得清晰。

　　为了及时将刚刚学得的语言艺术转化为实际应用，薛老师在第四板块"情境运用，化解问题"中设计了两个活动。一是将化解尴尬的语言艺术辐射到话语的秘密，发散学生思维；二是仿写化解尴尬的语句，内化语言，激活运用体验。通过两个活动的设置，学生自然而然地学会了运用文本的话语方式，大方得体地应对生活中的交际问题。

　　按照一定的逻辑关系整合教学活动为教学板块，对教学目标的实现，能起到事半功倍的作用。

五、整合活动，要有向度

解读者

　　丁秀丽，女，1976 年 11 月生，大庆市三永学校语文教师，曾获大庆市优秀教师、模范教师、骨干教师、教学能手等称号。她在学习组块教学的一年里，懂得了整合教学活动要注意调动学生积极的思维活动，与文本充分的情感共鸣，进而有效提高学生写作水平。

　　"向度"是指一种视角，是一个判断、评价和确定一个事物的多方位、多角度、多层次的概念。也就是说教学活动整合应多方位、多角度、多层次，体现有效思维的长度、情感体验的深度、语言训练的宽度。

　　整合教学活动要注重思维的"含金量"，体现有效思维的"长度"。薛法根老师在《大江保卫战》一课的教学中这样进行活动整合设计：第五自然段一共四句话，老师每读一句，都要问：这一句写了什么？接着先后问道：这一小节的四句话，每一句都是写救群众不是重复了吗？虽然写的都是救群众，但是每一句的内容不同，那写法呢？仔细看一看用得最特别的是什么写法？读读这些排比句有什么感觉？除了排比有这样的气势，对偶也能表达这样的气势，看一看这里的对偶句，句式整齐读起来多流畅啊，透过这样的对偶和排比，作者想要表达些什么呢？薛老师注意调动学生积极的思维活动，利用学生回答问题时生成的资源有层次地追问，让学生不断思考，在教师的追问和学生的思考中，让阅读教学成为具有挑战性的有效教学。

　　整合教学活动要与文本有充分的情感共鸣，体现情感的深度。情感是言语的生命，阅读教学只有引导学生感悟文字背后隐含的丰富情感，才能有效地促进学生语言和情感的同构共生。薛老师的教学始终不脱离文本的具体言语来体会情感，他引导学生体验情感总是起于文本言语，基于文本言语，最终又回归文本言语。例如：在《唯一的听众》一课中，以体验"我"在拉琴过程中的心情变化为主线进行了教学活动整合。分四步层层深入地引导学生体验人物情感的变化：先让学生整体把握——"'我'先后在哪些地方拉小提琴？……心情有哪些不同？"然后引导学生仔细体会老人不同话语对"我"内心带来的不同感觉、情感和想法；接着，他又引导学生进一步聚焦于反映"我"变化的关键词语；最后，薛老师根据文本预留的空间，引导学生想象并补写"我"知道了秘密后可能会想些什么、做些什么，将情感体验推向新的高度，并促进了学生自身情感的升华。当学生贴标签似的用某些概括感情的词语来表达对文本情感的理解时，就以为得到了情感体验，这是很肤浅的做法，是对情感体验的极大误解。不要让学生把汉字看作孤孤单单的字符，要让课堂丰富多彩起来，让字词学习成为一段记忆，一个画面，一段声音，一种情感，赋予字词生命，和它们建立感情，让学生有更大兴趣深入其中。对言语情感的领悟越深刻，语言在学生心中扎的根才越深，语言的生成能力才越强。

整合教学活动需要促进学生语言宽度的拓展，有效提高写作水平，体现语言训练的宽度。盛新凤老师教学《三个忠告》时，选取了"写——国王的羞愧心理""辩——八哥的是非形象"这两个话题，引导学生在"写"中深化对文本寓意的深刻体会，在"辩"中深化对文本言语的真切感受。这样的教学不是在学生已有水平上的简单重复，让我们看得到学生语文能力的提升，凸显出教学的发展性和有效性。

对于语言训练，我认为阅读教学不仅要让学生学习语言、积累语言，更要让学生运用语言。语文课程标准明确指出：语文课程致力于培养学生的语言文字运用能力，提升学生的综合素养。小学生对语言文字运用，不是一朝一夕就能准确把握的，也不是在强制灌输下就能理解学会的，而是在不断学习、积累和实践中慢慢形成的。让学生在语文实践中学习语文，链接说写训练，增加语言学习实践机会，在教学活动设计中想方设法优化、整合教学活动。整合教学活动时要考虑这三个向度中的任何一个或多个，才是成功的活动整合，让我们看到了"语言与思想、情感的交融"。课堂中每个学生充分地参与都是重要的，要最大限度、最大能力关注学生的学习状态、思考状态以及学习方式，基于学生的教学才是好的、适合的。我们要多思考，要静下心来，但求学生人人进步。

六、整合活动，充分实践

解读者

　　夏娜，女，1989 年 8 月生，大庆市直属机关第三小学校语文教师。她在学习组块教学的一年里，懂得了教学活动要体现不同的向度价值，并在课堂的实践中证明，给学生足够时间并充分实践，可以有效促进其言语智慧的发展。

　　教学活动以促进学生的发展为目的，那么什么样的教学活动能够抓住学生的生长点呢？有一定向度的教学活动让语文课堂成为学生发展的起点。

（一）有效思维的"长度"，增加思维的"含金量"

　　薛法根老师提出，教学活动中，问题不在于数量的多少，而在于是否有思维的质量和思考的空间。课堂教学的有效性很大程度上取决于学生有效思维的"长度"，因此在教学中要提高教学活动的思维质量，更多地去指向课文的言语智能。在课堂上给学生留有足够的思维空间，适当延长学生有效思维的"长度"，将学生带入思维的"深水区"，增加思维的"含金量"，课堂教学的有效性也将大大提高。

　　薛老师在执教《埃及金字塔》一课时，通过出示"这座金字塔高 146 米多，相当于 40 层高的摩天大厦"和"绕金字塔一周，差不多要走一千多米的路程"两个句子，引导学生思考准确的数字和模糊的语言放在一起表述是否准确，学生回答"不准确"；薛老师又紧接着问："不准确，那我们把它保留到小数点后四位，够精确了吧？你们觉得呢？"两次发问，让学生在句子的对比中受到启发、不断思考，领悟到模糊语言"相当于""差不多"和有关数字结合在一起，不但更为准确和严谨，而且让读者易懂，表达效果也更理想。正因为在教学活动中薛老师进行了有挑战的发问，学生才有了积极的思维活动，更有了"这样的写法让人更有数感"的精彩回答。思维有了"长度"，有了质量，教学活动也因此真正具有了教学的力量。

（二）情感体验的深度，引领读者与作者对话

薛老师认为："任何教学活动唯有真正触及学生的精神世界和心灵深处，才具有情感的力量。"语文课堂要搭建学生与文本和作者对话的平台，加深学生的体验深度。教师应把课堂还给学生，放手让学生去做。学生通过教学活动实现与文本的深度对话，产生情感共鸣，也唤醒了生活体验。只有在深度体验之后，学生才能正确合理地理解课文，领悟内涵。薛老师在执教《爱如茉莉》时，给了学生充足的时间去思考、体悟。学生分享，薛老师倾听，一两句不着痕迹的点评把孩子引领到另一个高度。比如："话是假的，爱是真的！谎言中藏着真爱。"孩子们从细节中悟到了爱的真谛。又如当学生说："这样的爱好像很沉重。"显然是对"爱"的理解不够到位，但薛老师并没有着急去否定，只是避重就轻地问："为什么这么说呢？"将问题抛给学生讨论，学生在思维碰撞中，得出"爱不一定要说出口，从父母的言行中，感受到温暖和感动，这就是爱！"的精彩结论。这节课上还有很多等待的时刻，学生有了足够的时间去读文、思考、体味，才有了充分的情感体验，与作者进行对话，产生情感共鸣。

（三）语言训练的宽度，促进学生言语发展

薛老师认为："在课堂教学活动中，我们设计的言语训练活动必须能够促进学生发展，而不是在已有水平上的简单重复。"这一句话打破了我认识上的误区，认为让学生把自己的感受写下来就是在进行写作训练。但渐渐发现，孩子的言语表达并没有得到有效发展。研读了薛老师的《爱如茉莉》教学实录后，我找到了读写结合的有效路径。在语言训练中，有效的写是需要有要

求与指导的。可以通过理解和掌握一种新的句式的方式，增加学生能够反映自己思维内容的表达形式。

在写作训练板块，薛老师引导说："在人生不同的阶段，我们对爱的理解是不一样的。那么，在你们的眼中，爱是什么呢？"提示学生这样的爱和这个事物在哪个点上是一样的，写具体会更好。教师给了学生句式上的指导，让学生在其中展开对爱的思考，加深了对爱的体会。有了教师的指导与训练，语言训练的宽度有了延伸，学生的"写"真正指向了表达。

七、整合活动，唤醒和推动阅读经验向纵深处发展

> **解读者**
>
> 彭涛，女，1983 年 1 月生，大庆市直属机关第五小学校副校长。她在学习和实践组块教学的一年里，真正懂得了整合教学活动时要关注学生已有阅读经验，在此基础上唤醒和推动已有阅读向纵深处发展，"一课一得"，得得相连。

德国著名教育家斯普朗格首先提出"唤醒即顿悟"。他认为"教育的最终目的不是传授已有的东西，而是要把人的创造力量诱导出来，将生命感、价值感唤醒"。在语文教学中，薛法根老师也认为"组块教学就是将学生的阅读经验结构和文本的阅读召唤结构联系起来，形成学生对文本的阅读期待，使阅读向纵深推进，以获得更为丰富与深层次的言语智慧"。所以，在整合教学活动的设计中要关注如何唤醒学生的已有经验。

整合教学活动的设计中，注重唤醒学生的经验表象。薛老师在执教《青海高原一株柳》时，为了让学生主动探究和感悟高原柳的铮铮铁汉形象和顽强抗争的生命态度，就着力于调动学生的已有经验，在教学活动的设计中将三个小活动进行了整合，从而唤醒和推动了阅读经验向纵深处发展：1. 背诵

《咏柳》，唤醒原有的经验表象；2. 以"柳"喻"人"，展开想象，积累词串"柳叶弯眉、杨柳细腰"，提升对柳的审美认知和喜爱之情；3. 柔美的柳是婀娜女子般的美好，青海高原的"柳"长什么样？在强烈的对比学习中，为下文分析高原柳的形象和品格做好了铺垫。这篇散文"以物喻人"，薛老师开篇便把"柳"比作"人"，由感受形象到体会品格，将阅读不断推向更深处。看似平淡无奇的导入环节，薛老师却整合三个小活动，由表及里，层层递进，学生在不断顿悟中，获得了新的阅读经验。这样的教学活动整合，让教变得顺其自然，让学变得水到渠成，学习自然而然地发生了。

　　整合活动的设计中，注重文本的写作方法，来唤醒学生已有的阅读经验。教材中的文本都有其独特的写作特点，这种独特的方式深深地吸引着学生，引发学生的阅读兴趣与阅读期待。薛老师在执教《青海高原一株柳》时，为了让学生主动探究课文前五个自然段"悬念"的写作特点，他巧用"揭盖头"说明"悬念"的作用，对教学活动进行了整合，主要通过四步推动学生的阅读经验向纵深处发展。首先让学生质疑，作者为何先提出问题再写柳树形象？（引发读者兴趣）然后引导学生讨论，为何直到第五自然段才写柳树？（继续吊人胃口）接着，学生品读，进一步体会了高原柳刚毅的形象和抗争的品格。最后，学生体验了"揭盖头"的兴奋与期待。薛老师连用4个追问"这样的柳树，你想看吗？给你看了吗？"激发学生浓厚的阅读兴趣。当薛老师带领学生在文本中体会了"悬念"的写作特点后，学生的已有阅读经验也在"水涨船高"中不断丰富起来。学生在主动的探究活动中，充分感悟了薛老师所谓的"文似看山不喜平"的写作奥秘。

　　在执教《爱之链》一课时，薛老师依然从小说独特的叙述结构出发，紧紧围绕小说采用的一个"作品人物不知道，而读者全知道"的写作方式，整合教学活动，唤起学生积极的阅读期待，丰富了学生的阅读经验。统编教材三至六年级，安排了系统的"策略单元"学习，其目的就是唤醒和推动学生的阅读经验向纵深处发展，变"苦读"为"乐读"。

表 3-2 "策略单元"汇总

位置	策略单元	具体表述	单元导语
三上第四单元	预测	一边读一边预测，顺着故事情节去猜想。学习一些基本方法	推想，使我们的阅读之旅充满了乐趣
四上第二单元	提问	阅读时，尝试从不同角度去思考，提出自己的问题	为学患无疑，疑则进也 ——陆九渊
五上第二单元	提高阅读速度	学习提高阅读速度的方法	阅读要有一定的速度
六上第三单元	有目的的阅读	根据不同的阅读目的，选择恰当的阅读方法	读书好比串门儿——隐身的串门儿 ——杨绛

通过上表我们不难看出，随着年级的增长，学生的阅读指导是有法可依、有章可循的。不断地唤醒和推动阅读经验向纵深处发展的教学活动设计，要善于运用多种阅读策略，充分调动学生的阅读兴趣。我在执教三年级上册第四单元"预测"单元《总也倒不了的老屋》一课时，为了让学生初步掌握"预测"的策略，将"识字学词"与"有依据地预测"进行教学活动整合。因为，预测是在一定基础上才会发生的，在字词教学中渗透预测，可以让学生熟悉预测思维，为文本中的预测打好基础。首先依次出示"喵—暴风雨，叽—孵蛋，（　　　　）—织网"这三组词串，来调动学生运用已有的阅读经验来识记生字，并预测文中可能出现哪些人物，根据题目预测，它们与老屋之间发生了什么事？激发阅读的兴趣。然后引导学生通过题目、插图、关键信息等有依据地进行预测，并在分角色朗读中验证预测是否正确。最后，鼓励学生大胆交流，梳理预测方法，以此来提升学生的阅读能力。

整合教学活动，远不止上述几种方法，要唤醒和推动学生的阅读经验向纵深处发展，也不是一蹴而就的，需要老师在教学实践中，身体力行，在潜移默化中不断地发挥教学活动的功能，以推动阅读向深层次发展，让学生获得更为丰富的阅读体验和经验。

八、整合活动，点拨和提示深入阅读

解读者

　　吴兴亚，女，1984 年 5 月生，大庆市直属机关第五小学校语文教师。她在学习组块教学的一年里，懂得了采用板块式的教学结构可以凸显教学重点，而教师适时巧妙的点拨，是深入有效达成教学目标的关键。

　　薛法根老师认为："学生具有自身的阅读经验结构，他会主动地运用已有的阅读经验去解读新的言语作品，对作品抱有一种预期和猜测。"而好的教学方法既能引发学生的阅读期待，又能唤起学生原有的阅读经验。所以，在教学活动中，教师要对其进行合理的整合，充分发挥教师的引领作用，在学生阅读中要找到恰当时机点拨和提示，令其发现新的阅读经验，获得深入阅读的期待和乐趣。教师如何将点拨和提示的作用发挥到极致，需要我们关注以下几个方面：

　　（一）关注思维困惑，及时点拨

　　小学生在阅读文本的过程中，经常会难以理解文本中的一些内容，这就是他们的阅读思维疑难处，教师此时要进行及时有效的点拨和提示，以此推进学生的阅读深度向纵深处发展。我在执教《桂花雨》一课时，理解母亲常常说的"这里的桂花再香，也比不上家乡院子里的桂花"这句话时，孩子们遇到了困难，或者说学生的理解是浅显的。所以，此处我补充作者琦君 11 岁时和母亲不得不搬迁杭州居住，32 岁去台湾这段经历的资料。此时，孩子们告诉我外地桂花的香味不是逊色，并不真的是家乡的桂花最香，而是用这样的方式表达"母亲"思念家乡、怀念家乡、热爱家乡的感情。就是这样在学生思维困惑时的有效点拨，帮助学生突破阅读的障碍，高效达成阅读教学目标。

（二）留下思维空间，适量点拨

薛老师的每一堂课都向我们展示了"不教之教"的理念。教是手段，不教是目的；学是起点，再学是新起点。教师在阅读教学中，选择文中的重点段落或者重点语句进行点拨，引导学生反复阅读，提炼方法。这样做就突出了重点，突破了难点，也能带来牵一发而动全身的效果。所以，教师的点拨要适量，教师要努力给学生留下阅读的空间，这样的留白不仅是阅读方法的学以致用，更是学生阅读思维创新的助推力。

（三）抓住思维亮点，深入点拨

在教学活动中，教师点拨和提示的关键是要适时、及时。这就要求教师要明察学生思维的火花，抓住学生思维的亮点，及时加上一把火，让学生的阅读之火燃烧得更加热烈。在《虎门销烟》一课的教学中，我整合教学活动后，全文围绕"你从哪些语句体会到虎门销烟是一次伟大的壮举"这一问题展开，孩子们边阅读边圈画。他们很容易找到了第二自然段的观众人多面广、第三自然段的仪式庄严隆重、第四自然段的销烟时群情沸腾的场面和第五自然段的毒品销毁量极大这些信息。但是有一名学生却提到了："这一天，天气晴朗，碧海、蓝天、绿树，把古老的虎门寨装点得分外美丽。"我非常欣喜，让这个孩子说说自己的体会。但是他却支支吾吾不知道如何表达。我顺势追问："天还是那片天，海还是那汪海，树还是那棵树，为什么今天在人们的眼里就显得格外美呢？"旁边一名学生马上抢答："今日不同往日，将要发生一件大事——销烟，令人高兴。所以这些原本就存在的景物显得分外壮丽。""是的，其实景物本身并没有变化，但它们却会因人们的心情而显得与往日不同。风吹得小树哗哗地响，伤心透顶的人会说'小树哭了'，心情愉快的人会说'小树笑了''小树在唱歌'。简简单单的一句环境描写也能揭示人们的心情，这就是环境描写的魅力。现在你们知道这句话里的奥秘了吧？"刚才不知如何表达的孩子说："这里用环境描写是想让我们感受到中国人民无比兴奋的心情。"听了他的回答我立即板书：环境描写。通过抓住学生思维的亮点，及时而又深入地点拨，引发学生阅读的兴趣和思考，提升了学生认知的潜力，学会了阅读的方法，从而也提高了学生的阅读能力。

蔡澄清先生指出："教学是一种艺术，点拨更是一种艺术。"在阅读教学中教师要适时、巧妙地点拨，抓住学生阅读期待的生成点，促使学生获得深入阅读的乐趣。这样不仅能提高学生的阅读质量，增加阅读数量，还能拓展学生阅读的思维空间。

九、整合活动，在比照中理解

> **解读者**
>
> 李月菊，女，1984年9月生，大庆市直属机关第五小学校语文教师。她在学习和实践组块教学过程中，领会到"比照"的方法在促进学生"理解"过程中有重要作用。

薛法根老师提出："比照联想，核心就是发现事物之间的内在联系，从而深入比较、丰富联想，将语言文字的内涵与形式理解透彻、领悟到位。""字词之间可以比照联想，句段之间也可以比照联想，言语内容与言语形式之间可以比照联想，言外之意与言中之情也可以比照联想。"在薛老师的话中可以发现，学生的理解与感悟离不开"比照和联想"的过程。

薛老师在执教《火烧云》一课时，先出示字典中对"火烧云"的解释：日落或日出时出现在天边的红霞；再出示萧红《呼兰河传》里的描写：天上的云从西边一直烧到东边，红彤彤的，好像是天空着了火。将工具书中的解释与作家的形象描写进行对比，在对比中，既让学生体会到了萧红所描写的火烧云的语言之妙，也让学生知道，同一种事物，可以有不同的表达方式；在对比中，整合多种语言表达形式，使学生明白语言表达没有绝对的好坏之分，而是要根据不同的表达需要和语境进行甄别选择。这样，学生面对不同的文体就能从不同的角度去欣赏，当学生再遇到同类事物不同的表达方式时，就能唤起旧知，在"比照"中学生的"理解"能力逐渐提高。

薛老师在执教《燕子》一课时，对于课文中的"燕子外形"的描写，就采用了"比照"的教学方法。

师：所以我们说，写一个事物，一只鸟，一个人，都要抓住它的特点来写。比如说薛老师，你看看，我的外貌能抓住哪些特点来写啊？是不是从头发、眉毛、眼睛、鼻子到嘴巴一样一样写啊？

生：不是。

师：你看看能抓住哪几样特点来写？要会观察，要会抓住特点。你说对吗？

师：你们会吗？不会是吧？我有一个同学他是这样写的，用了四个词，你们看是不是很形象，抓住了特点。说"瘦高个，骆驼背，小脑袋，大板牙"。

师：抓住了几个特点啊？

生：四个。

师：形象吗？

生：形象。

师：美吗？

生：不美。

师：怎么就不美呢？

生：写得很有趣。

师：不美但是很有趣。谢谢。这叫抓住特点。写外形时写出来了它的特点，而且写出了它的美。美在哪里呢？主要在于那些形容的词语。我们来读读，怎么形容它的羽毛、翅膀、尾巴。

师：你看，它的羽毛用了"乌黑光亮的"，它的尾巴是"剪刀似的"。如果用这个词，你看还美吗？说"黑乎乎的羽毛"，还美吗？

生：（摇头）不美了。

师：同样写黑，但这个词不美。"剪刀似的尾巴"美，"树杈似的尾巴"美吗？

生：（笑）不美。

师：所以你要抓住特点，还要用优美的词语来写。

生：用词优美。

师：同样写薛老师，如果这样改一改，你觉得美不美？"高高瘦瘦的个子，微微有点驼的后背，小小的脑袋，两颗兔牙总想出人头地。"

生：形象。

师：所以用不同的词语来形容、来描写非常重要。好，我们一起来读一读抓住特点、用词优美写出的燕子的外形之美。

在"言语内容与言语形式"之间进行了"比照"，从而使学生明白了动物外形、人物外貌的描写不仅要抓住特点，更要学会用"优美的词语"。

通过"比照"的方法，使学生很快了解到了用词的美妙，我在执教《手术台就是阵地》这一课时也用到这个方法。由于"手术台"和"阵地"离学生的生活比较远，学生理解起来存在困难，因此先出示字典中对阵地的解释：军队为了进行战斗而占据的地方。再拓展补充"（　　　　）就是（　　　　）的阵地"。在教师的提示点拨下，学生能在"比照"中拓展发挥"讲台就是老师的阵地""农田就是农民的阵地""实验室就是科学家的阵地"。就这样，整合学生新旧知识，在"比照"中，学生不仅对"手术台就是阵地"有了自己的感悟和理解，更掌握了方法，发现了规律。再遇到同类问题，便能自主探究，从而提高理解能力。

十、整合活动，在联想中感悟

解读者

陈旭，女，1991年2月生，大庆市直属机关第五小学校语文教师。她在学习组块教学的过程中，懂得了比照联想是生发学生学习感悟的有效方法。

当我们接触陌生事物时，有时会联想到与其相关的事物，接触陌生知识也是如此，联想是人类的一种本能思维。如果把联想思维用在教学活动中，整合相关项，就会促进学生的思考、发现、理解和感悟。

薛法根老师执教《槐乡五月》一课时，他预设学生在看到"傻乎乎"一词时，很容易联想到常听到的"傻"。于是他整合了"你这个人真傻！"和"你这个人真是傻乎乎的！"这两个句子。学生通过教师的读，对比出两个句子语气是不一样的。此时薛老师再次抛出问题："我说你傻，生不生气？我说你傻乎乎的，生不生气？"学生思考后做出回答："说我'傻'要生气，说我'傻乎乎'就不太生气。"进而理解了"傻乎乎"不是真傻，是傻得有些可爱、有点喜欢的意思。在老师的点拨下，学生先能在对比下发现不同，进而能在联想自身感受中体会到带"傻"的词语有时也可以表达出对人的一种友好与亲昵。

薛老师在带领学生理解"小小子"时，也和"小子"一词进行了比照联想。

师："小子"与"小小子"一样吗？

生：小子是骂人的，小小子是让人喜欢的。

师：那你是小子还是小小子？

生：小小子。

师：称"小小子"的时候表示亲昵、喜欢，称"小子"就有点看不起人的意思了。话要说清楚、明白，对吗？

这对话里包含着智慧，让学生不仅能区分，还能准确使用，最后总结时不仅说清了二者的区别，更是提示大家"话要说清楚、明白"，实现了由词语解析到精准语用的推进。

薛老师说："比照联想，核心就是发现事物之间的内在联系，从而深入比较、丰富联想，将语言文字的内涵与形式理解透彻、领悟到位。"不仅词语运用，写作方法等也可以恰当地运用"比照联想"教学方法，让学生不仅明白其法，而且还会应用其法，真正达到了从知识到能力的转化。

十一、整合活动，走进作者内心世界

> **解读者**
>
> 曹莉，女，1978年5月生，大庆市直属机关第四小学校语文教师，曾获大庆市骨干教师、学科带头人称号。她在学习组块教学的一年里，懂得了在教学活动设计中要关注还原语境，带领学生走进作者的内心。

《义务教育语文课程标准（2011年版）》指出："阅读教学是学生、教师、文本之间的对话过程。"与文本对话，就要走进教材，更要走进作者内心世界。"走进作者内心世界"的最佳路径，应该是语境的还原，如何通过教学活动还原语境呢？

（一）借写作背景还原语境

文本是作者在特定语境下言语活动的智慧结晶，语境与言语一道生成，作品一旦完成，语境也随之消失。而阅读的心理过程实质上是一个由言语作品到语境生成的逆向转换过程，这个过程就叫"语境还原"。"语境还原"能进入作者的内心世界，也能进入作品的深层结构，领略到阅读的无限乐趣，获得语境中的言语智慧。这一教学策略对于提升学生言语智能至关重要。

"对文章的理解来源于语境，语境是言外之意的源泉。解读文本时，必须还原这些特定的语境才能深刻理解文章内涵，阅读教学从这个意义上来说就是语境还原的教学。"教学中注重在语境还原中感知作者内心，更能加深对文章内容的理解。薛法根老师执教《水》一课时，用写作背景还原语境，帮助学生感知理解文章内容。在教学《滁州西涧》一诗时，我模仿薛老师把作者生平、写作背景的介绍融入教学环节中。初读古诗，诗句表面看是写作者春游时的所见所感，读者一般认为该诗是在描写西涧清幽的景色，表达作者对景色的喜爱之情，但了解作者韦应物生平的人都应该知道，作者此时官场不得志，所以这绝不是一首写景诗，而是一首借景抒情诗。诗中的小舟其实是诗人自比，借写春潮带雨之急和水急舟横的景象，表达自己不愿随波逐流、攀附权贵，更抒发了作者不在其位、不得其用的无可奈何，表露出恬淡的胸襟和忧伤的情怀。语境还原后，学生对诗句的理解也就更加透彻。

（二）凭品词析句还原语境

除了理解文章的主题需要还原语境，理解字词同样需要语境的还原。薛老师在教学《夜雪》一课时，充分挖掘文本内涵，反复使用语境还原的方法，学生仿佛和诗人一同游玩赏雪，随诗人一同利用看、听、触多种感官感受夜半下雪的情景，更能感同身受地理解诗人写诗时的心境。四年级下册第七课《纳米技术就在我们身边》是一篇科普类文章，而且这篇文章离大家生活比较远，学生不易理解。在学习这篇课文时，为了让学生了解纳米小到什么程度，在教学中我就抓住了"非常非常""不仅""就是""无能为力"四个词和"1 纳米等于 10 亿分之一米""如果把直径为 1 纳米的小球放到乒乓球上，相当于把乒乓球放在地球上，可见纳米有多么小"两句话，品词析句，帮助学生感知纳米之小，进而进入了纳米世界。

（三）用言语智能还原语境

结合"语境还原"的概念可见，它通过语言表达的方法帮助读者走进作者内心，从而加深对文章内容的理解，同时也为培养学生的语言能力起到了至关重要的作用。教师在课堂上巧妙运用这一策略，不但能帮助学生理解文章，更能提升学生的言语智能。我在教学中进行了尝试，执教《少年中国说》一课时，发现第二自然段使用的典故较多，如"其道大光出自《周易·益》""河出伏流出自《淮南子·坠形训》"……增加了学生学习难度。为了帮助学生理解课文内容，我使用了"语境还原"的活动设计。

师：同学们，看！（视频）此时，红日刚刚升起，前行的道路一片光明。黄河从地下奔涌而出，浩浩荡荡地流向远方。潜龙从深渊中腾跃而起，它的鳞爪不停地舞动着、飞扬着。幼虎在山谷中低沉地吼叫，所有的野兽听到这声音都害怕得四处逃窜。雄鹰隼鸟振翅欲飞，风和尘土随着它们的展翅高卷飞扬。奇花开始孕育起蓓蕾，大地上一派生机勃勃的繁荣景象。

师：视频看完了，同学们，此时的你似乎看到了——

似乎听到了——

心中想到了——

教师为学生插上想象的翅膀，学生打开了话匣子，畅所欲言地发表看法，而教师在拓展第二自然段用典知识后，能让学生更轻松地理解这些词语使用了比喻的修辞手法，把少年中国比作"红日、伏流、潜龙、乳虎、鹰隼、奇花"六种事物，一个突然崛起、幸福美好、前程灿烂的少年中国形象展现在学生面前。他们看到了作者的期冀，看到了红日、黄河这些事物背后饱含的力量，他们更走进了作者内心，看到了作者对少年儿童的无限期望。

（四）在情感体验中还原语境

语境还原活动能化繁为简地达成目标，充分体现"清简、睿智、厚实"的教学风格。在教学五年级上册《小岛》一课时，将军的心理活动是这篇文章的一条暗线。文章感情真挚、思绪浓郁却不易理解，特别是小岛战士驻扎的意义，种成地图形的菜地和战士们从各地背来的土壤、菜籽所代表的特殊意义，都需要孩子们从课文的只言片语中提炼、感悟。备课时，我发现原文的叙述更为详细，细节的刻画也更加细致，而修改后的课文语言则呈现精练的特点，如果两者结合必能相得益彰。在学习"全国的省份，大半有土在这里。岛上的战士知道您身体不大好，又上了年纪，一致要求务必让您吃上蔬菜。大家不是把您看成首长，而是一个长辈"一句时，为了帮助学生体会作者内心，我用语言带领学生进入情感体验："同学们，你们知道吗？这蔬菜是每位战士用自己背来的家乡的土壤种出的，他们每人摘下了一根家乡菜，凑成的这一小盘蔬菜呀！这盘菜，是对家乡浓浓的思念！这盘菜，饱含着战士们对将军的敬仰！这盘菜，是战士对祖国母亲的热爱！这盘菜，更凝结着中华大地的精华呀！"在情感体验中，学生们更容易理解蔬菜的特殊意义，加深了战士对将军的热爱的理解；语境还原后，"将军的鼻子发酸，神情发怔"这些人物情感的表现就不会再显得突兀、难懂，而作者要抒发的"战士爱将军，将军同样关爱战士"的主题情感此时得到了自然流露。

　　在多种教学活动中的语境还原，让文本更有温度、课堂更有魅力，让学生理解更加透彻、感悟更加深刻。

十二、整合活动，进入作品深层结构

　　解读者

　　苏磊，女，1983年11月生，大庆市直属机关第四小学校语文教师。她在学习组块教学的一年里，懂得了在教学活动中引领学生进入作品的深层结构，增加表达经验。

　　古诗词教学对提升学生语文素养和文学鉴赏力有着功不可没的作用。《义务教育语文课程标准（2011版）》对古诗词教学，也专门提出知识、能力和情感方面的要求。但是古诗词中的语言是极为精练和深奥的，如果光靠字面的意思学习古诗，学生对诗词的画面美和意境美的理解也会是僵化的、模糊的，同时也无法感受到传统文化的魅力。薛法根老师的"语境还原"理论，给古诗的教学带来了春风化雨般的生机和活力，引领学生走进了作品的深层结构。

抓住关键词语，还原语境。薛老师教学《清平乐·村居》时，引导学生抓住"相媚好"和"醉"，感受作者的所见、所闻、所感，还原语境。让学生想象，他们可能聊的是什么？学生想象着词人描绘的情景，领悟了诗的意蕴：山村景美，生活惬意自然。一"醉"在山村景美；二"醉"在天伦之乐；三"醉"乃是诗人自醉也。最后一个板块，又延伸"醉"的意蕴，诗人因愁而醉，诗歌因悲而美，让学生对辛弃疾的词，了解得更加深刻。这样的教"入境"，这样的学"入味"，学生在语境的生成中极大丰富了鉴赏诗词的经验。

激活生活经验，还原语境。薛老师通过与学生精彩的对话，让学生与诗人通过作品跨越时空，实现对话，生成特殊的语境。教学白居易的《夜雪》时，薛老师用三个问题激发学生原有的生活经验，还原语境："此时诗人在哪里？""何以知晓屋外下雪了？""是小雪还是大雪？"三个问题引发了学生身临其境之感，实现了作者与学生之间的移情，让学生对诗歌的情感产生了共鸣。学生透过诗句，仿佛看到诗人"雪夜难眠"的情景，诗人的心境了然于心。

想象画面，还原语境。我在执教《晓出净慈寺送林子方》一课时，尝试学习薛法根老师的还原语境理论，引领学生走进作品的深层结构。板块一，理解诗题，感知送别。在这一板块中，我出示画面，让学生观看图画中的太阳、建筑等，理解"晓出""净慈寺"的含义，再观察两位朋友的送别场景，想象他们的所说所感，还原当时的语境，初步理解"送别"的含义。板块二，入情入境，理解诗意。通过提问"读完这首古诗，你的脑海中出现了怎样的画面？""为什么映日荷花特别红艳？"两个问题，激发学生已有的生活经验，调动学生的多种感官。有的学生说，看到了在太阳的照射下，在微风的吹拂下，荷花翩翩起舞。有的学生说，闻到了荷花的香味。正如薛老师所说，通过学生丰富的联想，采用还原语境的方法，可以培养学生对这些文字的敏锐感。语言，在特定的语境中，焕发出独有的韵味与表现力。此时，学生对语言可以真实触摸，在潜移默化中感悟到了文字的情感。板块三，品析"送"字，升华主题。在这一板块中，学生通过品读全诗，发现这样一个关键的问题："这是一首'送别'诗，为什么整首诗当中，没有'送'的字眼，全部是描写西湖的景色呢？"借着学生的疑问，我出示了《晓出净慈寺送林子方》其一和其二，并引导学生结合注释，想象当时的情景："假如你就是大诗人杨万里，此情此景，你会和好朋友说些什么，做些什么呢？"学生走进情景，总结出：从内容上看，"南山"回到"北山"，两个好朋友一直在"行"，有说不完的话，说明他们依依不舍；"月尚残"到"映日"，两个好朋友还在畅谈诉别，说明大家都不忍分别。在想象中，走进作品的深层结构，学生很快理解了题目中"送"的含义，虽然笔下是景，但心里想的却是与朋友的惜别之情。

我们在教学活动设计中要时刻关注"溯源"，用已知唤醒未知，设身处地，还原"现场"，探究创作的本源，才能更好地帮助学生学习语文。

十三、整合活动，破解思维定式

解读者

高伟，女，1977年3月生，大庆市萨尔图区教师进修学校教研员，曾获得大庆市优秀教师荣誉称号。她在学习组块教学的过程中，懂得了整合教学活动的过程就是引领学生思维训练的过程，培养学生批判性思维、创造性思维的过程。

"组块破解"在阅读教学中指文本解读，破解组块紧密程度越大，给教师和学生解读能力提出的要求就会越高，包含了教师对文本解读和学生个性化阅读两方面。解读过程，就是思辨过程、怀疑过程、创造过程，是阅读教学的难点，也是价值取向所在。教师进行文本解读，不是作为一名普通的读者，而是引导学生进行文本解读的专业引领者，在学生进行个性化文本解读的基础上，引导学生准确把握文本的精神内涵。

文本的解读一般需三个阶段：首先是一般性阅读，粗知文本大意和写作目的；然后是品味细读，结合具体语境，细致品味语言，联系生活体验，体悟文本意蕴；最后是批判性阅读，结合文本的社会意义解读文本，把握文本社会价值、审美价值。批判性阅读能力的培养，就是教师在教学活动中对学生质疑精神的培养。清朝学者陈宪章说："学贵有疑，小疑则小进，大疑则大进。疑者，觉悟之机也，一番觉悟一番长进。"也就是说：钻研学问，贵在抱有存疑精神，小疑问则有小进步，大疑问则有大进步。而在当前课堂教学中，越来越多的学生不愿参与课堂互动，不能自主质疑问题，缺乏发现知识、鉴赏知识和批判知识的信心、勇气。缺乏对知识的鉴赏与批判能力会直接导致学生缺乏创造力，而缺乏创造力的学生是不能适应社会发展需要的。作为教师，应该指导学生"学问"，教学生"怎样问"，在"思考分析问题"上下功夫。应该鼓励学生不要囿于现有答案，而要多方位独立思考、大胆提问、大胆质疑。薛法根老师给我们举了两个例子，一个是学生在学习《水》一文中对文本的独特理解。学生在阅读理解《水》的第一段时，大多数学生会直接抓住文中的"水，成了村子里最珍贵的东西"这个中心句来理解。然而从哪里看出水的珍贵，多数学生并未读到文本深处。但有一位学生却从"一个村子的人""一处很小的泉眼""十公里之外""一小时长队"等一连串的数量词上得知水太少、人太多、路太远、时间久，由此体会到水太珍贵，人们生活太艰苦。这是学生独特的阅读方式，通过对数量词的组合和对比，对文本的言语表达有了独到的发现。另一个是美国教师在讲解《灰姑娘》一文时，对文本独特解读后的精彩提问，尤其是最后一个问题——"这个故事有什么不合理的地方吗？"它引发了学生对文本的质疑，学生发现"午夜 12 点以后所有的东西都变回了原样，只有辛黛瑞拉的水晶鞋没有变回去"。教师最后对学生评价更是让人深思："天哪，你们太棒了！你们看，就是伟大的作家也有出错的时候，所以，出错不是什么可怕的事情。我担保，如果你们当中谁将来要当作家，一定比这位作家更棒！你们相信吗？"而这时候孩子们欢呼雀跃。

两个例子给我们共同的启示：我们在教学中要打破阅读定式、阅读习惯，培植学生的质疑精神、探究意识，鼓励学生多角度思考问题，引导学生发散性思维、批判性思维。质疑可以引导学生深入理解课文，可以促进学生主动探究、敏于发现，可以激活学生的思维，可以使学习在教学过程中真正发生。

薛老师执教《清平乐·村居》一课时，通过四个教学板块引导学生走进词的意境，理解词义，熟读成诵。在板块四中，通过活动设计打破了思维定式，让学生真正走进了辛弃疾的情感世界。活动一，当学生在进一步读、诵时找到最能体现词人感情的字眼"喜"时，薛老师自然而然地问：谁喜？因何而喜？师生由小儿喜推及感受大儿喜、中儿喜、翁媪喜、全家喜、乡村喜……这个"喜"字是词眼，是点睛之笔。活动二，只理解一个"喜"字，很显然还不充分，薛老师抓住"醉"字问，除了翁媪两个人喝点小酒有点醉之外，还有可能是谁醉？活动三，在"知词人"环节，薛老师让学生通过查阅背景资料自己领会究竟谁"醉"，为何"醉"，为何"喜"。这三个活动的整合构成了"破解组块"的利器，给了学生广大的思考空间，破解思维定式，提出疑问，师生和生生间进而产生了思维碰撞的火花。学生通过对背景史料的深入理解，发现辛弃疾不仅是一位词人，还是一位抗金将领。他一生以恢复中原为志，却命运多舛，他所提出的抗金建议，均未被采纳，并备受排挤，壮志难酬。薛老师由辛弃疾生活的时代背景引出作者为不能保家卫国的愁，从而得知这里的"醉"也是因愁而醉。一"喜"一"醉"体现了薛老师解读文本的功力，也显示了教学活动整合的艺术。阅读教学厚重了，学生鉴赏的眼光也变得锐利而深刻了。

要破解固有结构和阅读程式并非易事，这需要教师必备两个基本能力：第一，必须要有一定的文学功底，博览群书，特别是文学书籍和文学评论方面的书；第二，能够整体把握教材，从单篇的课文到整个单元，从整个单元到整册书，都需要教师有深入的理解和挖掘。透过文字表层读懂文章的意蕴和意境，触摸作者的内心世界，体会到作品的妙处，正确理解编者的用意，上好每一节语文课。

第四节　迁移运用，学得扎实

饱读兵书的赵括只会纸上谈兵，带兵上阵打仗，结果所率四十余万大军全部被俘，后被坑杀，兵败身亡。从此，这成了只能学不会用的典型案例。孔子曾说："举一隅，不以三隅反，则不复也。"明确读书学习要举一反三，迁移运用，这也是我们通常说的活学活用。所以，怎么能让学生把所学的知识转化为能力，还要在迁移运用上下功夫。语文学科的工具性正是通过在生活中"用"来体现，这也是语文教学的最终目标。

一、迁移运用，在知识和经验融合中发生

> **解读者**
>
> 张胜男，女，1985 年 8 月生，大庆市东城领秀学校教师。曾获大庆市"首届组块教学课堂大赛"一等奖。她在学习组块教学的一年里，懂得了提高学生的言语智慧应在教学中努力寻找文本与经验的关联，结合生活化情境，让学生的"学得""习得"向"用得"转化。

《义务教育语文课程标准（2011 年版）》中指出，"语文课程应致力于培养学生的语言文字运用能力"，也就是说语文教学要注重培养学生的言语智能。薛法根老师说："学生的言语智慧正是在学得与习得的融合过程中生成

的，这个融合的过程就是'迁移运用'。"这里的"学得"是指学生在课堂上学到的宝贵的言语知识；"习得"是指学生在生活中积累的丰富的言语经验。我们也可以这样理解薛老师的这句话："只有知识（指言语知识）和经验（指言语经验）的融合才会有迁移运用的发生。"

关注必要条件，了解迁移运用。为何只有知识和经验的融合才会发生迁移运用呢？就像人们常说"知识源于生活，服务于生活"。"知识"如种子，扎进"生活"的土壤里，就会快速地蓬勃生长。而我们所说的"经验"就是从生活中积累的，它是理解知识的基础，学生结合已有的经验，会很准确、很快速地完成知识的学习。相反，知识也是经验积累的帮手，通过不断的学习，学生会积累丰富的经验。这样的相互促进，会大大提高学生的言语能力。因此，在小学语文的教学中应把经验和知识紧密地联系起来，让知识融入经验，实现知识的迁移与运用，更好地促进学生对知识的掌握与内化，不断提高学生的学习效率和言语智慧。这也正是语文学科工具性与人文性统一的体现。

讲授《谈礼貌》一课时，薛老师非常关注"如何说理"的表达，这是学生在实际运用中的一个盲区，"说理"时，往往缺少方法。在引导学生学习"引用"和"以事说理"的方法后，利用"创设情境，实践运用说理方法"这一活动，把学到的这两种方法运用到具体的语言情境中。薛老师创设了这样一个情境：没有礼貌的小青年用百元大钞买不到一个布娃娃，而有礼貌的小女孩不用钱就得到了一个布娃娃。让学生写一写讲礼貌的好处。在交流中，学生能体会到讲礼貌的好处，但在表达时不够准确、凝练。薛老师就引导学生先是说明白道理，接着引导使用"引用"的方法，让学生体会引用恰当会增强说服力。随后薛老师提出"现实生活中，对那些无礼的人，你敢不敢跟他谈礼貌改变他？"这一问题，仍以上面的情境为例，说服小青年。交流中，引导学生利用举事例的方式进行说理，语言能力得到提升。这几项教学活动都指向提高学生的语言实践能力，而且效果显著。试想，如果只是通过课文内容学习说理方法，那学生达到的只是"了解"，并不能真正运用。只有知识与经验融合为"迁移运用"，才能真正提升学生的表达品质。

寻找相似关联，实现迁移运用。薛老师说："要找到课题内容与已有知识经验之间的关联处，把当前的课题纳入原有的知识经验系统中去，从而找到解决问题的途径和方法。"由此可见，找到知识与经验的关联处是"融合"的关键。这就要求教师对教学内容有充足的把握和系统的安排，对学生的已有经验做细致的分析。

薛老师在执教《赶海》一课时，抓住"叹词"的运用，重点关注知识与学生经验的关联点。学生对"叹词"并不陌生，如生气时、高兴时、疑惑时都会不由自主地说出感叹的词语，但学生有时会忽视，甚至不知道它所表达的准确含义。在这篇课文中，叹词却发挥着很重要的作用，因此在板块二中，薛老师在引导学生读出赶海有"趣"的同时，展开了围绕"叹词"进行的表达训练。教师示范读"我在海水里摸呀摸呀，嘿，一只小海星被我抓住了！"一句让学生体会"嘿"字所表达的惊喜之情。比较"哎"的不同声调所表达的不同情态，结合本文语境体会当时人物的疑惑和好奇。顺势学习叹词"咦"和"哦"的表达效果。完成"学得"言语知识的教学目标。在板块三中，首先把带有叹词的语句进行集中学习，让学生感受这些叹词所蕴含的特定的情态、情意。之后薛老师设计了一个生活化情境的语言训练活动："根据上下文，体会情景，填上恰当的叹词。"此题大致内容为：王老师布置了一项向爸爸妈妈说"我爱你"的作业，大兵完成作业的过程，其中出现多种情感态度。学生通过朗读全文，结合经验，可以体会当时大兵的不好意思、憋足劲儿、委屈等多种情态，从而填入合适的叹词。教学中，薛老师巧妙引导学生将所学的"叹词的作用"与自己已有的语言表达经验进行融合，帮助学生积累新的言语感性经验，从而提高言语智慧。

运用教学要点，探索迁移运用。迁移方法的多样，可以帮助学生多角度、多层次地积累言语经验，高效地把所学知识进行内化，变成自身的言语能力，如语言图式的迁移运用、写作方法的迁移运用，还有构段方式、环境描写等。在教学中，要充分研究教材，分析学情，找到关联点，运用符合实际的迁移方法，以此促进学生语文能力的提高。

我在执教《在牛肚子里旅行》一课时，尝试进行迁移训练。通过对课文内容和学情的细致分析，发现本课中的"叙述路线"可以作为语言感情经验积累的训练点，因此设计了"寻找路线图"板块。学生在大致理解课文的基础上，画出红头在牛肚子里的不同位置，并结合所画位置，绘制出红头在牛肚子里旅行的路线图。接着出示"红头先＿＿＿＿＿，再＿＿＿＿＿，然后＿＿＿＿＿，又＿＿＿＿＿，最后＿＿＿＿＿"这样的语言图式，引导学生说一说红头的旅行路线。在交流过程中学生由开始的错用、漏用连接词，到最后完整流畅地表达，体现着学生积累言语感性经验的过程。接着设计了生活化的语言情景："把这个故事讲给别人听，要讲清楚红头的旅行路线。"学生对于表示顺序的词语运用得很好，甚至很灵活，能够有序地、清楚地讲述红头的旅行路线。

课堂教学的目标是培养学生的能力，"迁移运用"正是培养这种能力的有效途径。课堂是"迁移运用"的基地，我们应着力于挖掘文本与学生经验之间的关联，把言语知识最大限度地与言语经验进行融合，让学生在迁移运用中，提高语文素养。

二、迁移运用，需先提炼语用规则

　　解读者

阮丽娜，女，1984年4月生，大庆市奥林学校语文教师，曾获大庆市"首届组块教学课堂大赛"一等奖。她在学习组块教学的一年里，懂得了在教学中要先找到文本中有价值的语用规则，然后才能进行有效的迁移运用。

薛法根老师认为："语言建构与运用"是小学阶段学生应该形成的语文关键能力，需要学生学会正确遵循和运用语言规律，正确地认读、理解以及使用语言表情达意，即使是个性化的表达，可"随心所欲"但"不逾矩"。然而，文本中迁移运用的语用规则有很多，比如，修辞手法的运用，文体特征的仿写，表现手法的迁移，就某一个主题进行片段训练等。当教师拿到一篇课文时，怎样才能准确找到文本中有价值的语用规则作为语言训练点呢？

说明文中说明方法的迁移运用。说明文教学需关注说明文语言的准确性和形象性，还要注意说明方法的恰当使用。薛老师在教学《航天飞机》一课时，首先，让学生找到航天飞机的外形特点。其次，通过提炼智慧老人的两段话，学生总结出航天飞机的飞行特点是比普通飞机飞得更高、更快，领会做比较的说明方法；在介绍航天飞机的"本领大"时，先说"转圈圈"，再说"释放和回收"，最后说"捞回和维修"（运用了总分结构，先总说，再分述）。就这样学生根据教师的提示，以先总后分的逻辑顺序和文中的说明方法为框架，进行复述练习。在学生具备能够有序复述课文的能力后，薛老师安排了迁移运用，在板块三中要求学生变换人称，自我介绍："如果航天飞机到了太空，那些星星问它：你是谁？你有什么本领啊？航天飞机该怎么自我介绍呢？请你扮演一下航天飞机，准备一个自我介绍。"学生通过整理介绍内容，利用在复述环节提炼出来的语言范式：我的外形是_____，_____，_____。我的本领可大了。比普通飞机_____，能够_____，还能够_____，_____。有了这个语言框架，对学生来说，变换人称进行自我介绍就降低了难度。此处的迁移是建立在学生已基本掌握复述方法的基础上设计的，是学生获得的陈述性知识转化为策略性知识的过程，学生的语言表达能力通过这样的迁移运用有了新的提升。

散文中情感表达方式的迁移运用。在《匆匆》一课的教学中，薛老师为了引导学生能够更加深刻地理解作者对时间流逝之快的感慨，体会作者将时间写具体的方法，围绕课文第三段的表达方式，引导学生找出这段中描写日子脚步的词语：挪移、过去、跨过、飞去、闪过。薛老师启发学生体会作者将抽象的时间形象地表达出来，仿照第三自然段的写法说一说在平常的日子里，学生们的时间又是怎么过的。在教师的引导下，学生真情地表达：读书时，日子从书本前过去了；读书时，日子从书页中翻动过去了；写字时，日子在笔尖上过去了；弹琴时，日子从跳动的琴键里过去了……学生们仿照课文中的句子，把抽象的时间表达得看得见、摸得着，体会到原来时间就是在这普通的生活里，从而理解了作者对时间流逝的感慨，达到了理解文章主旨的目的。找到这样的语言规则，进行迁移运用训练，学生的关注点自然落在了文本的语言和情感表达方式上。领悟写法训练与理解内容融为一体，对内容的深刻理解必然依赖对语言的欣赏，而语言的欣赏又自然地在内容的把握下展开。

童话中语言训练的迁移运用。如果教师善于把蕴含在教材中的语言训练点转化成生动形象、富有情趣的素材，创设轻松、愉悦、富有趣味性的情景，就能有效调动学生积极参与学习活动。薛老师在《风娃娃》的教学中，运用文本中提炼出的句式，让学生在学习课文的基础上，发挥想象，充分运用句式"风娃娃来到＿＿＿＿＿＿，看见＿＿＿＿＿＿，他＿＿＿＿＿＿，结果＿＿＿＿＿＿"表达看到的情景。有的学生说：风娃娃来到农田，看见一位农民伯伯正在除草，热得满头大汗。他对着农民伯伯深深地吹了一口气，结果农民伯伯的汗没了，农民伯伯觉得真舒服。还有的学生说：风娃娃来到草地，看见许多蒲公英正要去旅行，他深深地吹了一口气，结果蒲公英都乘着风向远方飞去。这样的迁移训练，既丰富了学生的语言积累，又激发了学生探索大自然的兴趣，进而培养了学生的语言表达能力，提高了学生的语文综合素养。

不同文体中，体现文本核心价值的语言训练也不尽相同。在散文中，要关注带上了作者强烈感情色彩、充满文学审美意味的语言；在诗歌中，要关注诗人凝练的语言、饱含情感的意境；在小说中，要关注情节设置、叙事手法的运用……只要我们善于提炼文本中具有价值的语言训练点，就能拓展学生的语感，培养学生的语用能力。

三、迁移运用，从感性走向理性

解读者

　　林静，女，1984年4月生，大庆市直属机关第二小学校语文教师。她在学习组块教学的一年里，懂得了迁移运用是一个从感性走向理性，最终形成"智慧"言语的融合过程。

　　薛法根老师说："学生在生活中积累了丰富的言语经验，而在课堂教学中又学到了宝贵的言语知识，但言语经验和言语知识只有通过言语实践才能够得以融会贯通。"学生在朗读课文的过程中，都能够直观地感知课文中语言的优美，经过教师的引导和启发，体会语言的丰富性和灵动性，这其实是学生的"感性"语言认知的过程。那么如何将课文中的言语图式转化为学生个体的言语能力及言语智慧呢？创设情境，将认知的"感性"语言转化为"理性"语言的输出，这个过程很重要。

　　在读中，从积累"感性"走向"理性"表达。薛老师执教《唯一的听众》一课时，在板块一教学中，通过引导学生理解叹词"嘿"表达的多种情感，感悟语言的丰富性内涵；更是通过"林子里静极了。沙沙的足音，听起来像一曲悠悠的小令"句子的教学，启发学生发现用"沙沙的足音"反衬树林的安静，把林子里的足音比喻成"悠悠的小令"，感受语言的优美，以及"沙沙"对"悠悠"、"足音"对"小令"的语言对称之美……巧妙地引领学生学习"最有价值"的东西，通过有感情地朗读达成内化，积累言语知识和言语经验，提高"感性"语言的认知程度。在板块五将课文省略内容补写这一教学环节中，学生将前期感性积累的言语经验经过内化，完成自己的补写。如"我的脑海中浮现出老人慈祥的面容与她那深深的潭水一样的目光"一句中"深深的潭水一样的目光"写出了老人眼神的含义，体现语言的优美。"可是，我并不想戳破这个谎言，于是，我静静地拉，老人，静静地听"一句中

"我静静地拉"和"老人，静静地听"通过语言对称之美体现画面之美。这些都是学生"理性"语言的输出。学生前期对语言情感领悟越深刻，后期语言的生成能力就越强大，所以有了学生们侃侃而谈的精彩发言，真正做到了让学生在课堂中实现将"言语"智慧从感性走向理性，达到语言的迁移运用的目标。

在评论中，从感知人物走向"理性"表达。薛老师执教《九色鹿》一课时，经过"说一说：评论人物，感知形象"板块，让学生充分感知九色鹿的美丽、聪明、善良和高尚的形象，调达的卑鄙、贪婪、见利忘义和背信弃义的丑恶形象，"感性"情绪积累到极致。到"写一写：角色体验，感悟事理"板块，进入言语实践环节，学生"理性"语言在笔尖任意流淌，写起来自然得心应手，妙笔生花。这种由感知再到感悟的教学设计，是一个从感性走向理性的过程，完成了言语迁移运用的训练任务。

在想象中，从积累语感走向"理性"表达。我在执教《小猴子下山》一课时，学习薛老师的方法，在教学中引导学生进行充分的语言"感性"认知，积累丰富的言语经验，让学生充分感知"又……又……"的词语句式和"扔、摘、扛、掰、追"等动词的运用。在创设实践情境环节，设计了"小猴子又一次下山，它遇到了什么？会怎么做呢？"的问题激发学生想象，运用"小猴子看见（　　　　），非常高兴，就扔下（　　　　）去（　　　　）"的言语图式练习说话，将学生积累的语感转化为"理性"言语实践，取得了满意的效果。

四、迁移运用，发挥语文学科的工具作用

> **解读者**
>
> 　　李辉，女，1986年3月生，大庆市高新区学校语文教师。她在学习组块教学后，懂得了"迁移运用"，是遵循学生的语言学习规律，把学得的言语知识通过言语实践转化为言语能力的有效教学策略。

语文教学往往是"通过文本学习语文知识，进而通过训练提高言语能力"的过程。学生将习得的知识转化为言语能力，核心是"习练"，习练运用才能习得策略性知识。

薛法根老师执教《雾凇》第二板块时，设定的目标是：学习构段方式——总分结构；教会学生由抽象概括到具体描述的方法，帮助学生初步把握文章的内容和形式。课文第二个自然段，共有八个句子。教师指导学生初步理清八个句子之间的关系。教师首先提问："这八句话，只留下一句最重要、最核心的句子，应该是哪一句？"学生找到第一句话："雾凇，俗称树挂，是在严寒季节里，空气中过于饱和的水汽遇冷凝结而成。"找到句子后，来理清关系，在老师的指引下，学生终于明白这一句是总起句，这里是总分关系。而在接下来的朗读中，学生很快知道剩下的第二到第六句是描写雾凇形成的过程、水汽的来源、雾气的变化程度，而第七、八句写雾凇的形成是一个漫长的过程，这里运用了比喻的修辞手法，是虚写，是作者想象的。通过对这些句子的分析，薛老师带领学生在理解雾凇的形成过程的同时，了解了构段方式和写作手法，为学生的运用做了很好的积累和铺垫。到第四板块教学时，薛老师联系生活实际，让学生模仿第二自然段的写法，将南方大雾形成、集聚、消散的过程写出来。就这样，完成了总分结构语段的写作迁移运用，实现了陈述性知识到策略性知识的转化。

孔子说过："举一隅，不以三隅反，则不复也。"教学中，要教会学生把学会的方法，恰当、灵活地运用到真实情境中，把习得的言语知识内化为语文素养，真正发挥语文学科的工具性作用。

五、迁移运用，从好的命题开始

解读者

丁秀丽，女，1976 年 11 月生，大庆市三永学校语文教师，曾获大庆市优秀教师、模范教师、骨干教师、教学能手等称号。她在学习组块教学的一年里，懂得了习作是将所学迁移运用的结果。迁移运用的成功发生关键在于学生有兴趣表达，而命题是激发兴趣的第一步。

好的作文题学生一看就有写作兴趣，就愿意拿起笔。如何"命题激活"，让学生"想写"呢？

（一）"一见钟情"式命题

"佛靠金装，人靠衣装。"作文也要靠题目的"颜值"引人入胜、先声夺人。一个好题目是一篇文章成功的关键，如"其实，我不想……""我的心里话""请听我说"三个作文题目，学生最喜欢的应该是"其实，我不想……"，年龄还小的他们，更多的是想做自己想做的事，不想做"不想"的事情。这个命题给了学生一个表达内心情感的途径，可谓"一见钟情"。薛法根老师说："作文没有什么章法，没有什么技巧，纯粹是一种内心情感的自然宣泄！好的作文题，犹如一个导火索，你点燃了这一头，很快就会烧到学生的心里，炸开学生记忆的'火药桶'，让其不吐不快！与其挖空心思研究怎么教、怎么写，不如先琢磨一下写什么、怎么命题、命什么题吧。"

（二）贴近生活式命题

学校组织了一次跳蚤市场活动，之后，我让学生以"跳蚤市场"为话题进行了一次写作练习。学生因为亲身经历，写起来内容很充实。给我印象最深刻的是吴同学的作文："老师当买家本来是件好玩的事，可她偏偏要考我这个卖家，就不大好玩了。关键考的题太难：'20元钱和23元钱，哪一个多？'结果我一着急说成20比23多。真丢人！"吴同学在描述这个情节时特别有趣，完全再现了当时的真实场面，读着文字，仿佛他就在我面前，尴尬的情态让人禁不住发笑。二年级的小学生能用400多字，把过程写得非常完整、细腻，介绍自己参加跳蚤市场活动的所见、所闻、所感，这很难得。

（三）新奇古怪式命题

作文命题不能过于平淡，否则学生熟视无睹，也就没有了一吐为快的激情。修辞法拟题是一个不错的选择，灵活巧妙地化腐朽为神奇。用比喻："点燃绿色的火焰"，是"环保"的话题；用拟人："树的'叹息'""粉笔的自述"，相信都会吸引学生的眼球。

（四）读写结合式命题

薛老师执教《雾凇》一课，板块三：感受雾凇之美。板块四：迁移仿写大雾。江南没有北方那么寒冷的天气，只有雾而没有雾凇。前两天刚刚经历了一场大雾，你能模仿课文中第二自然段的写法，借用文中的词句，将大雾的形成、消散过程写出来吗？第三板块承接比喻句的学习成果，拓展意象，深化情感体验，激活学生表达冲动。第四板块顺承表达冲动，描述雾的形成、聚集、消散的过程。在此设计中，感受到了薛老师安排读写活动的智慧，先激活学生表达冲动，然后顺承表达冲动，让学生做个有心人，描写刚刚经历的大雾。慢慢学得，得之精深，激活命题，进而用得。

习作就是迁移运用的过程，就是把所学转化为所用的过程。好的命题是成功走完这个过程的助推力，因为对于训练学生表达来说，乐于表达很重要。

六、迁移运用，学习生活化

> **解读者**
>
> 刘晓婷，女，1990年3月生，大庆市直属机关第三小学校语文教师。她在学习组块教学的一年里，懂得了要让学习更贴近学生生活的现场，并在实践中证明了生活化教学才会提升学生的语用水平。

法国大作家马塞尔·普鲁斯特的《追忆似水年华》里有一句话："真正的

发现之旅，并不是发现新的风景，而是寻得新的眼睛。"作文就是学生记录新风景的书简，而记录的过程就是寻得新的眼睛。薛法根老师是位擅长让学生获得新发现的"魔术师"，把习作变成了学生生活中的"必备品"。

王崧舟老师的《作文教学三问》与薛老师的理念不谋而合，一问"写不出来真是因为孩子没有生活吗？"二问"一定要写有意义的生活吗？"三问"为什么发现不了有意义的生活？"细细地品味"三问"会发现，打开学生的表达思路的过程就是引导学生贴近生活现场的过程，关注生活的常态，才能让学生吐露真情实感。

习作训练是迁移运用训练，是将积累的语用知识和技能运用到生活情境的训练，无须凭空想象，而要与学生的生活产生自然的联系，让习作有生活化的表达，为生活更好地服务。学习了薛老师的教育思想后，我尝试着运用贴近学生实际生活的习作类型来训练学生的表达。

写一个为期两周的学习计划，写一次活动的感想，写观察日记……都是让学生建立生活联系的表达，易写出自己的真实体验和真情实感。在三年级的一节语文课上，我抓住初冬一场大雪的契机，带孩子们到操场上尽情玩耍，打雪仗，堆雪人。从孩子们的一张张笑脸上和欢乐的笑声中，我感受到了他们徜徉漫天飞雪的快乐。孩子们的体验真实而强烈，相信这一定是一节难忘的语文课。回到教室，孩子们激动地互相分享内心的感受，有的孩子还跑过来跟我一起分享。我趁热打铁："用笔把你想跟老师、同学说的话写下来，写清事情和心里想的。"一名学生这样写："这节语文课，刘老师说带我们去玩雪，太开心了！同学们赶紧穿上厚厚的衣服跑出教学楼。天空中飘着雪，树上挂满了雪白的果子，操场上白茫茫一片，真是个童话世界。刘老师带着我们一起堆雪人……大家嚷着要打雪仗，刘老师一挥手，我们立刻分成敌我两'派'。……这节语文课真有趣！冬天真有趣！"学生没有为难，也没真把这当习作，一两句话早已不足以表达心声，就像呼吸和说话一样随随便便一写就出彩了。

让学生置身于真实的情境中，学生就会有感而发，有话可说。学生对实践体验和生活经验流溢笔端的表达，才会有趣。

七、迁移运用，保护学生的思想力

解读者

　　徐海霞，女，1973年5月生，大庆市直属机关第三小学校教务处主任。她与组块教学为伴，悟习作教学精髓，保护学生的思想力，虚实结合，成就学生文学创作的两极之美。

　　语文老师在批阅作文时常常会遇到一个问题，那就是作文中的故事或是虚假、空洞，或是烦冗、啰唆……虚与实成为泾渭分明的两种状态，文字若少了魔力，只是纸上没有温度和色彩的符号。

　　在低年级，我们把学生虚构的故事、人物当作"珍宝"，认为那是学生丰富想象力的体现。确实是这样，在低年级的实际教学中，我们经常创情境、搭台阶、扩思路，鼓励学生大胆想象。我在执教《比尾巴》一课时，让孩子们按照课文的句子仿说"谁的尾巴最……"，以为有难度，没想到孩子们展开想象，答案稀奇古怪、丰富多彩。惊喜！相反，在高年级，我把学生虚构的事件、虚拟的场景当作"假花"，认为那是胡乱编造出来的，会斥之为"说假话、空话"，进而要求学生写真事。

　　培养学生写真事、说真话是作文教学的目标之一，但又不可否认，丰富的想象力是写好作文不可或缺的技能。《义务教育语文课程标准（2011年版）》指出："要注重想象在语文学习中的重要作用。"薛法根老师同样认为："在我们倡导写真实生活作文的同时，切不可扼杀学生丰富的想象力与独特的思想力。"儿童是天生的想象家，在他们的眼里，"阳光是有脚的，她会走路""风儿会转弯，她会追着你跑"……他们有自己观察大千世界的独特视角，会产生很多奇妙的思想，在成年人看来可能会觉得不可思议，但它也许就是未来世界的蓝图。薛老师在执教《卖火柴的小女孩》一课时，十分注重激发学生的想象力，挖掘学生独特的思想力，鼓励学生将身份转换成作者，为故事设计结局，说出创编的理由，并告诉学生故事都是作家编写的，揣摩文中每一处独特的构思，才能走进作者的情感世界。这是教师启发和保护学生思想力的表现。

在薛老师的课堂上，孩子的表达都是真情流露，也绝不缺乏丰富的想象。以薛老师执教的习作《人物素描》一课为例，在"指导学生观察"这一板块中，薛老师先让学生用自己的眼睛看看今天来的老师有什么不同，引导学生将注意力落到"观察"上。此间，薛老师幽默的语言让学生的表达真情流露，充满想象。接着，他让学生再一次从头到脚看看老师，对老师有什么整体印象，还有什么联想，用几个词概括一下。这个问题看似轻描淡写，对于学生而言，实则是既要按照顺序真实表达，又要融入丰富的想象。然后，在第二板块教学中，引导学生用三五句话把对老师的印象写出来。有了前面的环节做铺垫，学生自然文思泉涌，真情表达，于是就有了"薛老师真有点阿 Q 精神""他给我们上课像小朋友和小朋友玩一样""听他上课就像听相声一样"等的联想。就连在进行作文"即时点评"环节，他都强调作文中要善于把看到的和想到的联系在一起写。

没有生活做基础的想象力，缺少温度；没有了想象力的真实，缺少色彩。所以保护学生的思想力，虚实相生，才能呈现文学创作的两极之美。

八、迁移运用，指导要具体

解读者

李晓飞，女，1984 年 2 月生，大庆市直属机关第三小学校语文教师，曾获全国第六届小学群文阅读现场课大赛特等奖。她在学习组块教学的一年里，深感在习作教学中，教师的具体指导很重要。

迁移运用是语文教学中提升学生表达品质的重要活动，其中习作也是一种迁移运用，将自己所学积累用于实际输出。学生在输出过程中往往遇到很多困难，那么教师的具体指导就会给出输出路径和方法，学生就可能知道写什么和怎么写了。而很多教师在习作教学的指导中习惯给出一些概念：按照一定顺序写；事件要写具体；要关注人物的心理活动；注意细节描写……学生听完仍然会一头雾水。我们换个角度想，比如我们去看川剧的变脸，我们会为演员的精湛技艺拍案叫绝，可我们更想了解的是，如此技艺是怎样做到的呢？学生在习作中也是如此，他们急需解决的是"怎样写"。因此，学生学会迁移和教师指导具体，这两者密不可分。

观薛法根老师的课，我们会发现凡是有言语训练的地方，都会有学生的迁移运用和教师的具体指导。以薛老师执教的《火烧云》一课为例，在体会"颜色之美"这一板块中，薛老师首先让学生比一比，和一般的云相比较，火烧云的颜色有什么不同？这一问题，引导学生的注意力落到"颜色"上。接着，他让学生数一数，文中写了哪几种颜色？问题看似很简单，实则让学生发现火烧云颜色之丰富。然后再改一改，出示："这地方的火烧云变化极多，红的、黄的、紫的、金的……五颜六色，变化多端，美丽极了。"如果这么写，行不行？写颜色有什么秘诀？通过对比，发现作者写颜色时用到了叠词，如红彤彤、金灿灿；还有两种颜色混到一起的，如半紫半黄、半灰半百合色；还用了比喻色，如葡萄灰、梨黄、茄子紫。通过老师细致的指导，学生就清晰地感受到写颜色丰富可以用这样的表达来实现。最后，薛老师让学生仿照着写几个表示颜色的词语，看谁写得又多又快。我们看到，薛老师的问题是环环相扣的，通过问题的引领，对火烧云的颜色之美进行了细致入微的感知与写法的指导，引导学生从文字表面逐步深入到词语的丰富呈现及段落的结构之中，学生迁移运用的发生水到渠成，这就是指导具体。

再如，统编版语文三年级下册《荷花》一课中，课后的小练笔是："第二自然段写出了荷花不同的样子，仿照着写一种你喜欢的植物。"我们看第二自然段：

"荷花已经开了不少了。荷叶挨挨挤挤的，像一个个碧绿的大圆盘。白荷花在这些大圆盘之间冒出来。有的才展开两三片花瓣儿。有的花瓣儿全展开了，露出嫩黄色的小莲蓬。有的还是花骨朵儿，看起来饱胀得马上要破裂似的。"

那么该如何指导学生练笔呢？我想，可以设计以下几个问题：同学们，这一段写了什么？为什么写荷叶呢？写了荷花的哪几种姿态？为什么按这样的顺序呢？你能用你自己的方法，梳理出这一段是如何构成的吗？这几个问题构成了具体指导的过程。首先，引导学生发现这一段主要描写的对象，也就是提醒学生在写作时自己要清楚写什么。接着思考：这段要写荷花的美，为什么先写荷叶？不难发现，碧绿的荷叶是为了衬托雪白的荷花，而且运用了比喻、拟人的修辞，让荷花池充满了生机与活力。再引导学生发现荷花的三种姿态，为什么按照已开、全开、未开这样的顺序排列？原来这三种姿态的描写语句有长有短，按照由短而长的语句排列有美感、节奏感。最后梳理出这一段的结构，如：荷花已经开了不少了（概括句）+荷叶挨挨挤挤的，像一个个碧绿的大圆盘（荷叶）+白荷花在这些大圆盘之间冒出来（重点介绍白荷花）+有的才展开两三片花瓣儿。有的花瓣儿全展开了，露出嫩黄色的小莲蓬。有的还是花骨朵儿，看起来饱胀得马上要破裂似的。（荷花的不同姿态：已开、全开、未开）当然学生也可以借助思维导图等其他方式来梳理本段的结构。经过这样的具体指导，学生再写丁香花时就会借用这个段落的表达结构了。可见，在老师的具体指导下，学生的迁移运用才能自如。

教师要关注学生表达的"困难处"，引导学生关注课文中词语的使用，关注怎样组织句子，关注句子和段落的关系以及段落与段落如何组合构成整篇。相信经过如此具体的指导，以及在实践中的迁移运用，学生的表达品质一定会提升！

九、迁移运用，读中有写

解读者

　　张国华，女，1985年7月生，大庆市高新区学校语文教师，曾获大庆市骨干教师、优秀教师等荣誉称号。她在学习组块教学中，懂得习作教学并不需要单独进行，可以在阅读教学中引导学生读悟结合，发现写法和表达规律，在迁移运用训练中提升语用能力。

　　叶圣陶先生曾说："阅读是吸收，写作是倾吐，倾吐能否合乎法度，显然与吸收有密切的联系。"但是我们不能简单地把"读"当作"吸收"，把"写"当作"倾吐"，二者是一个整体。在语文教学中，从"读"迁移到"写"，必须得"法"。薛法根老师给我们做了很好的示范。

　　薛老师执教《雾凇》一课，共有四个板块并有各自的学习目标，前三个板块在达成"读"的目标的同时，为第四个板块的"写"积累了经验。第四板块是对"总分结构"语段写法的迁移运用，是在前三个板块充分"读"的基础上，顺应了学生表达冲动的"写"。如在第二板块的教学中，薛老师问学生："你们读的句子都写的是雾气，有什么不同吗？"这一问可谓点睛之"问"，引导学生抓住描写雾气变化的动词来体会雾气的变化程度。学生找出"弥漫、笼罩、淹没、模糊"等表示雾气变化的词语，在读中吸收，这些词成为第四板块"写雾"的语言素材，实现了读与写的完美结合。前面的"读"为后面的"写"做好铺垫后，再顺利过渡到"写"，达到运用巩固目的。四个板块相互为用，使读写有机融合。

　　薛老师说："读与写的'法'究竟在哪里？就在那些文质兼美的文章里，尤其是关乎怎么写的问题，答案都隐藏在文章的字里行间。"教师要引导学生将阅读的目光聚焦在"写"上。写了什么？怎么写的？为什么这么写？还可以怎么写？教师不仅要点拨学生领悟文章的写法和表达规律，还要引导学生学会迁移运用。在《雾凇》这节课上，薛老师引导学生通过阅读积累词语、体会"总分结构"、领会比喻句的情感色彩，让学生在读的过程中汲取养分，再在第四板块写的过程中进行消化吸收，这是薛老师的读写之"法"。教学中要实现由读到写，需要教师深入钻研文本，把握语用核心价值，引导学生感悟文本内容和情感的同时，还要体会文本在语言、结构、技巧上的特点，这正是组块教学重组内容和整合活动的优势所在。

　　我尝试着把读写结合策略运用到教学中，在执教《石榴》一课时，首先引导学生充分理解词语、感悟课文内容、发现写作技巧，然后"举行了水果展览会"，让学生仿照第四自然段，介绍一下自己喜欢的水果的样子和味道。在整个迁移运用过程中，我从文本挖掘到实践运用，处处关注学生从"读"到"写"的内化，以提升学生的言语能力。

十、迁移运用，写中有读

> **解读者**
>
> 　　曲莹，女，1978 年 6 月生，大庆市直属机关第三小学校语文教师、学科主任。大庆市骨干教师，市兼职教研员，曾三次荣获大庆市优秀教师。她在学习了组块教学后，懂得了最自然的读写状态应该是读中有写、写后再读，将作文教学策略融入阅读教学活动中，才能有效地实现语用的内化迁移。

　　不知从什么时候开始，语文教学中的习作教学被喻为"老大难"。不仅学生认为难，有时候就连老师也觉得难——难讲、难批、难指导。在读了薛法根老师有关"基于文本的读写结合策略"的论述后，不由觉得"柳暗花明"——学生的习作学习是可以从文本阅读活动中起步的。我开始有意识地提醒自己：不仅要让学生知道课文写了什么内容，更要引导学生关注"作者是怎么把内容表达出来的"。

统编教材五年级上册第二课是许地山先生的《落花生》。文中有一段父亲教育孩子的经典段落："花生的好处很多，有一样最可贵：它的果实埋在地里，不像桃子、石榴、苹果那样，把鲜红嫩绿的果实高高地挂在枝头上，使人一见就生爱慕之心。你们看它矮矮地长在地上，等到成熟了，也不能立刻分辨出来它有没有果实，必须挖起来才知道。"围绕这一段的观点，课后设计有这样的小练笔：

> 生活中有很多平凡的人，他们像"花生"那样，默默无闻地做着贡献。看到下面的事物，你会想到哪些人，选择其中一个试着写一段话。
>
> 　　　竹子　　梅花　　蜜蜂　　路灯

这是五年级的孩子首次接触"借物喻人"写法的练习。如果没有读写结合的教学思维，那么学生只会"由事物想到人"，一句话就结束表达：

路灯就像老师，独自站在黑夜里为我们指引前方的道路。

竹子像共产党人，不管在多么艰难的生存环境下依然坚强，威武不屈。

梅花像中国人，有骨气、有秉性，顶天立地。

我想起薛法根老师讲过：我们要在课堂上引导学生在阅读过程中学习文本的表达方法，获得表达的基本技能，才能达到练就语言表达的基本功夫的目的。于是，我在教学中设计了两个板块，前一个板块在阅读中探究写法。先让学生收获文章的"表面信息"。然后从"阅读"到"感悟"，再从"感悟"到"练写"，引导学生了解借物喻人的写作方法：不是直接"由事物想到人"，而是先想到此事物与人之间的关联点，尤其"和其他事物进行对比"的写法，更能凸显你所要表达事物的优点，对你所要赞扬的人更有帮助。当完成这个铺垫后，再出示这个课后习题时，大部分学生能够运用课文中的写法，围绕"物"展开对"人"的赞美，孩子们各自写道：

　　傍晚的路灯，不比大红灯笼那样热闹喜人，不如水晶大吊灯那般华丽。路灯只是默默地在黑夜照亮行人的道路，就像父母默默地帮助我们成长。

　　蜜蜂不曾有蝴蝶优美的舞姿，不如蝉儿的歌声嘹亮，没有甲壳虫那样坚硬的外壳。蜜蜂就像老师，把自己的知识都无私地给了她的学生们，"采得百花成蜜后，为谁辛苦为谁甜"。

　　竹子不像牡丹生来惹人喜爱，不如玫瑰娇艳妩媚，没有昙花一现时的惊艳四方。竹子只是向上长，一直向上长，不论风吹雨打，一直挺着腰。就像那些具有工匠精神的科学家，他们没有想自己会不会成功，他们只是自强不息，去突破一层层困难。

　　在和其他事物进行对比的时候，学生们还刻意修改字眼，避免重复使用。这样的训练让学生感受到了"炼字"的意趣，更重要的是培养了他们字斟句酌的严谨治学态度。

　　可见，教师引导学生读中学写，学生就会在写中学读，两者互为所用，既激活了学生的原始语言积累，又激发了他们再积累的源动力。他们亲身体验了："读"与"写"是一个整体，读读写写，写写读读，才是一种最自然的读写状态。原来，只有读写结合，才能实现语用的内化迁移。

十一、迁移运用，实现"课题类化"

解读者

　　佟敏娟，女，1970年3月生，大庆市龙凤区教师进修学校小学教研部主任，兼任语文教研员，曾被评为大庆市优秀研培人员、优秀共产党员。她自学习和实践组块教学以来，带领全区语文教师大胆探索，找到了幸福的研修之路。

　　"课题类化"就是找到要学的和已学会的之间的关联点，将陌生的内容纳入熟悉的经验，进而"滚雪球"般增加记忆板块内容。而这个过程需要学得和习得的融合，也就是迁移运用。

　　每一篇课文所要教学的内容多而广，教师要精准解读教材，梳理课程内容，确定教学点和教学内容，整合教学活动，从教材功能、学生认知和生活经验思考，使之产生关联。让学生在熟悉的情境中理解、领悟、迁移课程内容，让教师的输出和学生的输入紧密结合，把内在的积累表达出来，以此实现迁移，将思维智慧转化为言语智慧。薛法根老师在讲授《狼和小羊》一课时，打破"识字学词→分角色朗读复述→理解狼的本性"的教学思维模式，而是从"争辩"角度展开语用学习。争辩是学生身边经常发生的事情，清楚什么是争辩，但并不真正懂得"如何争辩"。薛老师就是在这"知道"与"不知"之间找到关联，将"陌生"和"熟悉"联系在一起。既启发了学生的思考点，又丰富了"争辩"经验，让学习和运用达成融合。

　　薛老师从"争辩"这个点出发，创设情境，迁移运用，把生活和文本相结合，启发学生思考"如何争辩""何时争辩""何地争辩""能和谁争辩""不能和谁争辩"。让学生借助文本学会"争辩"的方法，有理有据地教会学生明智地判断，体会如果面对这类非君子又凶狠的"狼"，就不能与之争辩，走为上策。薛老师教给学生的不仅仅是"争辩"这个知识点，而是将文本知识和学生生活经验做了恰当的关联，把人与人交际的生活智慧落实到了促进学生言语智能的发展中。学生既有自己对文本的独到见解，说出让人信服的理由，也有自己对生活的理性思考，谈出对"争辩"这个问题的综合判断。这个学习的过程促进了学生语文思维和言语智慧的发展。

　　薛老师执教《人物素描》一课时，也是通过迁移运用，把文本纳入学生熟悉的生活，实现了"课题类化"。薛老师让学生按照教材"写老师"的要求写他，而不是根据条条框框去写一位远离生活、概念中的老师。薛老师在设置的情境中，引导学生看见这个"他"，并不是心中想到的那个"优秀人物"。他打破了学生崇拜名师的心理，不要求学生介绍他的高尚品质、先进事迹或感人故事，而是将他还原成为一个生活中的普通人、一个也有许多缺点的真实的人，鼓励学生看到什么就说什么，只要是自己发现的、感兴趣的都可以说。薛老师放低身段进行自嘲，充分展示自己的缺点。学生从书本里跳了出来，走进了熟悉的生活，畅所欲言地说，条理清晰地说，结合刚刚学过的方法说。学生学得轻轻松松，收获也是满满当当，这就是理想的课堂。

连接课题和生活的桥，是老师的"课题类化"设计，学习的不再是孤立的课程，而是将其和生活巧妙地融合。学生背包里放着沉甸甸的新知识，走过这座桥，背包不知不觉变轻了，因为新知识已融入了骨血，不再是负担。

十二、迁移运用，从积累开始

解读者

> 王晓梅，女，1971年9月生，大庆市直属机关第三小学校教学校长，第八届全国"园丁奖"获得者。组块教学让她清晰地认识到：教师不能做无源之水、无本之木的教育，要重视学生的语言积累。

语文学习不是一蹴而就的，需要长期积累，才能形成丰厚的语言底色。所以我经常跟老师说：我们要注重培养学生的"书卷气"。"书卷气"从何而来？积累！没有语言的积累，教师传授的写作方法、写作技巧都会成为"空中楼阁"。小学阶段是记忆的"黄金期"，在这一重要的人生阶段，教师引导学生丰富语言积累是非常重要的。

语段听记，是丰富积累的路径之一。教师在进行教学设计之初就应该有选择，有侧重，从文质兼美的文章和具有典范性的语段着手，让学生"择良文而储"。学生积累在前，迁移运用紧随其后，用积累去实践新的语言范式，如此坚持下去，学生的表达必然会有"质"的飞跃。

我在指导三年级上册《秋天的雨》这一课时，设计学生初读课文后，组织听写文中二至四自然段段首的几句话："秋天的雨，有一盒五彩缤纷的颜料；秋天的雨，藏着非常好闻的气味；秋天的雨，吹起了金色的小喇叭。它告诉大家，冬天快要来了。"听写之后，让学生读一读。经过多种形式的朗读，这几句话，学生自然记在了心里。然后，让学生在文中找到这些句子画下来。学生很容易就发现这几个句子是每一段的概括句。有概括句做引领，学生再整体感知课文，梳理课文内容、发现文章结构就容易了。课后，让学生写一写"秋天的风"，学生自然而然地借用了这篇文章的表达结构，在每段的段首会出现这样的句子："秋天的风，……；秋天的风，……；秋天的风，……"可见，学生有了语言材料的积累，迁移运用起来就会得心应手，不但学到了如何组织句子，而且也明白了如何构篇。

语言的输出是需要大量的语言输入为前提的，否则就是无源之水、无本之木。纵观我们的阅读教学，缺的不是理解和感悟，而是积累和运用。语段听记的确是积累语言的好途径，学生有了足够的"书卷气"，才能运笔自如。

十三、迁移运用，激活积累

解读者

　　杨洪菲，女，1983年2月生，大庆市直属机关第三小学校语文教师，曾获大庆市骨干教师称号。她在学习组块教学的一年里，懂得了词汇的积累是为了运用，运用词语、丰富表达是作文训练的开端。

小学生习作常常出现语言匮乏的问题，要么词不达意，要么干瘪无味，千篇一律的遣词造句更是比比皆是。究其原因，缺乏积累内化迁移的过程，也就是激活积累的过程。尽管学生平时积累了不少词语，但到用时，没了踪影。因此，在课堂教学中，我们不仅要丰富学生的语言储备，更要在迁移运用中让他们掌握灵活运用的方法，走出甘当存储器的误区。

《义务教育语文课程标准（2011 年版）》指出，教师应"为学生的自主写作提供有利条件和广阔空间，减少对学生写作的束缚，鼓励自由表达和有创意的表达"。因此，我们在教学用词写话时，不仅要训练学生的表达准确，更要注重开拓学生的思路，发展他们的思维。在指导学生用"好像"一词造句时，我发现很多五年级学生还只会写"月亮好像一个大圆盘"这样的句子，只能说不错，却毫无新意。所以，我进行了有梯度的指导："什么样的月亮？在哪里？像什么？"在这样的提示下，孩子们有了新的想法，"圆圆的月亮高高地挂在夜空，好像一只洁白的玉盘。""皎洁的月亮挂在宁静的天空，好像挂在天上的一盏夜灯。"孩子们的思维被打开了，我继续追问："站在这么美的月色中，你内心有什么想法呢？""皎洁的月亮，好像高挂夜空的圆盘，真想上去看个究竟。"这样的指导，帮助学生打开思路，引导学生关注生活，拓展了用词造句的空间，变"造句"为"写话"。

在教学词语时，我们还要结合课文内容，在一定情境中练习说话。这样的实践，可以让学生大脑中的"消极词汇"转化为"积极词汇"。薛法根老师在执教《爱如茉莉》一课时，提前在黑板上写下了"茉莉、平淡无奇、洁白纯净、缕缕幽香、袅袅清香、弥漫诗意"六个词。上课伊始，学生在齐读词语后，薛老师提出了这样的问题："谁能说一说你看到的或你心目中的茉莉是什么样的？"一名学生说："我心中的茉莉是洁白无瑕的。"薛老师先是肯定了"洁白无瑕"这一词语，接着又提出新的要求："这位同学说了一个句子，谁能说两个句子？"一句简单的提示，孩子们已经明白薛老师的意图——说话要说得具体、丰富。另一名学生回答道："我心中的茉莉弥漫着缕缕清香，让人感到心旷神怡。"薛老师告诉大家"弥漫""缕缕清香""心旷神怡"这三个词用得好。在他的引导下，学生在描述心目中茉莉花的时候，运用了刚刚读到的词语。薛老师告诉学生，课文中的很多词语，不仅要记住，还要学会用自己的方式表达出来。孩子们的思维被打开了，"我心中的茉莉是洁白无瑕的，它的花瓣不是很大，摸上去很柔软，就像刚出生的婴儿那样柔嫩的皮肤。""茉莉花在我心中是一种纯洁的花，它的花瓣纯净洁白，就像雪花一样晶莹剔透，用力闻一下，会感觉一股清香扑鼻而来。"薛老师有梯度的指导，让学生在积累语言的同时，也在迁移运用中激活了积累，真正做到了从求"对"向求"好"迈进。

十四、迁移运用，字斟句酌

解读者

王淑萍，女，1988 年 3 月生，大庆市直属机关第三小学校语文教师。她在研读组块教学的一年里，懂得了在阅读教学中可以通过迁移运用训练培养学生"炼字对句"的能力。

王安石对"春风又绿江南岸"中"绿"字的千锤百炼，已传为佳话；贾岛对"推、敲"的推敲也深入人心。人人都知道语言精练对于一篇文章来说有多重要，但是如何教会学生锤炼字句的本领，让其表达精简凝练、生动准确呢？薛法根老师"炼字对句"的策略，为我们揭示了答案。

薛老师说："在阅读教学中，我们要有意识地训练学生品味字词之妙，以磨砺学生对语言的敏锐感。"薛老师执教《唯一的听众》的第二板块时，让学生用词语概括作者演出的心情，学生的答案是"高兴"。在薛老师及时引导下，学生说出了更恰当的词语"激动""自豪"。薛老师在执教《槐乡五月》第二板块中，问："这段中哪个字你感觉特别新鲜？"然后抓住"浸""飘"，引导学生体味新鲜表达的精妙，感受一字一词能让表达充满情感。

研读了薛老师的课例，自省以往课堂上锤炼字句确实做得不够。记得我在执教《爱如茉莉》时，文中"初升的阳光从窗外悄悄地探了进来……"，在引导学生分析时，个别学生体会到"探"字用得好，却说不出如何精妙，我也只是向学生解释阳光不想打破父母温馨的画面，并没有采用换词、对比等方式让学生体会语感。其实文中还有很多这样的文字，如"直奔"，可以感受到父亲着急见到母亲的急切，进而体悟父母之间的爱。整个过程缺少此类文字的迁移运用，情感自然体会不到位，用词经验也没有得到积累。

一次汇报课上，我再次选择执教《爱如茉莉》这一课，尝试用迁移运用训练学生的语感。"初升的阳光从窗外悄悄地探了进来……"，我把"探"字换成"照"字，让学生说说哪句更好，学生们展开激烈的讨论，都认为"照"字是我们经常看到的阳光照进屋子的状态；而"探"字有一层含义是"悄悄地向前伸出"，怕被人发现的样子，写出阳光害怕打破这种宁静温馨氛围的情态，这个字突出了静谧恬美的情境。没有过多的讲解，学生就已经体会到一个字对文章起到的精妙作用。接着我因势利导，让学生运用之前所学，尝试描写"茉莉花香"。课堂中便呈现出这样的句子："洁白的茉莉花，淡淡的幽香，迎面扑来，沁人心脾……"这时便有学生提出了修改意见，认为"扑"字描写花香给人猛烈刺鼻之感，换成"飘"字更为合适。另一名学生质疑："'扑来'和'飘来'都不能完美地诠释恬淡的意境，此处如果换成'弥漫在空气中'，更能体现沁人心脾之感。"这时，课堂上掌声响起……

如果在课堂上，常常不忘"炼字对句"的重要性，引导学生字斟句酌地运用语言，学生的表达品质自然而然就会提高。

十五、迁移运用，感悟先行

解读者

刘思佳，女，1990年11月生，大庆市直属机关第三小学校语文教师。她在学习组块教学的一年里，懂得了在迁移运用中，学生应该先有自己的感悟，再运用学得的方法进行表达，最终实现迁移。

　　薛法根老师认为："教师仅仅是学生与作品作者之间的纽带，只有当学生错读误读、漏读浅读时才做必要的讲解，以增加学生对作品作者的了解，如此而已。"换言之，学生在原有知识结构基础上有了自己的感悟，然后再带着感悟情不自禁地运用学得的方法进行表达，这样才是完成迁移运用的正确流程。

　　实现学生迁移运用，主要从以下两点出发：一是对文本思想内容的理解；二是对文本语言表达形式的理解。无论是哪一方面的运用，都要将学习的主动权交予学生，在情景中、在语言场中自主分析，自我感悟，最后才可能内化为经验。

　　薛老师执教《大江保卫战》时，先请学生们找到"哪些词句特别能表现战士们的精神"，学生在充分阅读后进行圈画，以"阅读批注"方式概括出"勇往直前""舍生忘死""奋不顾身"等词语。这是学生对文本理解后的信息提取与概括，也是对文本思想内容的自我感悟。紧接着薛老师请学生抓词句简要谈谈自己的体会。学生们结合自己曾经看过的电影场景，从一个"上"字体会出战士们的勇敢；从"一声令下"看出战士们一切都听指导员的命令；从"一条长龙"感受人很多，很有气势。薛老师顺势引导："还有类似的地方吗？"这是在利用同一结构进行类化迁移。学生依据老师的指引找到了"一个念头""一道人墙"进行感悟。文本仍有深层次的隐含意义等待着学生去发现，薛老师再次"寻根问底"："这段中还有这样的'一'吗？"学生经过上面的感悟得出：只要能体现出战士们"齐心协力、勇往直前"的品质，即使不带有"一"字的句子也可算在内。学生在老师的层层挖掘中，发现了两个暗含"一"的句子，情不自禁地流露出对奋不顾身的战士的敬佩。这一教学的精妙之处，在于放手让学生去寻找答案，当学生不能全面理解作者的写作意图和手法时，再去引导方向和点拨思维，便有了感悟后的发现与迁移。

　　薛老师相信学生有巨大学习潜能，可以在理解文本思想内容的基础上进行更深刻的表达。他以"对比阅读"的方式，使学生分析出第四自然段写的是"黄晓文保大堤"的情景，第二自然段是写"一群人保大堤"的情景。学生则在情景中体会"描写一个人的浴血奋战也就是衬托出一群人的奋不顾身"，不仅理解了文本所表达的英勇无畏、团结一心的情感，更引出了"点面结合"的写法。学生也发现，这里的动作描写与前文有类似的表达形式——几个"一"，"一咬牙、猛地一拔、一股鲜血、扯下一绺布条"，实现了自主迁移运用。

第四板块中巧用"举一反三"，更为高明。薛老师通过朗读四句关于救群众的句子，让学生品味每句话不同的侧重点，如"第一句是说战士们架着冲锋舟飞快地救群众，第二句写救出了哪些群众，第三句写有危险的地方就有解放军来救，第四句写群众被救出来了"，学生悟出"都是在救群众，但是每句话内容不同"。薛老师追问："写法呢？"学生随即找出"排比"，并感悟到排比句表达出的"紧张"和强烈的"气势"。教师引导"对偶也可以有这样的气势"，学生根据提示找到运用"对偶"手法的相应句子，体会到作者对人民子弟兵的赞美之情。

学生在老师的带领下，通过丰富的情感体验，对"内容和表达形式"进行自主感悟，再到自主运用。教学结束之时，师生情不自禁合作创作出的一副对联，正是"感悟先行"，有感而发。

第四章　组块教学的风格赏析

"清简之美"是薛法根老师教学实践中形成的独具特色的教学风格，具体表现为"清简、厚实、睿智"。"清"是质，清清爽爽，清清楚楚；"简"是形，"简"去枝枝蔓蔓，"简"去千头万绪，"简"去沉重负担。教师从文本的核心价值出发，以学生获得言语智慧为目的，力求一项活动实现多个教学目标，让课堂变得简单、充实、自由、愉悦。

第一节 "清简"须舍得

要让学生获得语文能力应基于精准而简明的目标取舍。"少则得，多则惑"，"轻装"是"舍"，"前进"是"得"，唯有合理的舍，方能给学生足够的时间，充分自主地学习，实现"一课一得"，得得相连，最终实现语文素养的提升。

一、由繁入简难，清简是大美

解读者

> 张雪，女，1989年7月生，大庆市兰德学校语文教师，大庆市教学能手。她非常喜欢薛法根老师"清简"的教学风格，并在践行"清简"的过程中感受到自己和学生的成长。

薛法根老师用三个隐喻诠释"清简"的内涵：浅近中的深刻，如"禅"；简约中的丰富，如"画"；清淡中的诗意，如"茶"。薛法根老师"清简"的教学充满了智慧，删繁就简，以少胜多，简约而又内涵丰富，在他的课堂上处处彰显着"清简"之美。

（一）浅近中的深刻如"禅"

薛法根老师课堂上的"一招一式"看似平常，但其中暗含着深刻，总能让简单的教学方法实现最佳的教学效果，这背后是他对文本和学生的深入研究。薛老师在《火烧云》一课的教学中，反复运用对比引导学生学习。这种教学方法看似简单，细品之下，其作用却很不简单。薛老师在对比词典中火烧云的定义和作家写的火烧云时，学生都认为作家写得好，很生动形象。薛老师随后问："如果科学老师考你什么是火烧云，你要用哪个句子回答？"学生回答："词典中的定义。""如果三四岁的小孩问你什么是火烧云，你要用哪个句子回答？""作家写的句子。"薛老师最后总结，词典中火烧云的定义是科学解释，简洁准确，作家笔下的火烧云是文学描写，生动形象，两种表达形式各有优点。简单的对比胜过了长篇大论，学生深刻领悟了表达形式的好坏要根据表达需要来评价。"对比"促进了学生思维的发展提升，也教会了学生在"对比"中发现长短。

（二）简约中的丰富如"画"

薛法根老师的语文课简约为"形"，丰富为"神"，形式上简约，但包含的内容却是丰富的。有些人的教学往往只注重结果，忽略了思维过程，薛老师的课则不然。在《我和祖父的园子》一课中，薛老师用关键问题调动学生的思维，鼓励学生与文本进行对话，激发学生独立思考。在赏析描写祖父园子的精美语段时，薛法根老师抛出问题："作者在写这个园子的时候，她是怎么把园子的生机勃勃、丰富多彩写得那样生动的？"这个问题就如同水墨画中随意铺出的一笔，却晕染出层次分明的山峰，成了画中主笔，给学生解读文本留下了探索的方向。学生通过思考生成了个性化解读："这几句把园子的生机勃勃写了出来，用了拟人的手法，让人感觉很自然。""这几个句子结构相同，写出了园子的无拘无束。""这几句写得很温馨，把各种各样的漂亮的昆虫写出来了。"……问题引发了学生思维活动，在探究的过程中不断加深和丰富对文本的理解。

（三）清淡中的诗意如"茶"

薛法根老师的课堂就像一杯茶，初饮淡雅，再品浓香。薛老师的课没有花哨的教学活动，没有华丽的教学语言，没有眼花缭乱的多媒体……在教学中，他常常使用最平常的方法达到令人惊艳的美感。执教《九色鹿》一课时，薛老师没有先直观呈现九色鹿的形象，而是依托语言文字调动学生的想象："……我们读到的这篇故事就是根据一幅画写下来的。老师曾经看过这幅壁画，太漂亮了，九色鹿栩栩如生。你们想看吗？我把它画下来好不好？"学生闭上眼睛等着老师画，随后老师开始朗读课文，学生跟随朗读想象故事中的画面，每个学生头脑中浮现的画面都是不同的，也是丰富多彩的，就如同薛法根老师课堂中说的，"学语文，读故事，最重要的是我们要能凭借语言，进行想象。读故事需要想象，听故事也需要想象。因为想象的才是最美丽的"。留白给学生，想象让整个教学过程充满了诗意。

"清简"之难，难在取舍之间；"清简"之美，美在简约雅致。这样的教学风格，需要教师以"清简"之心对待自己与生活，不断修正自己对学生和语文教学的认识。

二、清简内容，"三不教"

解读者

　　朱洪霞，女，1978 年 9 月生，大庆市兰德学校小学语文教师，曾获全国信息技术整合课大赛二等奖。她在学习组块教学的一年里，感受到清简的语文教学让学生获益良多。

薛法根老师认为语文教学应该回归"清简"。"清简"其一就体现在对教学内容的选择上，将课文中值得教又值得学的"精华"筛选出来，作为教学内容的"内核"，使教学任务集中而轻松。在教学内容的选择上，薛老师坚持"三个不教"。

（一）已懂的，不必教

以《哪吒闹海》为例，老师们通常的做法就是引导学生围绕课文逐段解读，其间穿插一些朗读、说话等语文训练。这样的教，是以学生不能读懂课文内容为教学起点的。其实，故事的内容以及人物形象的特点在学习之前，学生已经有所了解，即使不教，也知晓。本着"学生已懂的不必教"的原则，薛法根老师没有把理解课文的思想内容作为教学的主要目标，而是将教学内容聚焦在"说"上，确定了"概述、讲述、转述"三个核心内容。概述重在"通过抓要点，把一个故事说成三句话"；讲述重在"通过想象，把一句话讲成三句话"；转述重在"转换角色，一个故事讲出不同的说法"。这样，学生学完课文后留下的痕迹不仅仅是"哪吒为民着想、不畏强暴、敢斗邪恶的精神"，更应该是怎样用三句话概述一个故事的主要内容，怎样把故事讲得栩栩如生，怎样根据目的选择说话方式等言语智慧。这样的教学实现了从"教课文"到"学语文"的华丽转身。

（二）能自学懂的，不用教

随着学生学习经验的积累，他们已经掌握了一些学习方法，有些内容通过自学便能掌握。怎样在学生自以为读懂的地方读出新鲜的东西来，体现"只教不懂的，不教已懂的"的教学主张呢？从薛老师执教《真理诞生于一百个问号之后》时对"司空见惯"一词语的理解和积累上，可见一斑。提问："'司空见惯'理解吗？"学生很快就回答上来了。这是一个通过查找资料自己就可以解决的问题。"生活中有哪些事情你们已经司空见惯了？"薛老师接着的这个问题是想让学生结合生活情境巩固理解这个成语，并能实现迁移运用，真正扎实积累。按理说，到这里已经很完美了，完成了目标。但薛老师接着又抛出一个问题："你们对'司空见惯'的理解是习以为常，见怪不怪。有谁想过'司空见惯'这个词语是怎么来的？为什么叫'司空''见惯'呢？"学生不出声了，睁大了好奇的眼睛，大脑开始高速运转。这个问题极大地激发了学生的求知欲。薛法根老师相机介绍这个成语的典故来历："司空"是古代的官职。相传唐代司空李绅宴请卸任的和州刺史刘禹锡喝酒，席间极尽奢华。于是诗人刘禹锡就赋诗一首：司空见惯浑闲事，断尽江南刺史肠。讽刺官员花天酒地、生活奢侈，而司空见惯这个成语也由此而来。这一知识点的补充，让学生不但知其然还知其所以然，不仅使学生对这个成语的理解更为透彻，还使其受到中华文化的浸润！教到当教处，甚妙！

（三）教了也不懂的，暂不教

在低段朗读指导中，关于读好"停顿"是个难点。如果讲停顿的技巧，学生能理解吗？如何让学生听得懂、实践中会用？薛法根老师执教《我选我》时，是这样设计的：

师：谁愿意来读课文？

生：（读）李小青是我们班的劳动委员。

师：题目呢？

生：（读）我选我。李小青……

师：在题目和正文之间要有停顿，心里念两个"滴答滴答"。

生：（读）我选我。（停顿）李小青是我们班的劳动委员。前几天，他转到别的学校上学了。今天……

师：在小节与小节之间也要停顿，"滴答滴答"。

（生继续朗读，师在自然段之间做"滴答滴答"的停顿提示）

师：掌声，掌声！（生鼓掌）这位同学读得很流畅，但要注意停顿，这样会读得更好，掌声会更热烈。谁还想读？

生：（读）我选我。滴答滴答。（众大笑）

师：这个"滴答滴答"要放在心里数，知道吗？读出来就成挂钟了。

…………

如果仅仅说要停顿的时间长一些，学生很难把握准，薛法根老师化难为易，抓住了儿童的学习规律，采用了适合儿童的话语方式、话语技巧，巧妙地用"滴答滴答"的形象语言，一下子就让学生学会了停顿。教就要教明了，学生学得轻松，有收获。

薛法根老师深谙"舍得"之道，"三个不教"体现"清简"智慧。

三、"清简"的课堂让学生爱上语文

解读者

　　杨艳辉，女，1978 年 5 月生，大庆市兰德学校小学部校长，大庆市优秀教师、大庆市优秀班主任、大庆市骨干教师、大庆市师德名师。她在学习组块教学的一年里，懂得了"清简"的教学内容会让学生爱上语文课。

在应试教育的大背景下，很多老师习惯于把课文中的知识点全都罗列给学生，一节课下来，学生看似收获很多，但语文能力却没有得到提升。更可怕的是，学生越来越不喜欢上语文课。面对这样的现实，薛法根老师在书中为我们指明了方向："'清简'了的语文，才能让学生体会学习的闲适。"唯有教学内容"清简"了，才能学得充分，学生才能真正体会到学习语文的快乐和学会运用语言文字的成就感。

（一）"清简"让学生体会到学习的乐趣

低年级的阅读教学中往往将识字教学固化处理。例如某位老师在执教《雾在哪里》一课时，设置了一个"词语过关"的环节，老师出示所有的生字，让学生自由读，带拼音齐读，去掉拼音开火车读，老师给学生纠正字音，最后全班齐读生字。这样的识字教学，学生学起来既没有挑战也没有兴趣，耗时又低效。曹爱卫老师在执教《雾在哪里》一课时使生字教学变得轻松，侧重从构字规律一点点展开。曹老师由"雾"字入手，借助字理识字，观察字形，再猜雾和什么有关系，说说生活中有哪些雾，了解汉字的字形字义；在学习"顽"和"淘"两个字时，先让学生说识字方法，再借助汉字演变过程帮助学生理解字义。围绕一个点展开识字活动，让学生感受到了学习语文的快乐与简单，也收获了识字方法和字义。

（二）"清简"让学生获得实践的成就感

语文课如果被困在"教课文"的围墙之中，课文写什么我们就讲什么，那么教师在选择教学内容时就会缺少对提高学生语文能力的思考，导致上课前后，学生的语言文字运用能力没有太大的区别。有位教师在讲授《雾在哪里》时，出示课文最后一句话——"雾呢？不知道消失到哪里去了？"教师让学生交流雾形成的原因，然后教师把雾形成的物理过程用一段非常专业的文字解释给学生，最后教师善意地提醒学生下雾时要注意出行安全。这位教师选取的教学内容有利于学生的语文能力提升吗？

曹爱卫老师是这样选取教学内容的，舍弃了与语言训练无关的"雾的成因"，抓住文本中出现的语言结构，设计了一个语言训练活动，用填空的形式来说一说雾到海岸、公园、其他地方会怎么说、怎么做，有何变化。学生因为有表达支架，越说越熟练，越说越丰富，越说越快乐。这个教学内容，通过贴近学生生活情境的语言实践活动，既训练了学生的想象力，又夯实了课文自带的表达方法，扎扎实实地提升了学生的语言表达能力。

清简的教学内容，会让目标更明确、训练更充分，会让学生收获更多快乐、更多成长，真正地爱上语文课。

第二节　"清简"须转变

薛法根老师说："清简的语文教学需要实现两个转变：一是从'教课文'到'教语文'的转变，实现语文教学的华丽转身；二是从'教语文'到'育智能'的转变，这是语文教学的本真回归。"课文只是例子，例子的作用是用来培养语文学习能力、获得言语智慧的载体，而不是解读例子本身。

一、着力于培养学生语文能力

> 解读者
>
> 金莉，女，1985 年 9 月生，大庆市庆风小学语文教师，大庆市教学能手。她在学习组块教学的一年里，懂得了语文教学清简的关键是明确语文的任务是什么，那就是着重培养学生的语文能力。

薛法根老师指出："语文教学应着眼于语言的表达形式，着力于培养学生的语文能力。"我们只有转变以往对语文的认识，从课文中发掘学生真正需要的、有价值的语文学习内容去教授，才能真正培养学生的语文能力。

（一）寻找文本"精华"

在以往的教学中，我们经常是课文怎么写，我们就怎么教。"课文主要讲了什么内容，运用了什么样的修辞方法或写法，表达了作者什么样的思想感情？"这些好像都是每篇课文的"标配"，而文本中真正能提升学生语文能力的"精华"却经常被我们忽略了。

剥离纷繁复杂的课文内容找到清简的教学"精华"，要从转变对语文的认识开始。以《谈礼貌》为例，这是一篇议论文。课文引用了三个故事：牛皋与岳飞向老者问路、小朋友脚踩女青年的裙子、朱师傅理发时刮破周总理的脸，这三个故事的内容和道理，学生一看就明白。于是，有的老师觉得这篇课文没什么可教的；有的老师把讲礼貌的重要性作为重点，学生讨论了一堂课后才发现好像上的是思品课；有的老师展现了"真正"的技术，就议论文的三要素逐条分析：作者的论点是什么，他用了哪些事例来论证，最后的结论又是什么，于是一节议论文技术训练课就此诞生了。这三种教学究竟提升了学生什么语文能力呢？几乎没有。这是因为我们把目光仅仅停留在了课文内容上。就这篇文章而言，教学时，不仅仅要让学生关注文中"说什么理"，更重要的是让他们发现作者是如何做到"以理服人"的。这才能提升学生的表达能力，收获说理能力的"精华"。转变观念后，围绕需要提升的语文能力，我们找到了文本中真正有价值的教学内容。

这篇课文在段落结构上有别于一般的叙事性文章。作者在每个故事叙述之后，都用一句话来论述"为什么要讲礼貌"，作者运用的是"一事一议"的说理方式。所以，薛法根老师在执教这一课时，运用对比阅读的方式，让学生思考：作者为什么要写这三件事呢？作者仅仅是以事例来谈礼貌吗？作者在三件事之后说的三句话，都说了什么理？这三句话，所说的道理都一样吗？你还发现这三句话是怎么说理的？以此来引导学生找出三个故事中的相同和不同之处。在这些问题引导的过程中，学生的思维由浅入深，关注点从课文的内容转移到了表达形式。

任何一篇课文都承载着特有的能力"点"，只有从文本特点和学段能力培养目标出发，才能慧眼如炬找到"精华"所在。

（二）聚焦语言文字

如果还是一味"分析"，不顾"运用"，那么"清简"也只能是嘴上说说罢了。运用什么？运用语言文字。语文教师把目光聚焦在语言文字的运用上，才能真正提升学生的语文能力。

《雾凇》中有这样一段话："这蒸腾的雾气，慢慢地，轻轻地，一层又一层地给松针、柳枝镀上了白银。最初像银线，逐渐变成银条，最后十里长堤上全都是银松雪柳了。"教师在讲解时，一般会把目光聚焦在"比喻"上，"句中把什么比作什么？这样写的好处是什么？"学生不难回答，尤其是运用比喻的好处——生动、形象。语文能力提升了吗？薛法根老师在讲解这句话时，聚焦"白银"这两个字，让学生思考能不能把"白银"换成"白糖"或者"白漆"。学生通过颜色、质感、珍贵程度等方面的对比，很自然地体会到雾凇像白银一样珍贵，而珍贵的东西，人们都会珍惜、喜爱。作者运用这个比喻，不仅仅是形似，更多的则是赋予它以"情感色彩"。而一个"镀"字的置换，更是把徘徊在模糊感知层面的学生，提升到对词语运用的深刻理解层面。"镀"的过程与雾凇形成的过程相似，这个借用的"镀"字，给人带来了美感和不一样的境界。当把目光聚焦到语言文字的运用上，引导学生发现文章中的"点睛"之笔，并学着运用，这才真正提升了学生的语文能力。

看来，我们常常说的语文教学华丽转身，应从转变观念开始，从着力在课文中找到可以提升学生语文能力的教学内容开始。

二、落脚于培育学生言语智慧

解读者

高靓，女，1985年3月生，北京第二外国语学院萨尔图附属学校语文教师，大庆市优秀教师。她在学习组块教学的一年中，领悟到在深入研读文本的过程中，需要敏锐而准确地挖掘出文本中可以"化能为智"的教学内容。

薛法根老师指出："语文教学仅仅停留在对学生语文能力的培养上是远远不够的，因为学生具备了语文能力，也未必就能在生活中'化能为智'，获得言语智慧，从而更好地生活。"的确，激发学生的智慧潜能是语文教学的价值追求，发展学生的言语智能更是语文教学的独当之任。

（一）探求根本，以言生智

《真理诞生于一百个问号之后》是一篇议论文，教学目标是感悟独立思考、锲而不舍、追根求源的科学精神；学习用典型事例说清观点的写作方法；了解议论文的体裁特点。学生初识议论文，大多数教师都会认认真真把议论文的"论点、论据、论证"等常识讲清楚。除此以外，我们还要教给学生哪些有价值的内容呢？议论文重在启发学生思维，提高思辨与判断能力。如果学生惯性运用情感体验、内心感受等方法去阅读，就会陷入阅读的困境，找不到方向。这时就需要教师进行点拨与指导，教给学生合适的阅读方法，让学生越读越聪明。在学习课文时，学生并不存在理解障碍，不懂的是议论文引用事例与记叙文所写事件的差别。因此，薛法根老师在执教这一课时，巧妙地设计了"对比分析"的板块，抛出了一连串问题："文中引用的事例有什么相同之处？为什么要引用这几个事例？平时大家认为最重要的实验过程，作者为何只写了一句话？"层层深入的提问，让学生有了纵向思考，由表及里，懂得思考作者隐含的言语意图，并从中领悟不同的文体在表达上的差异，不同的论点在引用事例时的详略安排。

（二）辩证思考，以智启智

在《真理诞生于一百个问号之后》的教学中，薛法根老师处处流露着智慧，巧妙处理我们授课时关注不到的内容。

在科学史上，这样的事例还有很多，它说明科学并不神秘，真理并不遥远。只要你见微知著，善于发问并不断探索，那么，当你解答了若干个问号之后，就有可能发现真理。

当然，见微知著、善于发问并不断探索的能力，不是凭空产生的。正像数学家华罗庚说过的，科学的灵感，决不是坐等可以等来的。如果说，科学领域的发现有什么偶然的机遇的话，那么这种"偶然的机遇"只会给那些善于独立思考的人，给那些具有锲而不舍精神的人。

这是文章的最后两段话，乍看就是普通的总结性文字，没有什么特别。薛法根老师在执教这一板块时，却捕捉到了暗含的教学价值。他引导学生发现，这两段话表达的意思其实是不同的。前一段是说"发现真理并不难"，后一段却在说"发现真理并不易"。连续的引导、发问，让学生思考更为深入、更为透彻，最终懂得：说发现真理不难，是激励人们去不断探索；说发现真理不易，是告诉人们要独立思考、锲而不舍。学到此处，学生豁然开朗，原来文章的结论不但不矛盾，还蕴含着深刻的道理。学生在老师智慧的引领下，获得了一种言语智慧、一种辩证的生活智慧。

薛法根老师说："教育是以智慧启迪智慧。只有智慧的语文教师，才能创造出智慧的语文课堂，才能教出更加智慧的学生。"因此，我们在深入研读文本的过程中，需要运用"教学智慧"发掘出真正有价值的教学内容，以之引导学生开启"言语智慧"的大门，回归语文教学的本真。

第三节 "清简"须积淀

君子务本,积淀内修。对于语文教师来说,文化积淀是核心。深厚的文化底蕴和文学修养能让师者站在高处俯瞰语文教学,用一双慧眼,参透教材精髓,去粗存精,知取舍,懂进退。在学生思维阻塞时追问引领,理解偏颇时巧语纠正,教师的语言是潜移默化的点拨,是画龙点睛的提升,是言尽而意无穷的升华。积淀会让教师本身也变成教材的一部分,还学生魅力课堂。

一、清简中见底蕴

解读者

张丽娜,女,1974 年 3 月生,大庆市八百垧第一小学语文教师,大庆市语文学科先进个人。她在学习组块教学的一年里,懂得了教学工具的"清简"更见教学功力。

清简的课堂最见教师的功底。薛法根老师执教的《雾凇》一课,充分体现清简的理念,教学方法简便,教学媒介简单,"一支粉笔、一块黑板、一位老师、一群学生,没有小组合作学习,没有热闹的多媒体……",但是学生收获满满。

(一)教学方法见功底

我尝试做了薛法根老师《雾凇》一课的翻版课,修改了教学设计,导入环节,添加了当时自认为完美的补充,搜集了千姿百态的雾凇图片,配上动听的乐曲,精心制作成美丽的风光片。课堂上的确吸引了学生的目光,但在后面的教学中感觉越来越吃力,学生始终没有畅所欲言的状态。课后反思领悟,学生只是通过视频、图片来了解雾凇,缺少对文本语言文字的品读与理解，就很难进入情境，很难建立经验与文本的链接，缺少探究兴趣。而在薛法根老师的课堂上，他用似乎很乏味的听写方法，听写了"饱和的水汽""雾气""霜花""雾凇"四个词语，既巩固了字形，又了解了雾凇形成的过程，以及它们之间的关系，激发了学生要了解雾凇的愿望和阅读课文的冲动。薛法根老师用最简洁的教学方法，在听写、品读词语中，紧扣文章的主题，完成了导入环节的预期目标。简单有效的教学方法的运用，靠的是教学经验的积淀。

（二）文本解读见功底

品读感悟语段："这蒸腾的雾气，慢慢地，轻轻地，一层又一层地给松针、柳枝镀上了白银。最初像银线，逐渐变成银条，最后十里长堤上全都是银松雪柳了。"我借助多媒体课件展示了不同形态的雾凇图片，学生虽然从视觉上了解了雾凇的美，而作为语文课，老师却忽略了对学生品词析句能力的培养。这同样不是语文课应该有的样子。而薛法根老师则先指导学生有感情地诵读，然后逐步引导学生抓住"银线、银条、银松雪柳"这几个词语细细品读，结合想象，来了解雾凇的不同形态及变化过程，再对这个比喻做深入解读，强调"白银"，为何不比作白盐或白糖。比较之下，学生就发现了作者比喻的"情感色彩"，用"白银"作比，表达了作者的喜爱与赞美之情。学生在诵读、品词的基础上，体会了雾凇的独特之美，提升了语言文字的感悟能力。看似简单的问题，是薛法根老师解读文本功底和文学底蕴深厚的体现。

一堂成功的语文课不取决于教师的穿着打扮、课件的精美和花样频出，而是取决于教师的业务素养，也就是我们常说的教学功底。如果说语文教学是沟通学生和语文素养的桥梁，那么语文教师的内功就是桥墩，只有用不断地阅读、研究、实践去积淀内功，学生才能顺利抵达幸福彼岸。

二、清简背后的不简单

解读者

刘琼，女，1980 年 9 月生，大庆市奥林学校语文教师，大庆市优秀教师。她在学习组块教学的过程中，逐渐懂得清简的课堂会让学习更加轻松，让目标达成变得更加容易。

组块教学的"清简"之风让课堂充满了魅力。清简的教学目标、一举多得的教学活动、简便的教学方法，让学生在轻松的学习中获得了能力的成长。清简的课堂看似简单，但是很不容易实现，清简的背后凝聚着深厚的积淀——教学思想、教学智慧，以及对课标、学生、教材的深入研究和解读。

（一）清简目标背后的不简单

教学时间有限，教学内容不可能面面俱到，所以目标要清晰简明，做到"一课一得"，让整节课力量集中，让学生学得充分和扎实。而教学目标的取舍要从吃透课标、研究教材开始，然后才能知晓这节课"教什么""教到什么程度"。

《火烧云》是三年级下册的一篇课文，所在单元是以"探索世界的奥秘"为人文主题，"了解课文是从哪几个方面把事物写清楚的"是本单元的语文要素。针对这一要素，教材编排了充分的学习活动，本单元前两篇课文《我们奇妙的世界》《海底世界》，引导学生思考课文分别是从哪几个方面把事物写清楚的；第三篇课文《火烧云》，是本单元的最后一篇课文，引导学生思考课文写了火烧云的哪些特点，起到对前面所学知识、技能的巩固和提升的作用。仅仅了解火烧云的特点就够了吗？再看统编版教材的编排体系，在三年级上册就提出了进行"尝试把观察到的事物写清楚"的训练，在三年级下册已经涉及"把事物的变化过程写清楚"的训练，所以薛法根老师基于对单元及学段目标的理解，摒弃了那些只见景美、情美，不见言美的教学目标，将本课的教学目标定位为：通过感受优美生动的语言，学习作者是如何观察和写清楚变化的景物的。在教学中，他紧紧围绕这一教学目标，通过对火烧云光、颜色和形状变化的学习，让学生巩固了从几个方面清楚地描写一种事物的方法。

（二）清简教学活动背后的不简单

通过一个教学活动可达成多个教学目标，这就是高效的教学。以薛法根老师执教的《风娃娃》一课的导入板块为例，感受其中的妙处。

导入板块：以"风"导入，归类风种

1. 交流生活中感受到的风

（1）师（板书：风）：这个字，小朋友们认识吗？一起读。

（2）师：风，我们在生活当中能感觉得到，你知道有哪些风？

　　生：微风（真好）。

　　生：台风（很棒）。

　　师：（学生想不出来了，沉默）这时候没有声音，叫无风。

2. 风的词语分类

师：刚才小朋友说了很多带风的词，我们把它归类一下好不好？我们读一读，按照时间，春天来的风叫——春风，秋天来的风叫——秋风，早晨来的风叫——晨风。按风向，按温度，按风力……（学生读老师出示的词语）你看，我们可以把有关风的词语进行归类，明白了没有？

3. 读课题，明文体

师：今天我们要学的课题呀，后面还有两个字，（板书：娃）这个字念——娃，（板书：娃）连起来念——娃娃。我们上海人，叫娃娃不叫娃娃，叫什么？（板书：囡囡）

今天我们学的课题叫——风娃娃。风娃娃，风很小的时候，像小朋友一

样的时候，我们叫它——风娃娃。在童话故事里，风有名字，我们叫风娃娃，太阳我们称它——

　　生：太阳公公。

　　师：月亮我们称它——

　　生：月亮婆婆。

　　在这一板块中，薛老师围绕课题的"风"字，展开5分钟的字词教学活动，先结合生活组词，再引导分类积累词语的方法，最后给"风"确立童话世界中"娃娃"的身份，引入课文学习。由组词到分类促进了儿童思维方式转变，进而运用组块原理自觉发现并建构语文知识间的内在联系，发展学生言语智能。对"风娃娃"这个词的处理，也是对童话这一文体特征的渗透，并提出"太阳""月亮"这两个非常典型的"童话"形象，让文体意识巧妙又无痕地扎根在二年级的学生心里，为后面的教学提供了基础。短短五分钟时间的课堂导入，看似简单，但一举多得，真正体现了清简教学活动背后的不简单。

（三）清简教法背后的不简单

　　薛法根老师的课时时、处处都在告诉我们，最简单的教学方法就是最好的。删繁就简，会让学生的学习思路更加清晰、学习效果更加理想。然而看似简单的教学方法，是深思熟虑后的产物。

　　有位老师在教学《火烧云》时，为了让学生读懂"火烧云形状的变化"，提问："天空中出现了什么？是什么样的？怎样变化的？"几个连续问题引导学生了解作者的观察顺序。前两个问题在文本中是一目了然的，学生纷纷举手，到了"怎样变化的"这个问题时，课堂一下子沉寂下来。为什么看似有梯度的问题，却无法引发学生继续思考？薛法根老师在处理这一教学板块时，选择了最简单的教学方法。他首先让学生欣赏图片，让学生在感受颜色美的同时，直观地感受火烧云形状的多样及变化；接着朗读课文，引导学生理清作者的写作顺序，作者先写什么，后写什么；最后总结作者是怎么写的。而不是上面那个让课堂沉默的问题——"怎么变化的?"两个问题有什么不同?一个是还没发现变化就要找变化的方法，一个是自己去发现"变化"。懂得"符合认知规律"是找到简便方法的基础。

好的教师成就好的课堂，好的课堂成就好的学生。那么，做一个好的教师吧，认真地阅读、不断地实践和刻苦地研究，自己变得简单了，课堂就会清简起来。

第五章 组块教学的实践运用

语文教学的教学内容首先要发掘，而后是根据学生的学习需要、学习发展的可能性进行选择、整合，并精心设计学习板块，让我们的学生在综合性的语文实践活动中，获得和谐发展！

本章节部分教学实录附有真实课堂教学视频片段，请扫码观看！

第一节　明确价值，重组内容

教材的教学价值具有内隐性和无序性，所以薛法根老师说："语文教学的教学内容首先要发掘，而后是根据学生的学习需要、学习发展的可能性进行选择、整合，并精心设计学习板块，让我们的学生在综合性的语文实践活动中，获得和谐发展！"如何去发掘这些"内隐"的教学价值，重组"无序"的内容为学习板块？也许就是"用儿童的眼光来解读""用教学的眼光来审视""用生活的眼光来选择"。我们在选择、整合、设计的过程中必然会历经"只在此山中，云深不知处"的迷惘、"众里寻他千百度"的执着求索、"柳暗花明又一村"的惊喜，也只有历经这些，我们的课堂才可能滋养学生的成长。

一、字词教学，组合有法

> **解读者**
>
> 马兴术，女，1972 年 7 月生，大庆市奥林学校副校长，曾获大庆市语文学科先进个人。她在学习组块教学的过程中，懂得字词教学目标更好的达成，需要融入朗读、积累、表达等训练目标，合理重组成更大的记忆组块。

美国心理学家乔治·米勒提出，短时记忆容量不多于 7 个记忆单位，就比较容易记住。所以，在教学中应找到零散教学点之间有意义的联系和内在的规律进行重组，减少单位数量。例如，《笠翁对韵》《三字经》等，将零散字词单位整合成有含义的语句单位，朗朗上口，容易识记。字词教学，受到启发，不仅可以从音、形、意、结构的联系入手，也可以从扩词、字理、运用等方面的联系上进行重组。

薛法根老师在执教《我和祖父的园子》时，首先听写了三组词语。第一组：蜜蜂、蝴蝶、蜻蜓、蚂蚱；第二组：玉米、黄瓜、倭瓜、韭菜、谷穗；第三组：栽花、拔草、下种、铲地、浇菜。这三组词语数量多，但是因为分别按照昆虫、农作物、干农活归类重组，学生记忆和运用起来都变得容易了。字词教学，不仅可以归类重组，还可以与训练目标进行重组，与朗读、积累、表达等融合后，相互渗透，让学生学得更轻松、更充分。

我们以一年级上册《秋天》一课为例，探讨字词教学的重组实践策略。

[教材课文]

秋天

天气凉了，树叶黄了，一片片叶子从树上落下来。

天空那么蓝，那么高。一群大雁往南飞，一会儿排成个"人"字，一会儿排成个"一"字。

啊！秋天来了！

（选自统编小学语文一年级上册）

（一）解析字词

依据教材编写意图，确定《秋天》的识字目标，认识"秋、气"等10个生字和木字旁、口字旁等3个偏旁；会写"了、子"等4个字和横撇1个笔画。围绕目标，运用"组块识记"，对生字进行分析、重组。低段识字板块内容的重组，可以根据读音归类、字形归类、结构归类、联系归类，也可以根据文章学习的需要进行其他方式归类重组，方式多种多样，可灵活选择。

文中10个生字分别是"秋、气、了、树、叶、片、大、飞、会、个"。首先，从字的结构分类，可以分为独体字和合体字。独体字：气、了、片、大、飞、个。合体字：秋、树、叶、会，其中"会"是上下结构，其他三个是左右结构。其次，从词性的角度分类，"片"和"个"都是量词，可以扩充组词"一片"（一片片）、"一个"（一个个），可以采用图解识字的形式学习。再次，从带有熟字的角度分类。"树、叶、大"这三个字里面都有学生以前学过的生字，可以采用揭示字理、关注偏旁、熟字加一加等方法学习识字，让学生通过对比发现字变偏旁以后所发生的变化。最后，从字的联系分析。"树叶"是词语，可以有大有小，"大"可以对着"小"来学习。在《秋天》这篇课文之前，学生已经学习了《对韵歌》，"大"对"小"也正好是一组反义词，对于学生来说没有陌生感，可以借助生活经验来学习。这一课中还有四个需要学生会写的生字"了、子、人、大"。它们两两之间都有相同的笔画，既有联系，又有区别。像这样充分了解要教的生字，才能为"重组"做好准备。其实，我们还可以有很多方法对这几个字进行归类。

（二）重组字词

对于重组教学内容，薛法根老师给了建议，"组块可以是字，也可以是词、词组，甚至可以是句子。所以在形成组块的过程中要将小的组块合并为大的组块，以减少组块的数量，增大总的记忆容量"。他执教《小露珠》一文时，为了降低朗读短语"像钻石那么闪亮的小露珠"的难度，由易到难重组短语。

小露珠

闪亮的小露珠

透明的小露珠

圆润的小露珠

像钻石那么闪亮的小露珠

像水晶那么透明的小露珠

像珍珠那么圆润的小露珠

学生通过重音、停顿的朗读训练，感受到了语气的差异，也感受到了小露珠的可爱。把有联系的短语组合在一起，学生在读的过程中很容易发现这些句子结构相同，于是在朗朗上口中熟烂于胸。那么《秋天》一课的字词教学，就要从找到字、词、句之间的联系入手。

从题目中的"秋"入手，这个字是学生熟悉而陌生的，熟悉的是生活中的秋天，陌生的是"秋"的故事。"秋"最早被发现是在甲骨文上，有人说

甲骨文的 🦗 字像一只蟋蟀，蟋蟀八月成虫，九月活跃，是秋天里有代表性的昆虫，而且"秋"的读音与蟋蟀的叫声相似，因此古人称蟋蟀鸣叫的季节为"秋"。这个故事激发了学生了解"秋"的兴趣。再看字形，从甲骨文的角度分析，左边是"禾"，表示庄稼丰收，右边是"火"，表示收割后烧掉秸秆准备明年再种，这就是"秋"。根据时间和气候可以组成词串一：初秋、中秋、深秋；词串二：秋风、秋雨；再说说对秋风、秋雨的感受，根据温度变化，引出"天气"一词。由易到难，把有联系的单位组在一起，形成一个记忆"组块"。学生不仅认识了"秋"字，还积累了汉字常识、识字方法，更是在原有生活经验的基础上对秋季有了新认识，为进一步学文做好了准备。

单字教学的重组是纵深式，那么多字教学重组就可以是横联式。"片"和"个"组在一起，学生可以在比较中发现构词规律：一片（树叶）、一个（问题），一片片（树叶）、一个个（问题），是从单数到复数的变化。接下来继续，一条条、一张张、一朵朵、一颗颗、一群群等等，学生就会发现量词叠用的秘密。在偏旁部首的学习时，也进行了有效重组。"树"由"树干、树枝、树叶、树根"几个部分组成，学生在认读"树、根、枝"这几个字时，能够发现它们都是"木"字旁，这里可以运用熟字加一加，关注偏旁变化的识字方法。同样，在写字指导上，可以把"了、子""大、天"分别组在一起，侧重指导书写"了、人"，学生再通过观察比较，自主练写"子、大"。采用分类比较或对比的横联式重组，相当于彼此资源共享，事半功倍。

（三）聚焦目标

重组的方式可以是多种多样的，无论怎样进行资源重组，都要抓一个核心问题，那就是依据教学目标进行重组。成尚荣先生说："教什么的问题是要求聚焦的。"内容整合了，目标集中了，教师的教和学生的学才能变得更清晰明了。《秋天》这一课除了识字目标，还有另外两个目标：读好"了、子"轻声和注意"一"的变调，并背诵课文全文；结合生活观察，能说说秋天的景物特点。所以，识字教学还要依据目标，重组相关教学内容。

　　若识字教学仅仅进行识字，不仅浪费了"组块"优势，也违背了语文教学的规律。语文是一门综合实践学科，"综合"进行语言文字运用能力的培养才是教学之道。所以，聚焦目标，可以将识字与朗读结合起来。为了将识字和朗读目标结合起来，学习"了""子"时，借助图片出示长句子"天气凉了，树叶黄了，一片片叶子从树上落下来"。先读词"凉了、黄了"，强调轻声，再把词放到句子里指导前半句的朗读。而后，结合学生生活经验，设计了"秋天到了，（天空更蓝）了"的句式，练习朗读轻声。再出示课文句子填空：天气＿＿＿＿＿＿＿＿，树叶＿＿＿＿＿＿＿＿，＿＿＿＿＿＿＿＿，叶子从树上＿＿＿＿＿＿＿＿。由易到难，由简单到复杂，通过分解长句，读好了停顿，引起学生对"一"读音的注意，巩固学习成果。这样的资源重组，达成了识字、朗读和背诵的目标，可谓是一举多得。

　　识字和表达目标的结合也不能被忽略。识记"飞"时，出示句子"一（群小鸟）飞"。反复复现"一"的读音，训练朗读，强化记忆。再借助图画，用语言图式"秋天来了，什么怎么样了"进行表达训练。先改写课文中的原句，"秋天来了，大雁南飞"。再借助生活经验，学生可以说说自己看到的秋天："秋天来了，小松鼠开始冬储了。""秋天来了，庄稼成熟了。""秋天来了，我们可以做树叶贴画。"教师还可以继续引导学生说出："秋天来了，一（片片树叶黄）了。""秋天来了，一（片片叶子落）了。""秋天来了，一（群群大雁南飞）了。"……一个个生动有趣的"秋天"，在语言图式的帮助下栩栩如生。这个过程中，轻声"了"的朗读和"一"的变调，叠词的运用在表达中不知不觉得到了强化训练。识字、朗读、表达训练在学生喜爱秋天的人文浸润中悄然结合。

　　识记字词教学是低年段的重头戏，要想把"戏"演好，就要善于发现和建构有意义的"组块"，不仅要合"理"重组，更要依"标"重组。学生借助已有的知识经验，在联想、迁移中使记忆单位再一次增容，从而提高了识记效率和效果，同时教师也能有效帮助学生积累自主识字的方法和经验。

[**教学实录**]

实践者

　　姜云影，女，1987 年 8 月生，大庆市世纪阳光学校语文教师，"全国组块教学联盟大庆工作站"骨干教师。她在反复研读和实践组块教学的策略的基础上，懂得运用重整策略建构适合学生学习的"组块"是上好课的关键。

板块一：集中识字，读好轻声

师：（板书"秋"，师领读）"秋"这个字，你怎样记住它呢？

生：它是"禾"字旁，同"火"加在一起就是"秋"。

师：你用偏旁加熟字的方法记住"秋"。

师："禾"字旁与"秋"有什么关系吗？

生：因为秋天庄稼丰收了，就有"禾"。

师：说得对，秋就是指禾谷成熟的季节，所以这个字和"禾"有关。

生：秋里的"火"我猜是秋天庄稼成熟了，颜色像火。

师：猜得也合理，老师给大家讲一讲"秋"的故事，谷物丰收过后，农民伯伯要用火将剩余的秸秆烧掉，顺便消灭害虫。所以"秋"字里面有"火"，来齐读——（生齐读"秋"）

师：我们平时喜欢称秋季为秋天，今天我们学习一篇题目叫《秋天》的课文。（师在"秋"后书写"天"，生齐读课题"秋天"）

师：一年十二个月，春夏秋冬四个季节，每个季节通常要经历三个月的时间。一个季节往往有三个名字，你们想知道吗？

刚刚进入秋天的那个月，我们称为"初秋"（屏幕出示），下一个月"中秋"（屏幕出示），我们吃月饼、赏明月的中秋节就在这个月，最后是"深秋"（屏幕出示）。请你来领读。

（生看屏幕领读词串：初秋、中秋、深秋）

师：春天呢？

生：初春、中春、深春。

师：春天的三个名字是"孟春""仲春""暮春"（出示）。有变化。夏天呢？冬天呢？它们都有自己的叫法，是中国古人给它们起的名字，是有规律的。你们一定要回去好好查一查这个规律是什么，互相交流一下。

师：秋天按时间分了三个时段，秋天按照天气变化还会有不同景色，刮风时（生齐答：秋风），下雨时（生齐答：秋雨），秋风、秋雨会带给我们什么感觉呢？

生：凉快。

生：凉爽。

生：冷。

师：你们感受的都是温度，但"冷"和"凉"有很大不同，哪个用来说初秋的温度，哪个用来说深秋的温度呢？

生：初秋，刚刚结束夏季，刮的风是"凉"爽的，等到深秋时风就感觉"冷"了。

师：由凉变冷，这就是秋天的变化过程，是天气特点。（出示"天气"词卡）一起来读这个词语。

生：（齐读）天气。

（生分组齐读，师板书：天气）

师：秋风中我们可以看见飘落的叶子。所以有人说，秋天是乘着叶子飞到我们身边的。

（师举起一片黄叶停留在学生面前，众惊喜）

师：你们看老师手中的叶子，它小小的，薄薄的，轻轻的，这是？（屏幕出示：一_____叶子）

生：一片叶子。

师：所以"片"字是可以用来修饰轻轻的、小小的、薄薄的东西。生活中什么东西，我们也可以用"一片"来修饰。

生：一片雪花。

生：一片荷叶。

生：一片花瓣。

生：一片纸。

生：应该是一张纸。

师：一张纸，对不对？

生：（坚定）对！

师：一片纸，对不对？（生犹豫中）

师：（从一张纸上撕下一个小角，举起来比较）这样完整的我们叫一张纸。撕下来的不完整的，比较小的我们称为一片纸。"片"用来修饰相对小的东西。

师：秋天里树上落下的不止一片叶子，（出示动态落叶图）你看很多叶子不停地从树上往下落，一片一片接着一片，能不能用个更简单的词描述呢？

生：一堆叶子。（众笑）

师：你说得也没错，但那是落下后聚集在树下的落叶，我们可以说"一堆落叶"。那正在一片接着一片飘落下来的，用刚刚学的"片"说——

生：一片片叶子。

师：对了，一片片叶子多不多？

生：（齐说）多。

师：一片到一片片，量词叠加就可以表示从"一"变成"多"，很神奇啊！今天的生字里还有"个"字，也可以这样叠用，你发现了吗？

生："个"字，"一个"表示"一"，"一个个"就表示"多"。

师：你真善于发现、总结。奖励你和老师玩一个小游戏，就是我说"一"，你说"多"。

师：我们班的女孩子特别漂亮，像一朵花。（生笑）

生：一朵朵花。

师：我夸夸我们班的男孩子，坐得笔直，像一棵小树。

生：一棵棵小树。

师：老师发现你笑了，这是一张笑脸，你们都笑了就是？

生：一张张笑脸。

师：我们神奇的发现来自一片树叶，来齐读。（出示"树叶"词卡）

生：（齐读）树叶。

师：每天长一寸，就是"木又寸"，最终形成了一棵"树"（出示树的绘画图）

师：你能将"树干、树枝、树叶、树根"这几个词语放置在这棵树的相应位置吗？

生：从下到上依次是：树根、树干、树枝、树叶。

（全班齐读词语）

师："树、根、枝"这三个字里都有"木"，我们叫它"木字旁"。（出示木字旁）那我们来猜一猜，"木"字旁的字和什么有关？

生："木"字旁和"树"有关系。

师：树是一种？

生：植物，"木"字旁的字应该和植物有关系。

师：猜得很准，观察更要细，"木"作为偏旁的时候，笔画有什么变化吗？

生：我发现"木"的捺，变成了点。

师：是不是字在做偏旁的时候字形一定有变化呢？我们来看看本课的其他合体字。（出示"叶、会"）

生："叶"是由"口"和"十"组成的，"口"是偏旁，变小了。

生："会"是由"人"和"云"组成的，"人"是偏旁，变扁了。

师:"叶"中变小的"口"我们叫它"口字旁","会"中变扁的"人"我们叫它"人字头"。

(师举词卡,生齐读"树叶",师板书:树叶)

师:把刚刚学习的字和词组合在一起,就是一幅秋天的图画。读一读。(出示课文第一自然段:天气凉了,树叶黄了,一片片叶子从树上落下来)

(生自由读)

师:我请一位同学读一读这幅美丽的图画。

(一生读句子)

师:读得很流利,而且你注意到了"了"和"子"在这句话里怎样读,和大家说一说。

生:这两个字都没有音调,应该读轻声。

师:轻声要读得轻而短,再读给大家听。(出示"凉了、黄了、叶子")

师:把轻音读好,这幅画就会变得更美。谁再来读?

生:天气凉了,树叶黄了,一片片叶子从树上落下来。(轻音正确,最后一个分句,断句有误)

师:一片片叶子从哪落下来?

生:从树上落下来。

师:请你再来读。

(生读句子正确流利,众生鼓掌鼓励进步)

师:读得多好,我们像他这样不拖长声,读好轻音,读好停顿。

(生齐读)

师:秋天来了,大自然会发生变化,用上刚刚学过的词语来说一说变化吧!用上"秋天来了,_____了"。(出示词语:天气 树叶 一片片 叶子)

生:秋天来了,天气凉了。

生:秋天来了,树叶黄了。

生:秋天来了,一片片叶子落下来了。

师：好一幅秋天落叶图，再来回忆一下这变化之美。

（出示：天气＿＿＿＿＿，树叶＿＿＿＿＿，一片片叶子从树上＿＿＿＿＿。）

（生齐读填空）

设计意图

　　以识字为核心目标，融入朗读和表达训练，将"秋"字作为线索，采用了分类、关联的方式集中识记生字"树、叶、会、片、个"，巩固了揭字理、熟字加一加、关注偏旁的识记字形方法，也感受了联系生活、结合课文、练习语用、感知偏旁表义等理解字义的方法。

板块二：语境识字，读好变调

师：秋天还会发生什么奇妙的变化呢？我们到课文里看看。

（生自由读文）

师：通过读文，你知道了，秋天还会发生很多奇妙的变化，用"秋天来了，＿＿＿＿＿了"再来说一说吧。

生：秋天来了，天空更蓝了。

生：秋天来了，天空更高了。

生：秋天来了，大雁往南飞了。

（师补充板书：天空　大雁）

师：（出示：雁阵高飞动态图）天空中的大雁是出色的空中旅行家。每当秋冬季节，它们就从老家西伯利亚一带，成群结队、浩浩荡荡地到我国的南方过冬。几千公里的漫长旅途，它们靠这个有翅膀的字（出示"飛"），它就是？

生：飞。

师：你是怎么猜出来的呢？

生：这个字和屏幕上飞的大雁很像，我就猜"飞"。

生：我也猜是"飞"，我想到以前学"日月水火"这些字，是象形字，这个字也应该是象形字。

（出示"飞"由篆体到简体字的演变）

师：猜得对，有理有据，"飞"原就是指鸟类或虫类等用翅膀在空中往来活动。请你也做一下这个动作。

（生挥动双臂，做飞状）

师：你这是什么飞？（出示：一＿＿＿＿＿＿飞）

生：一群小鸟飞。

生：一只蜻蜓飞。

生：一只蝴蝶飞。

生：一架飞机飞。

生：一只风筝飞。

师：一群大雁怎么飞？

生：一群大雁往南飞，一会儿排成个"人"字，一会儿排成个"一"字。

（屏幕出示）

师：你们说话，你们读文，里面好多"一"，可它太调皮，音调总在变，快去读准它。（隐去句子其他字，只显示带"一"的词：一群大雁　一会儿　"一"字）

（众生自由练习）

师：同学们，现在把这三种读音送回句子中，请你和同桌分别给对方读一遍这个句子，合作把这句话读好。

（众生练习，师巡视，指导小组合作读）

师：哪组展示一下合作的结果？

生：我们组一起读。（齐读句子）

师：听出来了，你们的气势就是"一群大雁在飞"，读得整齐，飞得"最团结"。

生：我们分工读。（每人一个分句读）

师：你们按队形的变化分工读，飞得"有默契"。

师：老师也忍不住想和大家一起去送别大雁了。（看图引导背诵）你们看，天空那么蓝，那么高！

生：（接）一群大雁往南飞，一会儿排成个"人"字，一会儿排成个"一"字。

师：秋天的变化在课文里，读课文，我们可以一个自然段一个自然段地去读，去品味。怎么划分自然段呢？

生：开头空两格的，就是一个自然段。

师：对的，（屏幕演示）像这样在开头空两格的一段话，就是一个自然段。我们来一起数一数，这篇文章一共有1、2、3，三个自然段。请你标注清楚。

（生在书上标注自然段，师巡视，检查标注是否正确）

师：老师发现你们标得又准又快，（指生）奖励你来读第一自然段，你来读第二自然段，你来读第三自然段。

（3人分自然段读课文）

师：秋天的树叶、天气、天空、大雁的变化课文里都说了。课文里没说的呢？秋天会有什么变化，让我们到插图里去找一找秋天。

生：插图里有一只小松鼠。它在采集松果，准备过冬天。

师：松鼠收集松果，以备过冬之需，这样的行为叫——冬储。

（出示：秋天来了，_____了）

生：秋天来了，小松鼠开始冬储了。

师：还有呢？（生犹豫）在图里再看看。

生：秋天来了，庄稼成熟了！

师：真好，还有呢？（生答不上来）让你的思绪"飞"得再远一些，到你的生活里找找？

生：我会去扫落叶。

师：真勤劳。秋天来了，你去扫落叶了。还有吗？

生：没有了。（笑）

师：应该还有。

生：秋天来了，我可以做树叶画了。

师：多好呀。请坐！

（学生们跃跃欲试）

师：一起来分享你的秋天趣事吧！

生：秋天来了，我可以在落叶堆里打滚了。

生：秋天来了，我可以捡好看的树叶做书签了。

生：秋天来了，我可以写诗了。

师：诗人就是这样诞生的！

生：秋天来了，我可以刨土豆了。（众笑）

师：土豆藏在地下，的确要"刨"，有生活经验。

生：秋天来了，我可以赏月了。

师：的确，春花秋月，美景不可辜负。

生：秋天来了，我可以吃螃蟹了。

师：美食不可缺。

师：秋天有美景、有美食、有美事，但最离不开发现美的你们。四季变换，各有特点，我们以后可以多多留心周围的变化，发现美，记住美，说出美。

师：请同学们参照板书和大屏幕上的课文插图再来完整地背诵一遍《秋天》，铭记美。

（生齐背诵课文）

设计意图

　　在巩固识字方法的基础上，以感受"情境"识字为目标，融入朗读、背诵、表达等训练目标。借助图形和字形之间的类比关系识记生字"飞"，通过做动作、说短语的方式理解字义。最后融入变调的朗读训练，复现生字，强化记忆，并结合扩词、说句的方式再一次夯实字词积累。

二、朗读指导，悄然无痕

解读者

　　马兴术，女，1972 年 8 月生，大庆市奥林学校副校长，曾获大庆市语文学科先进个人。她在学习和实践组块教学中，懂得了朗读指导在阅读教学中作为核心与其他训练目标组合，会达到更好的学习效果。

朗读是语文学习的重要内容，《义务教育语文课程标准（2011 年版）》强调："要加强朗读的训练，要把正确、流利、有感情地朗读课文贯穿于各个学段之中。"朗读教学从来不是独立的教学内容，徐世荣先生说："讲解是分析，朗读是综合；讲解是钻进文中，朗读是跃在纸外；讲解是推平铺开，朗读是融贯显现；讲解是死的，如同进行解剖，朗读是活的，如同赋予作品生命；讲解能使人知道，朗读更能使人感受。因此，在某种意义上讲，朗读比讲解更重要。"在组块教学理念下，"读悟结合"让朗读与讲解相得益彰地落到了实处，各自润物无声。我们用二年级上册《狐狸分奶酪》一课小试牛刀。

[**教材课文**]

狐狸分奶酪

熊哥哥和熊弟弟在路上捡到了一块奶酪，高兴极了。可是，他们不知道怎么分这块奶酪，小哥儿俩开始拌起嘴来。

这时有只狐狸跑了过来。

"小家伙们，你们吵什么呀？"狐狸问道。

"我们有块奶酪，不知道该怎么分。"熊弟弟对狐狸说。

"这事好办，我来帮你们分吧！"狐狸笑了笑，把奶酪拿过来掰成了两半。

"你分得不匀！"小哥儿俩嚷着，"那半块大一点儿。"

狐狸仔细瞧了瞧掰开的奶酪，说："真的，这半块是大一点儿。你们别急，看我的——"说着便在大的这半块上咬了一口。

"可是现在没咬过的那半块又大了一点儿！"两只小熊又嚷了起来。

于是，狐狸在那半块上又咬了一口，结果第一个半块又大了点儿。狐狸就这样不停地咬着两半块奶酪。咬着咬着，奶酪全被他吃光了，一点儿也没剩下。

"你可真会分！"两只小熊生气了，"整块奶酪都被你吃光了！"

"小熊，我分得可公平啦！"狐狸笑着说，"你们谁也没多吃一口，谁也没少吃一口。"

（选自统编教材小学语文二年级上册）

（一）明确目标

朗读由形、神两元素组成，"形"是声，指音质、语气、语调；"神"是境，指情感、态度、角色。声到境出，这是朗读训练的目标。《义务教育语文课程标准（2011年版）》里的朗读训练目标始终围绕三个关键词——"准确、流利、有感情"，这三者彼此是孤立存在，还是关联存在呢？准确，有读音准确、语气准确、语调准确的"形"准，也有情感准确、态度准确、角色准确的"神"准；流利，有停顿、重音、语速恰当的"形"流利，也有语意理解的"神"流利；

有感情，是"神"，但需要"形"来呈现。这样看来，在各个学段的朗读指导中不能割裂"形""神"，更不能片面理解"准确、流利、有感情"的内涵。

朗读教学，要根据学生认知水平和文本特点有针对性地定具体目标。如，读准确，可以明确为读准"一"的变调；读流利，可以明确为读好长句中的语意停顿；有感情地朗读，可以明确为读出饱满的赞美语气。这样明确、具体的目标，会让朗读指导更有实效性，在日积月累中提升学生的朗读水平。《狐狸分奶酪》选自统编教材二年级上册第八单元。这篇课文讲述了两只小熊为了分一块奶酪拌嘴，狐狸来帮忙分，由于小熊哥儿俩对狐狸分的奶酪大小不匀有意见，最后奶酪被狐狸全吃光了的故事。这个故事是一篇寓言式童话，想象丰富，语言幽默，采用对话形式推进情节发展，刻画出一只狡猾、奸诈的狐狸形象。所以，此篇文章是一个很好的指导朗读范本。结合课程标准要求，朗读目标可以确立为"能分角色朗读课文，读懂故事内容"。二年级学生有了一定的朗读基础，通过自读训练基本能达到读准字音，但是要读准角色的语气、语调，还需要教师在文字的情感、态度上做好指导。读懂故事了，才能实现分角色读好课文；分角色读好课文了，对故事的理解就加深了。"形""神"结合，朗读训练才能做好。

（二）寻找资源

在教学前，教师首先要在文本中搜集利于达成教学目标的资源，将其有效整合，设计成有梯度的教学活动，真正依托课文这个"例子"提升学生的语文素养。这篇课文的朗读训练资源就藏在狐狸和小熊的对话里，应该如何利用呢？当我们的头脑里有了"组"的理念后，就可以根据训练目标，把狐狸和小熊的对话进行分类重组。

附：狐狸说的话

第一次："小家伙们，你们吵什么呀？"狐狸问道。

第二次："这事好办，我来帮你们分吧！"狐狸笑了笑，把奶酪拿过来掰成了两半。

第三次：狐狸仔细瞧了瞧掰开的奶酪，说："真的，这半块是大一点儿。你们别急，看我的——"说着便在大的这半块上咬了一口。

第四次："小熊，我分得可公平啦！"狐狸笑着说，"你们谁也没多吃一口，谁也没少吃一口。"

狐狸的语言里有三个可以利用的资源。一是描写神态的词，"笑了笑""瞧了瞧""笑着说"；二是描写动作的词，"吵""掰""咬"；三是标点符号，问号、叹号、破折号。这些都是指导学生朗读时可以凭借的抓手，不可小视。

附：小熊说的话

第一次："我们有块奶酪，不知道该怎么分。"熊弟弟对狐狸说。

第二次："你分得不匀！"小哥儿俩嚷着，"那半块大一点儿。"

第三次："可是现在没咬过的那半块又大了一点儿！"两只小熊又嚷了起来。

第四次："你可真会分！"两只小熊生气了，"整块奶酪都被你吃光了！"

在小熊的语言里，提示语"嚷着""又嚷""生气了"，表达了小熊内心的变化。依托资源，读出情感体验，读懂故事，自然就能读好对话的角色感。

（三）理清思路

设计有效的教学活动，才能真正促进达成教学目标。为了让学生朗读对话时有角色意识，就要走进人物，首先了解人物关系，再弄懂人物心理，最后领悟人物特点。所以，朗读训练必须与其他教学内容融合并行，即与识字、学词、积累、表达等活动组合建构成有序的教学板块。以读好狐狸说的话为例。

1.出示狐狸说的第一句话："小家伙们，你们吵什么呀？"狐狸问道。抓住关键词语"小家伙们"，与"小朋友们"作对比进行示范朗读，随文识记"吵"字，用刚刚学习过的词语"拌起嘴"替代；指导问号的朗读，注意语调上扬。这个句子的教学，采用对比称呼体会狐狸的态度。随文识字，通过变换语调来指导问号的朗读，引导学生理解狐狸对小哥儿俩是假装热情。其实，狐狸并不是不知道他们在吵什么，这么说只是为了骗取小熊的信任。带着这种体会再读这句话，就能处理好重读、语调、语速了。朗读指导在潜移默化中达到了效果。

2. 出示狐狸说的第二句话："这事好办，我来帮你们分吧！"狐狸笑了笑，把奶酪拿过来掰成了两半。围绕提示语"笑了笑"设计活动，帮助学生理解人物心理。先随文识字"帮"；再出示课后习题中的三个词语"帮忙、帮助、帮手"，让学生读出对词语的理解，进而选用其一造句，巩固词语理解；最后再朗读体会对话中的"笑了笑"，学生能够体会出这笑是心生诡计的奸笑。抓关键词指导朗读，整合识字、解词、积累与朗读活动为板块，实现了朗读指导再上台阶。

3. 出示狐狸说的第三句话。狐狸仔细瞧了瞧掰开的奶酪，说："真的，这半块是大一点儿。你们别急，看我的——"说着便在大的这半块上咬了一口。随文识字"仔细""瞧了瞧"；用换词的方法理解"仔细"，并做动作朗读"仔细瞧了瞧"；抓住"——"表示话没有说完这个作用，体会狐狸迫不及待想咬一口的心理，指导学生读出迫不及待的样子。这里，抓住关键词、破折号，通过想象，体会人物内心。句意的理解，让朗读长句子的困难迎刃而解。

4. 出示狐狸说的第四句话。"小熊，我分得可公平啦！"狐狸笑着说，"你们谁也没多吃一口，谁也没少吃一口。"抓住提示语中的第二次"笑"，对比两次"笑"，体会狐狸这次是得逞之后暗自得意的笑。运用前后提示语中"笑"的对比，让学生透过文字，能想象出画面和图景，体会人物的内心变化。角色朗读渐入佳境。

在朗读训练中，读的训练融入其他教学内容中，朗读训练的过程成了梳理文本、识字学词、积累语感、理解感悟、表达运用的过程，无痕渗透；读的形式多种多样，利于学生的参与，老师的示范读、学生的模仿读、组内合作读、组间分享读、师生表演读，加上动作、加上表情、加上语气，就是加上了理解、加上了感情。故事是儿童言语训练的沃土，朗读指导巧妙地将刺激多种感官的资源进行重组，读出了语感，形成了记忆。

[教学实录]

实践者

王璐，女，1988年5月生，大庆市奥林学校语文教师，"全国组块教学联盟大庆工作站"骨干教师。她在学习和实践组块教学理念的过程中，懂得"重组"不是简单的"加"，反而是寻找教学点内在联系后的"减"。

板块一：认读字词，引入情境

师：同学们，今天我们一起来学习新课。伸出你的小手指，和老师一起书写课题。（板书：22. 狐狸分奶酪）

师：同学们，今天，有一只小狐狸来到了我们的课堂中。（板书贴狐狸图片）请同学们把书打开，翻到第100页，自由地读第一自然段，除了狐狸，还有哪些小朋友也来了？

（生自由读第一自然段）

生：（大声齐答）熊哥哥和熊弟弟。

（板书贴熊哥哥和熊弟弟的图片）

师：孩子们，在第一自然段当中，有一个词可以表示熊哥哥和熊弟弟的关系，你找到它了吗？

生：小哥儿俩。

师：（副板书：小哥儿俩）这个"小哥儿俩"的"俩"字，和我们学过的"两"非常像，它们有什么区别吗？

生："两"是没有单立人的，"俩"是有单立人的。

师：它们字形上有区别、字音上有区别，字义上也是有区别的。（PPT 出示句子）谁能把这四个空填上？

生1：（两）个苹果、（俩）苹果。

生2：（两）个人、（俩）人。

师：你们的回答都是正确的，（PPT量词标红）仔细观察，"两"放在什么前面？"俩"又放在什么前面？

生："两"用在量词的前面；"俩"应该用在名词前。

师："两"用在量词的前面，是数词；"俩"，等于"两个"，数词量词一体，所以用在名词前。

师："小哥儿俩"，你们试着读一读这个词语，能不能感受到，两只小熊的关系其实特别——

（生纷纷朗读）

生1：特别好！

生2：很亲密！

师：就是关系这么亲密的两只小熊，却发生了不愉快的事，谁来读一读，告诉大家发生了什么？

（生读第一自然段）

师：小哥儿俩捡到了奶酪却不知道怎么分。于是小哥儿俩就——

生：（齐答）拌起嘴来。

生：吵起来了！

师："拌起嘴"就是吵架的意思。（副板书：拌起嘴）和你的同桌配合读一读这句话，想一想，如果你们就是这小哥儿俩，这时你们最希望怎么来解决问题呢？

（同桌练习互读）

…………

生：我们希望有人来帮我们，给我们出个主意。

师：有人出主意是个好办法。小哥儿俩其实也希望有人来给他们出个主意。这个时候谁来了？

生：（齐答）狐狸。

设计意图

以朗读训练为主线，融入了认读和理解词义；在自由读、模仿读、同桌互读中，体会了小熊哥儿俩的心情，揭示了故事的起因。

板块二： 朗读对话，品味心情

师：狐狸来了，发生什么事了？自由朗读第二至十一自然段，用横线画出狐狸说的话，用波浪线画出小哥儿俩说的话。阅读要求清楚了吗？

（生自由读课文，并按要求画出句子）

师：狐狸跑过来，冲着小熊说了什么？

（生齐读狐狸的话）

师：狐狸称小哥儿俩为"小家伙们"，他为什么要称呼小熊为"小家伙们"呢？上课之前，老师称你们为"小朋友们"，之所以这样称呼你们，有一个最重要的原因，是你们很——

生：（齐答）可爱！

师：对呀，你们很可爱。可狐狸称呼小熊为"小家伙们"，他真的认为小熊很可爱吗？

生：（齐答）不是。

生：因为狐狸狡猾，他想骗小熊的奶酪，所以他管小熊叫"小家伙们"。

师：你刚才答出了一个"骗"字，说狐狸是想去骗小熊的奶酪。孩子们，他通过一个"小家伙们"就知道了狐狸内心的真实想法。我们给他鼓鼓掌。（鼓掌）这句话后面还有一个特殊的符号，是什么？

生：（齐答）问号！

师：你们来读一读这句话。（生自由朗读）我们刚刚学过一个词，和"吵"的意思一样，是哪一个词呢？

生：（齐答）"拌起嘴"。

师：就是"拌起嘴"。可狐狸真的不知道他们在吵什么吗？

生1：不是，狐狸假装不知道他们在吵什么，那是他要骗奶酪的计划。

生2：他是一只狡猾的狐狸，所以他要假装不知道。

师：是呀，这只狐狸刚开口说话就要骗小熊的奶酪，肯定狡猾。（师范读）哪只"小狐狸"能试着读一读，看看你能不能骗得过小熊。

（一生读得比较平淡）

师：你不是一只狡猾的狐狸，骗不去小熊的奶酪了。

（生再读，读得较像）

师：比刚才读得好多了！所有的"小狐狸们"一起来试一下。

（生面带狡猾的表情齐读）

师：看样子，你们都想去骗小熊手里的那块奶酪！我们刚才通过"小家伙们"这个词和一个小小的问号，就猜到了狐狸内心的真实想法，那么此时的小熊又说了什么呢？

（生读小熊说的话）

师：通过他刚才的朗读，我们好像不能听出小熊的心情，他读得有点平淡。那你们听老师读，猜一猜，现在的小熊，是什么心情？

（师范读，生纷纷举手）

生：小熊现在很着急，想让狐狸赶紧帮他们分奶酪，因为我感觉老师都快哭了。（众笑）

师：你是个认真倾听的孩子。小熊为什么这么着急？回想一下，小哥儿俩其实希望如何解决问题？

生：（纷纷举手）他们希望有人帮他们，所以看到狐狸的时候，以为狐狸能帮他们，所以着急了。

师：你读懂了小熊。那么哪个"小熊"能读一读，看看你有多着急。

（两名学生读得较生动）

师：看着这着急的小哥儿俩，狐狸又说了一句话。（师范读）狐狸在说这句话的时候，脸上带着什么样的表情？

生：奸诈的笑。

（出示词卡：奸诈的笑）

师：你直接给"笑"加上了形容词，（板书：奸诈的笑）狐狸为什么要露出这样奸诈的笑容呢？

生：因为他是骗子，他要骗小熊的奶酪。

师：你是对的。那请你来读一下狐狸的这句话，体会一下狐狸在说这句话时为什么突然间就笑了，他想到了什么。

生："这事好办，我来帮你们分吧！"老师，我觉得狐狸是想把奶酪掰开，然后他就能趁机把奶酪吃掉了。

师：没错，这些其实是狐狸想到的一个——

生：办法。

师：给她鼓掌。（鼓掌）她简直把小狐狸的心理揣摩透了。"小狐狸们"，请把你们脸上奸诈的笑容露出来，来读一读这句话。（生自由朗读）哪只"小狐狸"能试一试？

（众生纷纷举手，一生读得活灵活现）

师：我感觉你特别想吃那块奶酪！孩子们，狐狸说他来帮小熊们分奶酪，（指 PPT 中的"帮"字）谁能给它找个好朋友？

生 1：帮助。

生 2：帮手。

生 3：帮忙。

师：说得都很准确，请齐读词语。

（生齐读词语）

师：谁能用其中的一个词，说一个句子？

生 1：让我来当你的帮手吧！

生2：你需要我的帮助吗？

师：看样子你们都能理解"帮"的含义。可狐狸真的是去帮忙吗？狐狸是怎么做的呢？

生：不是，他把奶酪掰成了两半，而且还不一样大。

师：你找得真准确。（板书：掰）面对狐狸的做法，小熊哥儿俩是什么心情？

生：生气！

师：你从哪个字猜出来的？

生："嚷"。

师：（板书"嚷"）"嚷"的时候，声音是大还是小？

生：大！

师：那请你们"嚷"出小熊说的这句话吧。

（生齐读小熊的话）

师：孩子们，我们通过"笑"这个动作，猜到了狐狸内心的真实想法，又通过"嚷"这个字知道了小熊的心情。那么，面对生气的小熊，狐狸又说了一句话，这时他脸上有什么样的表情，他又做了什么动作让你觉得他是在骗小熊？

生：仔细瞧了瞧。

师：你找得真准。孩子们，现在假设你们的书就是那块奶酪，你们做一下"瞧了瞧"的动作，而且要仔细地瞧一瞧。

（生做动作）

师："仔细"这个词可以换成哪个词呢？

生1：认真。

生2：细心。

师：都可以。在你们这么认真地瞧奶酪的时候，你说话的语速是快还是慢呢？

生：（齐答）慢。

师：跟着老师一起来试一下，可以带着动作读。

（师示范带动作读）

生：（生带动作模仿读）"真的，这半块是大一点儿。"

师：哪只"小狐狸"来试一下？

（一生无动作读，语速较慢，比较像）

师：你读得不错，但老师想增加难度。你能带着动作，看着"奶酪"再读一读吗？

（生带动作再次充满感情地读）

师：这一次就更像狡猾的狐狸了。"小狐狸们"，仔细地看着你们手里的"奶酪"，我们一起来读一下。

（生再次带动作齐读）

师：狐狸的话还有后半句。这里多了一个特殊的标点符号，你们谁认识它？

生：（齐答）破折号。

师：这句话里为什么要有一个破折号呢？仔细地体会一下，狐狸后面的话说完了吗？

（生纷纷朗读，体会狐狸的想法）

生：（纷纷回答）没有，他去咬奶酪去了。

师：对，狐狸咬奶酪去了。话没说完，便去咬奶酪，证明他现在特别——

生：（齐答）着急吃奶酪。

师：这么着急的狐狸，在说话的时候语速要快还是慢？

生：（齐答）快。

师：快一点，并且在话还没说完的时候就要去——

（师做"咬"的动作）

生：（齐答，做动作）咬奶酪。

师：能不能一起读一下，带着动作，边读边着急地去咬那块奶酪。

（生齐读，话音未落就做"咬"的动作）

师：哪只"小狐狸"能把前后的话连起来读一下？

（生带动作读，后半句语速较慢）

师：老师没觉得你着急吃奶酪，是不是语速再快一点呢？再试一次。

（生带动作读，语速合适）

师：这次读得有进步。哪只"小狐狸"再来一次？（生纷纷举手）那就请你们一起吧，加上动作和语气，一起来读一下。

（生纷纷带着动作与表情，朗读狐狸的话，感情到位）

师：所有的"小狐狸"都吃到奶酪了。狐狸这次在大的那半块上咬了一口。（板书：咬）看着被咬的奶酪，小熊此刻的心情如何？

生：更生气了。

师：你从哪里看出来的？

生：两只小熊又嚷（重读）了起来。

师：你都学会找到关键词体会人物心情的方法了。奶酪又被吃了一口，小熊一定更加生气，请你们更大声地"嚷"出小熊的话。

（生读小熊的话，感情到位）

师：面对生气的小哥儿俩，狐狸可没有停止呀，接下来狐狸又做了什么？

（生朗读第九自然段，师板书：不停地）

师：天啊，这块奶酪竟然被狐狸吃完了，这时候，小熊说了什么？

生：（生气地嚷着读）"你可真会分！整块奶酪都被你吃光了！"

师：课本里的小熊，仿佛就站在了我们面前，你为什么要这样读呢？

生：老师，我看到了"生气"这个词，前面小熊都是"嚷"出来的，现在奶酪被吃光了，他们肯定更生气。

师：请大家给他鼓鼓掌！（鼓掌）他不仅学会了抓关键词理解人物心情的

方法，还能够联系上文来体会人物内心的变化，给你竖起大拇指。然而此时，面对特别生气的小哥儿俩，狐狸却——

生：（齐答）笑了！

师：狐狸再一次笑着说话。这时候的笑和刚才第一次的笑一样吗？

生：不一样。这次是吃到奶酪了，计划成功后得意的笑。

（出示词卡并板书：得意的笑）

师："小狐狸们"，得意起来，让我看看谁能够带着最得意的笑容来读一读。

（一生摇头晃脑，带表情读）

师：太像了，你是不是就是课文中的小狐狸穿越过来了？

生：老师，我觉得狐狸就是狡猾的，所以我得带着狡猾的语气去读。

（众笑）

师：你非常善于想象和动脑筋，猜到了狐狸的真实想法。

师：所有的"小狐狸"，一起读一下。

（众生带表情有感情地齐读）

师：孩子们，我们通过人物的表情和动作，就能够猜出他们内心真实的想法。带着人物的想法读他说的话，就好像他们真的站在我们面前。看来，角色扮演需要从读懂心理开始。

师：在狐狸和小熊你一句我一句的对话中，狐狸是怎么把奶酪吃没的？谁能帮大家梳理一下？

…………

设计意图

　　借助提示语，将识字、积累、感悟等目标融入朗读指导。学生通过做动作、模仿人物表情朗读，体验人物的真情实感，走进人物内心，建立角色意识。

板块三：角色扮演，感悟内心

师：现在，你们还原一下现场，分角色来朗读课文。

（同桌练习朗读）

师：哪组来读第一段对话？

（生带有表情地朗读第一次对话）

师：鼓掌！（鼓掌）你们两个呀，就是那只被别人骗了奶酪的小熊和那只骗别人奶酪的狐狸。第二组对话，谁来？

（第二组学生朗读两次，第二次朗读有进步）

师：给他们掌声。（鼓掌）接下来第三组对话谁来读？

（第三组扮演狐狸的学生，朗读时没有注意区分前后两句话的语速，经过指导能够较好读出区别）

师：（学生自发鼓掌）看，同学们都为你们的进步而自豪。最后一组对话，男生都是"小狐狸"，女生都是"小熊"，我们一起来读好吗？

（男生脸上带着奸诈得意的笑容读，女生大声地生气地读）

师：原来你们全都是那只奸诈的"小狐狸"，又都是那两个傻傻被骗的"小熊"啊！在故事的最后，狐狸说他分奶酪分得可——

生：（齐答）公平了。

（板书：公平）

师：他分得真的公平吗？

（板书：在"公平"后画"?"）

生：（齐答）不公平。

师：你们会跟狐狸讨论公平吗？如果你是小熊，这次吸取了什么教训？

（生纷纷举手，想要回答问题）

师：这两个问题，我留给你们思考，跟父母或者同学交流一下吧。这节课我们就讲到这里。

设计意图

通过分角色朗读来检验学生是否"真习得",加上自己的动作和表情,也是更深入理解人物心情和人物形象的过程,为第二课时评价人物做准备。

三、古文教学,读悟整合

解读者

孙丽红,女,1974 年 3 月生,大庆市高新区学校语文教师,教务处主任,兼职教研员,曾获市级优秀教师、骨干教师、教学能手等荣誉称号。她在学习组块教学的一年里,懂得了"读悟结合"是打开组块教学"清简"教育的钥匙。

脑科学研究表明,学习就是学习者建立神经网络的过程,用联系产生意义,而阅读教学的目的就是让学生学会自己建立这种读悟联系,提高学生的思维品质和学习质量。教学中的"读"有很多种,有默读、朗读、浏览等多种形式,可以读出意思、读出情感、读出思想,这就是读悟不能割裂的原因。边读边悟是阅读教学的重要策略之一。

我们在阅读教学中常常教给学生一些阅读方法,但在阅读实践中学生依然无"法"可依,这是因为有些阅读方法缺乏落脚点。下面我以《王戎不取道旁李》一课为例,实践读悟结合的阅读方法。

[教材课文]

王戎不取道旁李

王戎七岁,尝与诸小儿游。看道边李树多子折枝,诸儿竞走取之,唯戎不动。人问之，答曰："树在道边而多子，此必苦李。"取之，信然。

（选自统编教材小学语文四年级上册）

（一）教材分析，目标明确

四年级上册教材中有两篇文言文，一篇是《精卫填海》，一篇是《王戎不取道旁李》。学习《精卫填海》后，学生已经初步掌握了一些学习文言文的方法，能借助注释理解文言词语；到学习《王戎不取道旁李》这一课时，将继续引导学生重视书上的注释，并且学习自己查找资料和记录老师讲解作为批注的方法。本单元的人文要素是"时光如川浪淘沙，青史留名多俊杰"，编排了非凡智慧的西门豹、医术高明的扁鹊、有恒心与毅力的纪昌和本文善于冷静推理的王戎。语文要素是"了解故事情节，感受人物形象；复述课文，注意顺序和详略；写一件事要写出自己的感受"。再结合《王戎不取道旁李》课后练习，本课的教学目标确立为"讲故事"和"说感受"，分解为：

1. 随文识字，理解文章内容，流利地朗读课文。

2. 能用自己的话讲故事，并背诵课文。

3. 体会王戎遇事冷静推理的卓越思维。

（二）读悟整合，实践运用

1. 读字悟事

通过品读课题中的"戎"字，了解字义，拓展词语，在识字中亲近人物形象，进而关注题目的完整信息。王戎做什么了？发生了什么事？王戎为什么不取道旁的李子呢？激发了学生阅读文本的兴趣。

2. 读句悟人

在品读句、段中，理解意思、感悟人物。"诸儿竞走取之"一句是衬托王戎冷静的关键句，引导学生边读边想象孩子们争先恐后摘李子的兴高采烈，感悟"唯戎不动"的与众不同，再带着体会读出这两句一动一静的效果，增强对王戎的了解。这样品析句子的想象读，有助于学生走进人物内心世界，进而自主领悟人物的品质和思想。

3. 读篇悟思

"读""悟"结合的本质就是将文本表层与深层信息之间建立关联的思维过程，是将读到的信息统整为组块后推动情感和思维的过程，是吸纳文本阅读价值的过程。在阅读教学中，通过读字词、读句段、读篇章，引导学生在经验范围内做出综合性、直接性、快速性的结论，增加新的阅读体验。在《王戎不取道旁李》的教学中，让学生品读从"看道边李树多子折枝，诸儿竞走取之"到"唯戎不动"，再到"树在道边而多子，此必苦李"的重点片段，充分调动学生已有的经验替代理解分析，让学生明白"苦"的必然性，从而启发学生懂得阅读理解要与生活实践建立广泛联系的策略。

4. 读文悟法

《王戎不取道旁李》这篇小古文并不难懂，带领学生用不同的形式朗读，目的就是让学生将文言文读正确、读流利、读熟练，积累语感，拉近时空的距离，不再陌生；更不容忽视的是把读文与讲故事组合并用，让孩子们在读中悟出人物品质、悟出故事道理。小学阶段古文教学还有非常重要的要求，把文章读出韵味。这个小古文短小、易懂，特别适合用来在课堂上训练学生有韵味地读，感受文言之美，从而激发学生对古文的兴趣。因此，在学生熟练朗读的基础上，运用"停顿处的字音，可以拉长一点读"的方法，进一步将文言文读得有诗歌样的节奏和韵律。一方面，教师生动温雅的范读，有助于学生模仿读，迅速进入情境；另一方面，教师通过指名读和评价读，也能让学生们越读越熟练，越读越轻松。这些"读"让学生不断带入自身最真实的情感体验，感悟文言文的精简之美、韵律之美。

[教学实录]

实践者

　　孙璐璐，女，1985 年 1 月生，大庆市高新区学校语文教师，曾获第五届"全国组块教学实验校联盟年会"现场课赛课一等奖。她学习组块教学以来，逐渐成为一名爱思考、会思考的教师。

板块一："读"字解词，"悟"题释义

师：同学们，这学期我们学过的第一篇文言文是什么？

生：《精卫填海》。

师：你发现文言文有什么特点？

生：很短。

生：很简练。

生：课文下面有注释。

师：注释有三种，你说的是书上给的，叫文中注释。自己查资料，记在书上，叫批注注释。老师讲解的时候给的注释，很重要，也需要记在书上的，叫什么？

生：老师注释。（众笑）

师：也是批注注释。

（板书：文言）言是语言，文是花纹、修饰。文言，就是经过修饰的语言，很美丽，很生动。每个字都是用心修饰过的，背后蕴含着丰富的含义，很奇妙。这节课我们就一起感受下文言的"文"字，感受文言文的精练。

师：先来猜猜这个字是什么字？（出示"戎"甲骨文）

生：戎。

师：你是怎么猜出来的呢？说说理由。

生：我看到甲骨文中有一个"十"字的笔画，和戎字很像，所以我猜出这是戎字。

师：如果这节课不学这篇课文，题目里没有"戎"字，你还能猜出来吗？

生：可能猜不出来。

师：所以，你不仅通过笔画联想到了答案，还通过题目联想到了答案，这样才信心百倍地说它念"戎"。真会猜！猜，是需要依据的，依据越多，猜得越准。

左边的"十"字符号代表防御的铠甲，右边这几笔是古代的一种进攻的

兵器，叫戈，两部分合在一起，你猜猜戎的意思可能是？

　　生：武器。

　　生：军人。

　　生：军队。

　　师：真好。你能给戎组个词吗？

　　生：戎装。

　　生：戎马一生。

　　生：投笔从戎。

　　师：能选一个词语说一个句子吗？

　　生：大诗人投笔从戎。

　　师：什么意思？

　　生：大诗人放下笔去打仗。

　　师：如果"戎"是军队的意思，"从戎"应该是什么意思？

　　生：参加军队。

　　师：那就再说说投笔从戎的意思。

　　生：放下笔去参军。

　　师：参军干什么？

　　生：打敌人。

　　师：对，大诗人不再只知道写诗，而是放下笔参加军队了，为了打败敌人，保家卫国。你看四个字有丰富的含义，这就是"文"，这就是中国文字的精美之处。来，一起读"投笔从戎"，读出这个词的情感。

　　（学生齐读，很有气势）

　　师：课题里的"王戎"是什么意思？

　　生：人的名字。

　　师：怎么猜出来的？

　　生：前面有"王"，是姓；而且书上注释里介绍了他是"竹林七贤"之一。

师：真会猜！读读他的名字。

（指名读）

师：读读书上这条注释。

（生读注释）

师：这条注释告诉我们三个信息。本文选自哪，王戎是谁，他的特点。《世说新语》里记载很多那个时期的名人故事，王戎是那个时候的一个名人，是"竹林七贤"七个名人中的一个。这么有名的人，在这里为什么只强调了他"自幼聪慧"呢？你会猜，再猜猜。

生：不知道。（笑）

师：学完这篇课文，你就知道了。你再猜一个，从课题看，这篇课文写王戎什么事？

生：王戎不拿道旁的李子。

师：老师不用教，你就猜得八九不离十。不取，是不拿吗？来，我们结合注释，自己读课文，读准字音，了解故事大意。再告诉我题目是什么意思。

（生读书）

师：谁愿意读给大家听？

（一位学生读）

师：读得正确，节奏感好，老师真佩服你。

（另一位学生读）

师：（插话）把握好语速，慢一点，让听的人能够明白内容。

师：用自己的话讲讲这篇文章讲了一件什么事呢？

生：王戎七岁的时候，曾经跟一些小孩玩，看见繁华的路边李树上的李子特别多，然后这些小孩就去采摘李子，但是只有王戎不动。一些人问他，王戎说李树在道边，李树上的李子很多，肯定是苦的李子，那些小孩取了吃了一下，的确如此。

师：真好，你能读读课题，再告诉我题目什么意思吗？

生：王戎不取道旁李，王戎不摘道旁的李子。

师：他刚才说"不拿"，你说"不摘"，很准确，因为文中的李子是长在树上的，应该用"摘"。

师：王戎不摘李子，是因为什么呢？我们要在文中找答案。

设计意图

读"戎"字，通过猜字形、猜字义，进而组词、造句，把字、词、句整合为记忆组块；再读"王戎"，了解人物；最后读题目，了解故事大意。

板块二：一读再读，知意知人

师：谁来读读这句话。

生："王戎七岁，尝与诸小儿游。"

师：有没有你不理解的字词？

生：这句话里面我对"诸小儿"这个词不太理解。

师：什么叫"诸小儿"？同桌说说。

生：我认为是很多小孩。

师：对了。很多小孩。现在有很多同学，我说诸位同学请认真听讲，如果只有你一个人，我说这位同学请认真听讲，不能说诸位同学。那你说"诸"是什么意思呢？

生："诸"就是多的意思。

师：对了，"诸"就是多的意思。写在语文书上，这是老师给你的批注注释。

师：这句话是告诉我们什么呢？

生：王戎七岁的时候，曾经跟很多小孩去玩。

师：尝，书上做了注释。

生：曾经。

师：王戎七岁的时候，曾经跟很多小孩去玩。在他们玩得又饿又渴的时候，突然看见了？

生：李子。

师：这是什么样的李子？

生：可以让他们解渴的李子。

生：这些李子把树枝都压断了。

师：你读了哪句话知道的？

生：看道边李树多子折枝。

（师指导停顿，生指名读）

师："折"，在这里读 zhé，折枝是——

生：我认为折枝是把树枝压弯了。

师：对的，折，是弯。记下来。折腰，弯腰；折耳兔，耳朵长得弯到垂下来的兔子。

（学生写）

师：再把这句话读一遍。

（生齐读）

师：当时是战乱时期，孩子们处在饥饿中，看到这样的李子，小孩子想吃吗？

生：想。

师：所以，读——

生：诸儿竞走取之。

师：能给这个"竞"组一个词吗？

生：竞争。

生：竞赛。

生：竞技。

生：竞选。

生：竞相开放。

师：孩子们，这些词语中"竞"都有什么意思呢？

生：争着的意思。

师："走"在古代汉语中是什么意思呢？

生：跑的意思。

师：这个意思我们学过的。儿童……

生：疾走追黄蝶，飞入菜花无处寻。

师：在这句诗中，"走"就是？

生：跑的意思。

师：人们一说起文言文，就会想起之乎者也，看来"之"是文言文中常见的一个词，这句话里"之"指代前面说过的什么事物呢？你来猜一猜。

生：老师我再想一会儿。

师：你大胆地猜一猜，"之"是指前面提到的什么呢？

生：前面提到的李子。

师：对了。你猜对了。指的是李子。同学们再读这个句子，一边读一边想，很多孩子怎么样去摘李子？试着填上表示动作的词语。

生：很多孩子（跑着）去摘李子。

生：很多孩子（争先恐后地）去摘李子。

生：很多孩子（你追我赶地）去摘李子。

生：很多孩子（迫不及待地）去摘李子。

师：迫不及待指的是心情。那就填一个表示心情的词吧。

生：很多孩子（兴高采烈地）去摘李子。

生：很多孩子（兴奋地）去摘李子。

师：对呀。同学们，作者用"竞走"这个词把诸儿去摘李子的画面描绘得特别生动，目的是为了衬托唯戒——

生：不动。

师：来读一读孩子们和王戎的不同表现吧！

（指导读出一动一静）

师：小孩子们都跑着去摘李子了，王戎却没有动，人们感到很奇怪，人问之，这个"之"指代什么呢？

生：王戎。

师：是的。人们问王戎什么呢？

生：你为什么不摘李子呀？

师：所以"之"还指代王戎不去摘李子这件事。读这个句子。

生：冬天到了，我早上不愿意起床。妈妈说："改之。"

师：这个"之"指的是什么呢？

生："之"指"冬天到了，我早上不愿意起床"这件事。

师：所以，"之"可以指代前面提到的物、人、事。（板书："之"指代物、人、事）老师这么写叫注释，你们这样注释了吗？

（生记录）

师：文言的"文"，就是提醒我们注意每个字背后的含义，每个字都是精练的，修饰过的，一个"之"字，可以代表一个事物，一个人，甚至一件事情，多么奇妙。简练的背后是美丽，是智慧。文言文是我国古代文化的精粹。刚才我们说到有人问王戎怎么不去摘李子，文中有一句话告诉了我们原因。是哪一句？

生：树在道边而多子，此必苦李。

师：反复读这句话，想想王戎是怎样判断出这是苦李的？（板书：判断 苦）

生：因为王戎觉得要是李子是甜的，就会有很多人去摘，不会剩下这么多李子。所以这些李子是苦的。

师：把掌声送给她，她的思路多清晰呀。（掌声）哪位同学再说一说。

生：李树长在官道旁边，人来来往往经过，这棵果树却果实累累，说明这棵李树的李子一定不好吃，才没有人摘。

师：王戎就是根据李树长在道边，却多子，进行推理，进而判断出李子是苦的。（板书：道边多子　推理）

一般人看到了表面现象，马上就行动了，王戎看到了现象，却要想明白现象背后的原因，而且不用自己亲自去尝试，通过推理判断，就可以得出正确的结论，这是一种智慧。王戎应该用什么样的语气来说这句话呢？

生：我认为王戎应该用非常坚定的语气说这句话。

师：那请你坚定地读这句话。

师：王戎还可能用什么样的语气来说？"必"是什么意思？

生：一定。

师：这是什么样的语气呢？

生：自信。

师：那请你自信地读这句话。

师：让我们一起读读这句话吧。

（齐读）

师：取之，信然。这个"之"指代什么呢？我还想找你说。

生：李子。

师：谁取之？

生：我觉得是那些问王戎的人。

师：可以呀。文言文常常省略主语，我们要加上。问王戎的人拿了一个李子，做了什么？什么表情？说了什么？

生：问王戎的那个人摘了一个李子，尝了一口，紧皱眉头，说太苦了。

师：这回，人们相信了王戎的判断是正确的了。王戎也凭借这件事而名声大噪。再来读读这篇文言文吧。要想把文言文读得有节奏，有韵味，有一

个小方法，可以把停顿处的那个字拉长一点读。（教师泛读）

（学生指名读）

设计意图

反复品读重点句子，读出了韵味，读出了鲜活的人物形象。学生悟出了王戎判断"苦李"的理由，悟出了人物的品质。

板块三：背诵课文，主题拓展

师：孩子们，想把这个故事记住吗？那我们来试试。故事的人物都有谁？这句话你来填。

生：（王戎）七岁，尝与（诸小儿）游。

师：故事的起因，是他们看到了什么呢？

生：看（道边李树多子折枝）。

师：故事的经过是——

生：诸儿（竞走取之），唯戎（不动）。人问之，答曰：（"树在道边而多子，此必苦李。"）

师：结果呢？一起说。

生：取之，（信然）。

（生背诵）

师：刚才我们抓住了主要人物，故事的起因、经过、结果，很快把课文记住了。当你想把这节课所学到的和别人分享时，背诵古文怕别人听不懂，讲故事是最容易理解的。请你们把这个故事讲给你的同桌听。

（找学生讲故事）

师：同学、老师情不自禁地为你鼓掌，你真的擅长讲故事，把这个故事讲得绘声绘色，大家都喜欢听。

王戎 7 岁的时候能够冷静思考，推理判断，进而得出道旁苦李的结论。在他 15 岁的时候，由阮籍推荐他加入了"竹林七贤"，成为七个人里年龄最小的名士。学了这个故事，明白为什么注释里说他"自幼聪慧"了吧？名人里，还有谁是自幼聪慧？

生：司马光。

师：你能讲讲他的故事吗？

生：有一次司马光与一些小朋友在院子里玩捉迷藏，一个小孩调皮，爬到了一个大水缸上，结果不小心掉进盛满水的缸中，有些孩子跑去叫大人，有些孩子则哇哇大哭。只有司马光在旁边拿了一块大石头把缸砸破，把水放出来，把小孩救了。

师：这就是"司马光砸缸"。

在危急时刻，司马光冷静思考，推理判断，得出砸缸放水救人的结论，最后小朋友得救了。长大后他成为著名的史学家，编纂的《资治通鉴》可以与司马迁的《史记》相媲美，成为皇帝的教科书。历史上的名人往往具有优秀的思维和品质，在第八单元我们将继续学习历史人物故事，学习他们优秀的思维和品质。

设计意图

按照故事的起因、经过、结果进行多种方式读文，使背诵水到渠成；再拓展阅读司马光的故事，让学生领悟优秀的人需要优秀的思维和品质，遇事冷静分析就是一种优秀的品质。

第二节　聚焦目标，设计活动

所谓"伤其十指，不如断其一指"，是指教学目标要明确而精简，目标集中了，课堂上才可能有足够的时间供学生进行充分训练，目标才可能有效达成。拥有足够的训练时间后，教学活动设计是否科学就变得至关重要了。因为"教学目标的达成需要相应的教学活动来落实，教师设计的教学活动应该始终围绕教学目标，每一项教学活动都应该对应相应的教学目标"。薛法根老师的这段话明确阐释了教学活动的重要性，也提示了设计的原则——聚焦目标，设计活动。聚焦目标，在教学的不同阶段设计有梯度的活动，利用策略激发学生的已有经验，联结新体验，获得新经验，让学习成为一个流动的过程，进而在有限时间内让学生深度学习，即"学得充分"。

一、策略落地，多元活动

解读者

王中华，女，1982 年 12 月生，大庆市直属机关第三小学校语文教师，科研主任。大庆市语文学科带头人，大庆市骨干教师。她在学习组块教学中，懂得了努力创设多元活动是目标落实的策略之一。

（一）创设多元活动的意义及路径

《义务教育语文课程标准（2011 年版）》建议："教师应努力改进课堂教学，整体考虑知识与能力、过程与方法、情感态度与价值观的综合，注重听说读写之间的有机联系，加强教学内容的整合，统筹安排教学活动，促进学生语文素养的整体提高。"其中，"统筹安排教学活动"是教学设计时整合教学内容后需要重点考虑的。心理学研究表明：游戏与活动是人类的本能和动机之一，学生的学习应该是从游戏和活动开始。同时，活动是人类社会生活的主要方式，学生只有在现实的活动中才能得到深刻的情感体验，再由直接体验改变自身认知状态。所以，多元活动可以充分调动和刺激人体感官，从而在大脑中形成体验记忆，进而促使神经元合成新经验。薛法根老师倡导，以培养学生的语文运用能力为主线，将零散的语文训练项目整合成综合的语文实践板块，使学生在生动活泼的语文实践活动中获得充分、和谐的整体发展。总结其多元活动创设的主要路径为：

1. 创设梯度活动。梯度活动指的是为了达成教学目标创设有机联系的活动，遵循由易到难的原则。如，认读词语活动和词语应用活动的顺序不可逆。

2. 创设多角度活动。多角度活动指的是为了达成某个学习目标，设计不同方面但目标指向一致的活动。如，为了体会文本情感可在一个板块内分别创设词语品析、反复诵读、语境还原等不同角度的活动。

（二）创设多元活动的实践策略

以统编教材二年级上册第20课《雪孩子》为例，来探讨一下有梯度、多角度创设多元活动的实践策略。

[**教材课文**]

雪孩子

雪，下个不停，一连下了好几天。

这天早上，天晴了，兔妈妈要出门去。小白兔嚷起来："妈妈，妈妈，我也要去！"

兔妈妈说："好孩子，妈妈有事，你不能跟着去。"兔妈妈在门外的空地上给小白兔堆了个雪孩子。小白兔有了小伙伴，就不跟妈妈去了。

小白兔跳舞给雪孩子看，唱歌给雪孩子听。他玩累了，就回家去睡午觉。"屋子里真冷，赶快往火堆里添把柴吧！"

小白兔添了柴，把火烧得旺旺的，屋子里渐渐暖和了。他躺在床上，闭上眼睛，一会儿就睡着了。

火越烧越旺。哎呀，火把旁边的柴堆烧着了！小白兔睡得正香，他一点儿也不知道。

"不好了！小白兔家着火了！"雪孩子看见从小白兔家的窗户里冒出黑烟，蹿出火星。他一边喊，一边向小白兔家奔去。

"小白兔，小白兔！你在哪里？"雪孩子冲进屋里，冒着呛人的烟、烫人的火，找哇找哇，终于找到了小白兔。他连忙把小白兔抱起来，跑到屋外。

小白兔得救了，雪孩子却浑身水淋淋的。

这时候，树林里的小猴子、小山羊都赶来救火了。不一会儿，大家就把火扑灭了。

兔妈妈回来了，激动地说："谢谢大家来救火，救了小白兔，谢谢大家！"

"咦，是谁救了小白兔？"小动物们说，"真得谢谢他呢！"

这时，救小白兔的雪孩子不见了。他已经化成水了。

不，雪孩子还在呢！瞧，太阳晒着晒着，他变成了很轻很轻的水汽。飞呀，飞呀，飞上天空，变成了一朵白云，一朵美丽的白云。

（选自统编教材小学语文二年级上册）

1. 教材解析

统编教材二年级上册第 20 课《雪孩子》的课后习题中明确提出了"学习默读"的要求。这是第一学段首次提出"默读"，所以它无疑是本课乃至本单元最重要的语文要素。许多教师认为，只要孩子不出声地在读，就是默读了。于是，草草处理"学习默读"的任务，仍把主要精力放在识字、写字和理解课文上。这样处理的最终结果就是：我们的孩子到五年级仍不会有效地默读，提高阅读速度和质量成了泡沫。

默读，是读的一种重要方式，是阅读能力组成元素之一。因为省去了发音的动作，所以速度快，不互相影响，保证环境的安静，便于独立思考、理解读物内容，并且不易疲劳。我们日常的读书看报，查阅资料，读取信息等通常会选用默读方式进行。作为一项学生必须掌握的基本技能，第一次接触时，一定要浓墨重彩些，通过创设与学生认知能力相适应的多元活动，将

"学习默读"落到实处。

2. 创设多元活动

（1）梯度活动。为了达成认识默读、练习默读、运用默读的学习目标，在教学中设计三个教学板块。第一个板块通过识字、朗读儿歌活动，让学生初步了解不唇读、不出声的默读特点；第二个板块通过品析语句、限时默读游戏，让学生充分练习默读的速度；第三个板块通过"快速默读故事"活动，让学生体会默读不仅要有速度，还要准确。这样三个梯度的建立分解了学习的难度，也清楚地将默读摆在了学生的面前，这为以后的默读训练奠定了扎实的基础。

（2）多角度活动。在"了解默读的特点"板块，可以创设"小组交流明概念""朗读儿歌知要求""默读词语初尝试"三个不同角度的活动，让孩子多角度地认识默读的特点。"小组交流明概念"为孩子们提供平等交流的平台，在小组活动中自由交流"默读"的概念，进而明确"朗读儿歌知要求"是用朗读有关默读技巧的儿歌代替对学生提出生硬的要求，有利于快速掌握"不出声、不指读、不动唇……"的默读特点；"默读词语初尝试"选择课文中带有生字的词语"唱歌、添柴、冒着、赶快、浑身、渐渐、激动、水汽"，让学生初步练习默读，再以在情境化故事情节中填写词语的游戏，让学生惊喜地发现，通过默读这些词语已经到自己的脑子里了！

（三）巧设多元活动

达成默读等技能训练目标需要创设多元活动，其他语文知识和技能的教学同样需要"巧"设有梯度、多角度的活动，让学生在课堂上拥有充分学习的平台。薛法根老师是一位高明的活动设计大师，在《风娃娃》一课中设计了"多元识记字词"板块，通过"扩词识字""分类识字""体验识字"等活动，调动学生的经验、体验，将字词学习与想象、表达训练相关联，时刻不忘为了言语智能而教。

例1：扩词识字

师：课文读过了吗？课文当中的生字都认识了吗？真的吗？好，那我们一起先认识课文当中的生字，看哪个小朋友会当小老师，教大家认读生字好吗？怎么教，像老师一样教。"助，助，帮助的助。"我们组了词以后这个字认得就更准了，记得就更牢固了。

（指生认读组词）

……………

师："抽"，除了抽奖还可以抽什么？

……………

（在老师的帮助下，让一个学生给"摆""翻""栽""责"4个字扩词）

师：你能够说3个，了不起了。

例2：分类识字

风的词语分类

过渡：刚才小朋友说了很多带风的词，我们把它归类一下好不好？

我们读一读，按照时间，春天来的风叫——春风，秋天来的风叫——秋风，早晨来的风叫——晨风。

按风向，按温度，按风力。

你看，我们可以把有关风的词语进行归类，明白了没有？

（这个环节落实了课后练习中读一读的拓展词语，还根据风的不同，给学生拓展了按时间、风向分类的词语）

例3：体验识字

师：小朋友读"拉"这个字。

师：来，我们做个动作，来，这叫什么？

生：拉手。

师：再做小一点，这叫什么？

生：拉钩。

师：还可以这样。（师做拉学生的动作）

这叫拉一把。真不错，来掌声鼓励！

（选自薛法根《风娃娃》教学实录）

这样多角度设计字词学习活动更有利于学生的记忆。在一个板块内可以设计多角度活动，也可以设计梯度活动。例如薛老师在《爱如茉莉》的字词教学中，设计了读词语、用上词语谈茉莉、初步理解"爱如茉莉"的梯度活动。

课前板书词语：平淡无奇　洁白纯净

　　　　　　　缕缕幽香　袅袅清香

　　　　　　　爱如茉莉　弥漫诗意

（指名读，齐读）

师：这三组词语都和茉莉有关，茉莉在你心中是什么样的，用上一两个词语来描述。

生：我心中的茉莉，平淡无奇，开出的花缕缕幽香。

师：开出的花散发出缕缕幽香，不要别人听不懂，再说一遍。

生：我心中茉莉花是多姿多彩并且韵味无穷的。

…………

师：在生活中我们看到的茉莉花洁白纯净、平淡无奇，还有缕缕幽香，让我们感觉生活是那么富有诗意。在生活中有一种感情，有一种爱，就像茉莉一样是纯洁的，也是平淡的，它弥漫在我们的生活中，让我们的生活充满诗意。我们今天学习的这篇文章写得就是像茉莉花一样淡淡的、散发幽香的爱。

（选自薛法根《爱如茉莉》教学实录）

[教学实录]

实践者

宋昊，女，1986年4月生，大庆市直属机关第三小学校语文教师，曾获真语文全国课堂展示一等奖。她在语文教学中以目标为导向，通过聚焦目标来设计教学活动，让课堂的每个活动都有的放矢，让课上的每一分钟都弥足珍贵。

板块一：了解默读的特点

师：今天老师就和大家一起走进一篇有关雪的童话故事。（板书：雪孩子）

生：（齐读）20 雪孩子。

师：我要考考爱预习的孩子，这篇课文共有多少个自然段？

生：14 个自然段。

师：这么多自然段呀！要是一个字一个字地读，得读多长时间啊！今天老师就教大家一种快速读文的方法，特别适合读长故事。（板书：默读）

（生齐读）

师：你知道什么是默读吗？

生：我觉得默读就是小声读。

师：理解"默"的意思吗？沉默什么意思？

生：不说话。

师：默读呢？

生：不出声地读。

师：这次说对了。小组交流一下你们默读的样子吧。

（小组交流）

师：老师编了一首小儿歌，读一读。（生自由读儿歌）

默读

眼睛逐行扫字词，

心里默默读文字。

不动嘴唇不出声，

不动小手不指读。

师：你刚才做对了吗？

生：默读就是用眼睛逐行扫字词，心里默默地读文字，不动嘴唇不出声，不动小手不指读。我刚才嘴唇动了。

生：我爸爸妈妈在家里读书时就是这样的，只用眼睛看，不用手指着读，我也会了。

师：默读是新方法，我们会越练越熟练的。一起看大屏幕。（屏幕出现词语：唱歌、添柴、冒着、赶快）你们用眼睛看这些词语，在心里读，嘴里不出声。能做到吗？

（生默读）

师：像大家刚才这样用眼睛看，在心里读，嘴里不出声的阅读方法就叫——

生：默读。

（师点击屏幕，词语消失）

师：快看这些词语就像雪花一样消失不见了。谁来喊出它们的名字，把它们找回来？

生：唱歌、添柴、冒着、赶快。

师：在你的召唤下，它们回来了。（师点击屏幕，词语出现）你把默读的词语记在心里了。请你再领着大家读一遍这几个词语吧。

　　设计意图

　　学生第一次接触"默读"，教师通过读儿歌、读词等多元活动，引导学生初步认识默读是不出声的读。

板块二：体会默读的速度

师：你们真了不起，一学就会。现在请你默读这篇课文，并思考这样一个问题：《雪孩子》这个故事里总共有几个主要人物，他们分别是谁？

（生默读课文）

生：老师，通过默读这个故事，我知道这个故事里一共有三个主要人物，他们分别是兔妈妈、小白兔和雪孩子。

师：你回答得真完整，你学会一边默读一边思考了。瞧，小白兔听到你叫他的名字，就唱着歌、跳着舞从故事中向我们走来了。（将小白兔的图片贴在黑板上）他还给我们带来了三个句子呢，你能把它读好吗？

生：能。

生：他玩累了，就回家去睡午觉。

师：他在读准确的基础上还特别有感情。我们像他一样一起读这句话。

生：（齐读）他玩累了，就回家去睡午觉。

师：我们挑战一下，这三个句子自己默读，看看 1 分钟能默读几遍。

（出示句子：1. 他玩累了，就回家去睡午觉。2. 屋子里真冷，赶快往火堆里添把柴吧！ 3. 把火烧得旺旺的，屋子里渐渐暖和了。）

生：默读。

师：你读了几遍？

生：老师，我读了三遍。

师：真不错。

生：我读了七遍。

师：那你读得可真快呀，了不起！看来默读可以提高我们的阅读速度。

句中词语意思理解了吗？"旺旺"这个叠词是表示火烧得——

生：表示火烧得很好看。

师：这个词不理解没关系，老师有办法。现在请你先观察这幅图（出示《雪孩子》动画中火烧得旺的图片），再默读第五自然段。

（生结合图片进行默读）

师：现在你有答案了吗？

生："旺"这个词表示火烧得很大。文中的小白兔添了柴，把火烧得旺旺的，屋子里渐渐暖和了。

师：你还会结合课文内容来说呢，了不起！现在请你们再默读这三句话。

（生默读三句话）

设计意图

　　学生通过限时默读、带着问题默读等活动练习默读的速度，感受默读在思考时比出声读的优势是速度快、不打扰别人。多次复现默读，丰富了学生的默读体验。

板块三：感受默读的准确

师：小白兔发现大家读得这么好，十分开心。他就把他的好朋友雪孩子请出来介绍给大家认识。（师将雪孩子的图片贴在黑板上）他也有一些句子想让大家来挑战，请这几个小组自由朗读这几句话，请其余小组默读这几句话。

（生读句子，默读组先结束）

师：你读懂了什么？（师问默读组的学生）

生：我读懂了雪孩子冲进屋里救了小白兔。

生：雪孩子是冒着呛人的烟和烫人的火冲进屋里救了小白兔的。

师：看来默读不仅速度快，还有助于我们深入理解。

生：老师，我们想再比一次。

师：好，再战一次，这次我们试着完整地说说这几句话的意思。读的方式不变。

（生读句子）

师：时间到，谁想挑战？

生：老师，时间太短，我们组还没准备好。

生：老师，我们组可以试试。（生完整地叙述句子大意）

师：你叙说得这么准确，有什么小窍门吗？

生：老师，我边默读边想象：雪孩子冲进屋里以后，身边都是很浓的烟和很烫的火，所以"冒"和"烫"就要重读。因为看不清屋里，所以才要找啊找啊。

师：无论是朗读还是默读，都要把自己当成文中的人物去想象，这样在读得好的同时，还能体会文中人物的想法。你真是一个善于思考的孩子。默读既要有速度，又要有准确性。

细心的孩子会发现这些红色的字都是本课需要认识的生字，刚才你们都读对了。老师现在把它们放进小韵文里你们还能认识它们吗？自己默读这个小韵文吧。

（生默读）

师：谁来读给大家听？

（生读）

生：我想纠正你，你刚才读的时候少了一个"有"字，你可以再读一遍吗？

生：好的。谢谢。（生再读）

师：你认真倾听同学朗读的同时，还能给出合理建议。我刚才注意到大家，在其他同学朗读时，有的孩子在轻轻打着节拍，还有的孩子跟着摆着头心里一起默读呢。老师想告诉你们，这首小韵文拍手读更好听呢。我们把小手伸出来，一起来！

> 小白兔，玩累了，
> 添把柴，烧旺火，
> 屋里渐渐变暖和，
> 躺在床上睡着了。
> 哎呀呀——着火啦！
>
> 雪孩子，救朋友，

冒着呛人的烟，

还有烫人的火，

不怕不怕都不怕，

浑身变得水淋淋，

终于救出小白兔。

大家合力扑灭火，

妈妈回来好激动，

转身寻找雪娃娃，

变成云朵飞走了。

师：孩子们，你知道是谁救了小白兔吗？

生：雪孩子。

师：小白兔虽然得救了，雪孩子却变成了一朵白云，一朵美丽的白云。小白兔形单影只地站在白茫茫的雪地上，他看着天上的白云心里会默默地想些什么呢？同桌交流一下吧。

（生交流）

师：有个小朋友续写了这个故事，你看看他猜测的跟你是不是一样。（出示续写小故事）

（生默读）

师：谁想为大家讲讲这个故事？

（生讲故事）

师：他还有动作、有表情呢，真是个故事大王呀！掌声送给他。

这节课我们学默读讲故事，收获了很多。下课！

设计意图

　　教师以丰富的活动让学生多次练习和感受默读，强调了默读不仅要有速度，还要有准确性。

二、古诗教学，还原语境

解读者

　　范林伟，女，1985 年 1 月生，大庆市澳龙学校语文教师。曾荣获大庆市头雁引航工程十百千教学能手称号。她在学习组块教学中，懂得了阅读教学需要在还原语境中提升学生思维的密度与深度。

（一）语境还原的意义

　　文学作品都是在特定语境下的产物。薛法根老师说："言语作品是作者在特定语境下言语活动的智慧结晶，语境与言语一道生成，但作品一旦完成，语境却随之消失。而读者阅读的心理过程实质上是一个由言语作品到语境生成的逆向过程，这个过程就是还原语境。"读者凭借作品中的语言描述，还原特定语境，才能触摸到作品中鲜活的思想，感其趣、悟其心、解其惑、养其气、得其精华，这个逆向思维的过程就是读懂作品的过程。因此，在教学中，教师必须准确把握文本生成的语境，引导学生在感悟、体验、理解中找到言语与语境的关系，理解文本内容。

　　小学生在阅读中常常出现体验不真切、不深入，读不出文本的"言外之意"，无法向深层次迈进等障碍，这和在阅读时脱离语境、游离语境、不能顺利还原语境有着密切的关系。尤其是古诗词教学，因为其内容和手法与小学生的文化认知有距离，所以，在缩短作品与学生距离中，薛法根老师的"语境还原观"颇为好用。"语境还原"让古诗文教学在"知其言""得其理"中变得情趣盎然。

（二）语境还原的实践

　　结合四年级上册《出塞》的教学，我们一起探讨语境还原的策略。

[**教材课文**]

出塞

唐 王昌龄

秦时明月汉时关，万里长征人未还。

但使龙城飞将在，不教胡马度阴山。

（选自统编教材小学语文四年级上册）

1. 教材分析

《出塞》所在单元的人文主题是"天下兴亡，匹夫有责"，语文要素是"关注主要人物和事件，学习把握文章的主要内容"，这一要素指向学生概括能力的培养，这也是中年级阅读教学的重点。在教学中，我们可以采用"语境还原"策略，缩短古诗与学生的距离，带领学生感受家国情怀，把握古诗的主要内容。

2. 还原语境

第一，还原诗意。借助字词教学，融入相关资料，使学生了解边塞征战的历史背景，还原画面，以"象"促"意"，把握诗的主要内容。第二，还原诗情。借助"读韵脚""关联旧知""情境想象"等活动，通过联想和诵读还原将士们的行军场景，通过与学生生活经验的联结，转化成一个个可观、可感、可亲、可近的图像和画面，引导学生感受边塞战争的艰辛。引发学生丰富的联想和深刻的同感，从而明确诗人的心境，感受诗人表达的爱国之情，落实本单元"家国情怀"的人文主题。第三，还原诗境。拓展主题阅读，积累边塞诗，通过联想形成一个一个整体的"组块"，通过还原文字所呈现的场景，从而扩展识记的组块容量，促进识记能力的发展。这种精细化的"流线型"设计与生成性的"板块式"设计相整合，会使教学设计既有情境性，又有生成性。

（三）再看语境还原

不仅诗词教学需要"语境还原"，在理解作者内心世界和进入作品深层意蕴时，往往同样离不开语境还原。《"番茄太阳"》是一篇有温暖的作品，但是它所讲述的那个"我"与一个盲童之间的情感世界对于小学生来说却十分陌生。要想真正触摸文本的温度，就要拉近读者和作者的距离。薛老师执教《"番茄太阳"》时巧妙设计了这个拉近距离的活动。

片段一：资料链接引发情感

生：那年，我来到了这座城市，临时租住在一栋灰色的旧楼房里，生活很艰难，心情灰暗无比。（读得平淡）

师：非常流畅，但是，你可以读得更好一些。卫宣利阿姨在第一自然段里告诉你什么了？

生：她告诉我们她生活很艰难，心情也很差，灰暗无比。

师：心情灰暗无比。对，她告诉你她生活很艰难，心情灰暗无比。但是，她还有一些话没有跟你讲，老师可以告诉你。卫宣利阿姨在17岁那年遭遇了一场车祸，她的双腿瘫痪了，再也不能够自己走路了，只能挂着双拐。现在你再来读这段话。

（生有感情地朗读）

师：你看，这次的朗读就有了变化，因为，她知道了卫宣利阿姨遭遇的不幸。老师还要告诉你，24岁那年，卫宣利阿姨因为婚姻跟父亲大吵了一架，离家出走，一个人来到这座陌生的城市，以写作为生，但是投出去的稿子，常常石沉大海，渺无音讯。体会一下，再来读这段话，相信你会读得更好。

（生声情并茂地朗读）

师：读得好吗？掌声！

（选自薛法根《"番茄太阳"》教学实录）

薛老师巧妙地补充了作者卫宣利的两段资料，通过师生对话帮助学生由浅入深地进入了语句所描绘的那个情感世界，缩小了学生理解与文本语境之间的差异，他们对这段话的理解不再是空洞的认识，而是有了具体感性的了解，对文字背后所隐藏的那份心酸有了极为深刻的理解。

片段二：角色扮演移情体验

生：（朗读）小女孩一面用手摸，一面咯咯地笑，妈妈也在旁边笑。

师：哪一点不一样？

生：明明一边用手摸一边笑。

师：一边咯咯地笑。如果你当时觉得自己完蛋了的时候，你笑得出来吗？

生：笑不出来。

师：笑不出来，是吗？但是明明呢，她笑得出来。她双目失明了，只能靠用手摸，怎么还能笑得出来呢？站起来体会一下，把眼睛闭上。如果你失明了，爸爸拉着你的手在各种蔬菜上摸着，黄瓜你看不见，但是一摸觉得是黄瓜。

生：上面有刺。

师：唉，长长的，上面有刺。扁豆你看不见，但是你可以用手摸。

生：扁扁的，很光滑。

师：扁的，很光滑。番茄看不见，但是你可以——

生：用手摸，然后感觉那个，圆圆的，尝起来酸酸的。

师：还有呢？

生：嗯，那个，软软的，跟豆角一样，很光滑。

师：哦，这时候虽然你看不见，但是你可以用手——

生：摸。

师：一摸，黄瓜看得见吗？

生：看得见了。

师：扁豆看得见吗？

生：看得见了。

师：番茄看得见吗？

生：看得见了。

师：是什么让你好像看得见了？

生：用手。

师：手就成了你的——

生：眼睛。

师：明白了吗？虽然你失去了一双眼睛，但是你还拥有——

生：手。

师：一双灵巧的手。幸福吗？

生：嗯。

师：你能用手摸，快乐吗？

生：快乐。

师：是啊，上帝夺去了你一双眼睛，但还给你留了一双手，使你能够摸到世间各种各样的事物。

（选自薛法根《"番茄太阳"》教学实录）

薛老师的教学告诉我们：只有"语境还原"才能走进作者的内心世界，才能真正走进文本的世界。用体验法还原语境，让学生走进文本，与文本产生情感共鸣，把文章读到了自己的心里。

[教学实录]

实践者

班顺子，女，1985 年 11 月生，大庆石化第一小学语文教师。反复研读和实践组块教学策略，她懂得了诗歌教学中语境还原的重要性，再现创作过程，有助于学生更好地理解作品。

板块一：识字解词 · 悟诗意

师：出示小篆"塞"字，请同学们猜一猜，这是什么字？

生：sāi 塞，塞车。

生：sài 塞，边塞。

生：sè 塞，堵塞。

师：这个字有三个读音，是个多音字。会读了，请同学们拿出田字格本，再写一写。

师：这个小篆"塞"字表示两只手拿着工具用土来修补房屋的漏洞，所以有sāi和sè的意思。后来这个字指边界上险要的地方，读sài，边塞、要塞。边塞一直是守卫国家的战略要地。今天我们一起来学习一首边塞诗。

设计意图

通过还原"塞"字的本义，让学生理解边塞的深刻意义，实现语境还原。

师：你们知道哪些有关边塞诗的知识？

生：边塞诗多描写边塞的情景……

师：（出示唐朝疆域图）边塞是古代经常发生战争的地方。自古以来如此，尤其到了唐朝，边境线绵长，接壤的国家众多，战争更加频繁。唐朝中原的很多仁人志士远赴边塞，保家卫国。这浩浩荡荡的队伍当中，就有一批诗人，他们用自己的笔写下了边塞的风光、见闻和感受，这一首首历史的诗篇就构成了边塞诗。

设计意图

通过还原唐代疆域图，使学生了解边塞征战的历史背景，实现语境还原。

（生介绍边塞诗人，介绍王昌龄）

师：今天我们一起学习王昌龄的一首边塞诗《出塞》，这首诗被称为唐代边塞诗的"压卷之作"。

板块二：情境想象·悟诗情

活动一：读韵脚、读节奏。

学生通过意思确定"还"字读音，反复品读"关""还""山"的读音，谈发现……

师：所以这些字就叫诗的韵脚。an的发音庄重而严肃，尾音稍长。朗读时要注意。绝句也是有节奏的，节奏就像我们课前拍手鼓掌的活动一样，就是读诗句时的停顿。如果我们用斜线来表示停顿的话，应该怎样读好诗句的停顿呢？请尝试读第一行，谁能来读读，感受一下第一行诗的停顿。

生：秦时 / 明月 / 汉时关。

师：对不对？大体是正确的，来看（课件出示：秦时 / 明月 // 汉时 / 关）你们发现了什么？

生：中间用双斜线，表示停顿的时间稍长一些。

生读：（有节奏）秦时 / 明月 // 汉时 / 关。

师：尝试读读后面三行，边读边在书上画出这样的节奏，感觉应该怎样停顿？

生：万里 / 长征 // 人 / 未还。但使龙城 // 飞将 / 在，不教 / 胡马 // 度 / 阴山。

> **设计意图**
>
> 　　古诗语言凝练，内涵丰富，意境深远。读诗，不仅要读准字音，还要明确字音的意义，尤其面对多音字。读诗也是还原语境的方法，一是引导学生理解字义去猜测字音；二是引导学生理解诗的节奏和韵律，读出诗的美感，读出诗的意思。

活动二：关联旧知理方法。

师：现在我们读准了诗的字音，又学会了如何读出诗的节奏，还要学习理解诗句的意思。你们有什么理解诗意的好方法吗?

生:先弄懂字的意思,再连起来说,就差不多理解了。

师:也可以把词的意思连起来,就弄懂了一句诗的意思,这就叫"连词成句"。

生:可以看看作者是谁,查查作者那个朝代的历史资料。

生:可以联系作者的经历,猜测作者写诗的原因,或者当时的心情。

师:学诗时可以用"连词成句""联系背景""感受心境"这三种学习方法来学习。这节课,我们就尝试用这些方法,结合书旁注释,设身处地想象一下,看看能理解多少。

(生默读自学,师相机巡视、指导)

活动三:情境想象读诗情。

师:出征的将士们翻山越岭,从家乡来到边塞,远赴万里边关,保家卫国。想象一下,在当时的唐朝,他们跋涉万里到边关,将士们这一路上会遇到什么环境?他们吃什么?穿什么?怎么行军?住在哪里?

生:他们吃的是"胡虏肉",喝的是"匈奴血"。

师:"壮志饥餐胡虏肉,笑谈渴饮匈奴血",这里岳飞吃的是壮志豪情。
(生笑)

生:他们吃草根、树皮,可能行军到沙漠时,还没有水喝。

师:大漠黄尘,留给他们的只有一片荒凉。(出示征战的环境:北风卷地白草折,胡天八月即飞雪)

生:他们缺衣少食,冬天冷了,没有棉衣穿。渴了就吃把雪。

(出示征战时的穿:狐裘不暖锦衾薄,都护铁衣冷难着)

生:他们行军就靠骑战马,可战马死在敌人刀剑之下,就只能靠双腿行走了。

(出示征战时的行:一年三百六十日,多是横戈马上行)

生:他们只能住在荒郊野外,行军到哪里就住在哪里。

（出示征战时的住：今夜不知何处宿，平沙万里绝人烟）

师：关于边塞征战的生活，其他边塞诗中也有相关描写。读诗，要结合朝代背景去想象，如果你就是万里行军的将士们中的一人，你觉得这样的生活苦不苦？

生：苦，生活太艰难了。

师：你们心中有怨恨么？

生：有，我怨恨那些侵略者，连年征战，让我们失去家园，失去安宁的生活。

生：没有怨恨，能和战友们一起征战沙场，保家卫国，无怨无悔。

师：将士们有对侵略者的恨，更有对家国的爱！即使征战生活艰苦，将士们仍进行了艰苦卓绝的斗争，一切艰难险阻在他们眼里都轻如鸿毛，一切都为了国家安宁之重，无怨无悔，但诗中"万里长征"后面还有三个字——

生：人未还。

师：为什么将士们出征万里，却没能返回家乡呢？

生：可能有人牺牲在了战场上，永远也回不来了。

生：可能他们一直在打仗，战争不结束，他们就不能回来。

师：战争才是他们难以归乡的真正原因。

（相机板书：战不停　人不归）

设计意图

通过具体的情景想象将士们行军路上的环境，他们吃什么？穿什么？怎么行军？住在哪里？一连串的问题，激活了学生已有的生活经验，触发了学生的类比联想，头脑中再现了将士们的行军场景，再现了诗人的所见所闻，实现了语境还原。学生感受边塞战争的艰辛，为下文理解诗人的情感做铺垫。

板块三：联想诵读·悟诗人

师：王昌龄二十七岁时只身来到边塞，也曾想用手中的笔描写边塞的恢宏壮丽，也曾想在征战中立下战功、报效国家。可他来到边塞之后，看到的是漫天荒尘过后，留下的蓬蒿中的累累白骨，就像陈陶诗中描述的——

生：可怜无定河边骨，犹是春闺梦里人。

师：王昌龄会是什么心情？

生：害怕。害怕自己还未击败入侵的敌人，就丧生于这战争的荒尘中了。

生：担忧。百姓因战争流离失所，无家可归，所以王昌龄会有些担忧。

生：气愤。敌人害人不浅，害死了那么多无辜的人，国家不得安宁，百姓没有幸福的生活。

生：自责。对于无休止的战争，自己无能为力。

师：所有的害怕、担忧，所有的气愤、自责，一齐涌上了心头，心中五味杂陈，他的所见所闻与最初的想法、最初的愿望有所背离，他辗转反侧，怎么也睡不着。

（相机板书：见闻）

师：他趁着月色，登上了边关城，在这无眠的夜晚，他仰望着天上的月亮。他问道：明月啊！难道这样残酷的战争只是在唐代才发生吗？

生：不是，是从秦朝时就有了，秦朝就修筑了万里长城，就是为了防御外敌入侵的。

师：远望脚下绵延万里的边关，他问道：边关，你也像我一样，到如今才亲眼看到这"万里长征"之苦，"人未还"之痛吗？

生：不是，是从汉代时就看到了。秦汉时期就有了长城，汉朝时就开始对抗匈奴了。

（师相机板书：明月　边关）

师：明月照在边关的时间有多长，战争就有多长。边关屹立在这里的时间有多久，战争就有多久。从秦代到汉代，再到王昌龄所在的唐代，这是跨越了近千年的历史，战争历史越长，人民的苦痛就——

生：越重，越多。

师：想到这，王昌龄情不自禁地吟诵道——

生：秦时明月汉时关，万里长征人未还。

师：万里长征，真是苦不堪言！想到这，王昌龄又忧心地吟诵道——

生：秦时明月汉时关，万里长征人未还。

师：看那边关城下的累累白骨，战士们的英魂，不知什么时候才能返回故里，王昌龄愤恨地吟诵道——

生：秦时明月汉时关，万里长征人未还。

师：想到这，吟诵到这，王昌龄心潮澎湃，他心中升腾起了一个愿望，这心愿是什么呢？

生：他想有一天，他也能保家卫国，阻止战争的发生。

师：你能用诗中的一句来回答么？

生：他的心愿是"但使龙城飞将在，不教胡马度阴山"。只要有李广那样的将士在，就一定能不让胡马度过阴山。

生：表达了他希望国家能和平的心愿。

生：他想让国家早日脱离战争的魔掌。

生：他想召集更多的勇士来打败敌人。

师：在汉代万里征战的队伍中有个大名鼎鼎的"飞将军"，你们知道他是谁？

生："飞将军"是李广。他英勇善战，力大无穷。

生：王昌龄希望有更多像李广那样的人来保家卫国，打败敌人。

师：所以王昌龄相信，只要有像李广那样的将军在，就一定能够——

生：不教胡马度阴山。

师：他特别希望有良将，难道唐代时没有良将么？

生：有。

师：那他为什么还盼望良将呢？联系历史背景，那个时段，唐代当朝统治者并没有完全任用能征善战的良将，才导致某些战役节节败退，将士伤亡惨重。看到这样的情景，王昌龄才发出这样的咏叹。其实，他是在用这句诗向唐朝的统治者大声劝谏——

生：但使龙城飞将在，不教胡马度阴山。

师：王昌龄也是在向匈奴等历史上的侵略者们发出警告——

生：但使龙城飞将在，不教胡马度阴山。

师：王昌龄更是要未来的我们去思考——

生：但使龙城飞将在，不教胡马度阴山。

师：这样的心愿什么时候才能达成呢？

（师相机板书：盼良将　祈和平）

师：这是留给我们的思考。

师：这首诗中还有很多值得我们去回味，让我们再读全诗——

（生读《出塞》全诗）

设计意图

　　学生借助联想和诵读还原语境，与诗人进行跨时空沟通，透过诗句看到了诗人背后的喜怒哀乐，进入了诗人的心境。寻常的词语有了丰富的意蕴，诗歌焕发出了无穷的生命力。

板块四：关联阅读·悟诗境

师：边塞诗留给我们很多历史哲思，你们还知道哪些边塞诗？

生1：岑参的"剑河风急雪片阔，沙口石冻马蹄脱"。

生2：李颀的"野云万里无城郭，雨雪纷纷连大漠"。

师：这些都写出了边塞环境的艰苦。

生3：王维的"大漠孤烟直，长河落日圆"。

生4：杜甫的"江间波浪兼天涌，塞上风云接地阴"。

师：这些都写出了边塞风光的雄浑之景。

生5：王昌龄的"黄沙百战穿金甲，不破楼兰终不还"。

生6：王维的"孰知不向边庭苦，纵死犹闻侠骨香"。

师：这些写出了将士们的报国豪情。

师：课文中还有另外两首古诗，同学们可以用我们今天课上总结的这三种方法来尝试学习，还可以在平时的学习中不断总结新的方法。

师：边塞诗中还有很多内容值得我们思考，如火的激情能够激发战士们保家卫国的决心；旷世的孤独是描写边塞诗无边风光的底色；深沉的思索是留给后人用一生来思考的历史命题。

设计意图

通过关联阅读的方法，把学生积累的边塞诗材料，重组成板块，还原诗歌背景，丰富了学生理解边塞诗的经验。

三、探寻寓意，体验先行

解读者

张晓利，女，1979年1月生，大庆市龙凤区第五小学语文教师，大庆市语文学科教学能手、骨干教师。她通过学习和实践组块教学，懂得了在体验式学习活动中利于学生发展语文能力。

捷克教育家夸美纽斯在《大教学论》中写道："一切知识都是从感官开始

的。"这种论述反映了教学过程中学生认识规律的一个重要方面，即直观感受的二次创造可以使抽象的知识具体化、形象化。体验式教学可以使学生身临其境，使学生从形象的感知达到理性的顿悟，激发学生的学习兴趣。体验是指在教学过程中为了达到既定的教学目的，从教学需要出发，引入、创造或创设与教学内容相适应的具体场景或氛围，让学生获得情感体验，帮助学生正确地理解教学内容，促进他们的心理机能和谐发展。体验式教学活动有观察、联想、想象、表演、讨论等形式。

对于低段寓言教学来说，深刻理解寓意是难点，往往会"囫囵吞枣"地机械记忆，不能灵活运用。"体验式学习"恰好可以有效地解决这个问题，我们以《坐井观天》一课为例，进行实践解读。

[**教材课文**]

坐井观天

青蛙坐在井里。小鸟飞来，落在井沿上。

青蛙问小鸟："你从哪儿来呀？"

小鸟回答说："我从天上来，飞了一百多里，口渴了，下来找点儿水喝。"

青蛙说："朋友，别说大话了！天不过井口那么大，还用飞那么远吗？"

小鸟说："你弄错了。天无边无际，大得很哪！"

青蛙笑了，说："朋友，我天天坐在井里，一抬头就能看见天。我不会弄错的。"

小鸟也笑了，说："朋友，你是弄错了。不信，你跳出井来看一看吧。"

（选自统编教材小学语文二年级上册）

《坐井观天》这则经典的寓言故事影响着一代又一代人，统编版教材将它选编在二年级上册"思维方法"主题单元中，并以"初步体会课文讲述的道理"作为语文要素，这是符合二年级学生认知特点的。

（一）在联想中体验

"儿童获取知识是一个综合性的学习过程。"在语文课堂教学中，教师应充分挖掘教材中的生活因素，运用联想将学习与生活经验相结合，让学生在语文中理解生活。这样不仅优化了教学过程，还使学生的学习效率成倍提高。生字学习也是如此，在低年级识字教学中设计体验式教学活动，设计生活化情境，将识字和情境创设融合，提升识字效率。如在学习"沿"字时可以设计这样的教学活动：通过朗读，你们知道青蛙和小鸟在哪里吗？请学生把青蛙和小鸟的图片粘贴在黑板上。井的"沿"指的是哪里？请指一指图片。让学生明确，井"沿"就是井的边，"沿"就是边缘的意思。接下来让学生摸一摸桌子的边，桌子的边叫什么？那碗的边呢？河的边呢？你还能给"沿"组成哪些词语？这样，学生经历了贴一贴、看一看、摸一摸、说一说的过程，对汉字的体验从陌生到熟悉，再带上自己的感情色彩和生活经验，这一认识过程就加深了对生字的记忆，也让课堂充满活力。

《坐井观天》一课主要以青蛙和小鸟的三次对话来展现故事内容。青蛙的一叹一问，小鸟的反驳，都旗帜鲜明地表达了各自的观点。对青蛙、小鸟的角色进行个性化的解读，学生对角色的理解就会更加深刻，为揭示寓意做好铺垫。如在第一次对话中，小鸟回答说："我从天上来，飞了一百多里，口渴了，下来找点儿水喝。""一百多里"究竟是多远呢？学生头脑中没有明确的概念，这时就可以拿学生生活中熟悉的事物进行类比联想，操场一圈大约400米，不到一里，一百里就相当于绕操场跑125圈。通过这样的类比，学生知道了一百里是很远很远的距离，就能感受到小鸟的疲累，朗读时学生就能读得绘声绘色了。

（二）在想象中体验

在语文教学情境中展开想象，在提高学生对文字感悟力的同时也有利于学生角色的转换。在想象中体验，往往能够突破教学难点，深化文章的主旨，发散学生的思维，这种想象体验是有价值的。

如《坐井观天》一课中在理解"天无边无际"时，可以设计情境：小鸟在无边无际的蓝天上飞呀飞，它会看到什么？学生饶有兴致地想象，"小鸟看见枝繁叶茂的大树，看见湛蓝的湖面""看到辽阔的原野和美丽的城市"……是啊，小鸟在无边无际的天空中自由翱翔，这种想象体验，学生仿佛化身小鸟，俯瞰美丽山川，再回文本时学生自然会将小鸟和青蛙的处境进行对比。寓言教学中想象式的情感体验，是对寓意的体察，也为语言表达练习提供路径。《坐井观天》课文结尾写到小鸟让青蛙跳出井口亲自来看看，教学时可以引导学生想象情境：小鸟不想让青蛙错下去，想出来一个好办法，带着青蛙跳出井口，青蛙会看到什么？会想到什么？学生会根据生活经验充分想象，通过想象更深入地接近和体会课文中角色的特点和性格。"青蛙看到了宽阔清澈的河流，清澈的河流一定比'我'那口井里舒服多了，哈哈！'我'要搬家了，以后再也不做井底之蛙了！""青蛙看到了高山、大海、沙漠，它想世界真大呀！看来真是错怪小鸟了！"……在充满童趣的表达中我们可以感受到学生进一步理解了寓意，再一次实现知识内化，完成一次以知育情、以情促知的拓展过程，言语表达能力也得到提升。

（三）在表演中体验

在阅读教学中，设计有效的表演活动可以提高学生的语文素养，其起着非常重要的作用。教学活动中，合理设计表演情境，就会使学生自觉地参与到学习中来，充分发挥学生的积极性和主动性。在情境表演中，学生既可以加深对文本的理解，又可以加工提炼新的认知，将其与已有的生活认知进行重组，从而可以扩容记忆块，获得实践性学习成果。如教学《我要的是葫芦》一课，可以设计表演情境，让学生入情入境演一演种葫芦的人和邻居，通过语言、动作、神情，体会种葫芦的人的心理活动，通过邻居的口自然而然地总结出课文蕴含的道理。诸如这样的表演，教师和学生共同把文字变成可见的情境，加深了对课文的理解。

有时，简单明了的演示会把一些抽象的知识、原理简明化、形象化，帮助学生认识和理解。《坐井观天》一课中，"青蛙为什么觉得天只有井口那么大？"这个问题看似简单，学生真正理解起来还是有一定难度的，理解了这个问题，就能明白寓意了。此时可以让学生亲自"体验"，假想自己就是坐在"井"里的青蛙，教室的天花板就是天空，把书卷成筒状，从卷筒里看天花板。孩子们七嘴八舌："哇，我只能看到小小的一块天花板。""青蛙说得也没错。"……不能感同身受，就难以真正理解，简单明了的一次体验活动，让学生明白了青蛙坐在井里，井壁把青蛙视线遮挡住了，能看到的的确就是井口那么大的天呢！站在青蛙的角度，学生就能理解为什么青蛙认为小鸟在说"大话"了。环境决定眼界，只有站得高，才能看得远。

阅读教学中通过运用多种体验活动，习得阅读方法，发展言语智能，不仅使学习更具有趣味性，也提升了学习效率。

[教学实录]

实践者

杨倩，女，1987 年 2 月生。大庆石化第一小学语文教师。通过一年的组块教学学习，她认为阅读教学要以综合的语文实践活动替代单纯的理解分析，引导学生联系课文情境和生活经验进行体验式学习。

板块一：识字解词，体验情景

师：经过预习，《坐井观天》的故事都读过了。那我要考考大家有没有认真读。首先我在黑板上写一个字，同学们看这个字念什么。

（师写"观"）

生：观。

师："观"，同学们都认识，同学们刚才坐在座位上观看老师在黑板上写字，你能来说一说什么是"观"吗？

生："观"就是看的意思。

师：假如你是小青蛙，能想象出来"坐井观天"是什么意思吗？

生：坐在井里看天。

师：这个故事同学们都知道，青蛙坐在井里看天，小鸟飞来了，落在了哪？

生：小鸟落在井沿上。

师：井的"沿"指的是哪里？到黑板的图上指一指。

生：井的边。（生指着图片）

师：沿还可以组哪些词呢？桌子的边叫？（师指着桌子）

生：桌沿。（生抢答）碗沿、河沿……

师：青蛙坐在井里。小鸟飞来，落在井沿上。齐读。

（生齐读句子）

师：青蛙问小鸟什么？

生：（齐读）你从哪儿来呀？

师："我从天上来，飞了一百多里，口渴了，下来找点儿水喝。"这"一百多里"究竟是多远呢？

生：跑一圈操场那么远。

师：同学们都是在猜测"一百里"有多远，老师告诉你们一个准确的数字，一里等于五百米，一百里等于五万米。同学们能想象到五万米有多远吗？学校跑道一圈有 400 米远，五万米就相当于跑道的 125 圈。这时的小鸟又累又渴，你能读出这个感觉吗？

生："我从天上来，飞了一百多里，口渴了，下来找点儿水喝。"

师：你读"一百里"加重了语气，放慢了语速，为什么？

生：一百里很远，这样读就能感觉很远了。

设计意图

　　通过做动作、看图片、联系生活、朗读语句等直观体验和联想、想象体验，学习了"观""沿"两个字，体会了"一百里"的距离，为理解寓意做铺垫。

板块二：复述故事，体验心理

师：小鸟说自己飞了一百多里，可是青蛙却不那么认为。青蛙认为天有多大呢？

生：井口那么大。（师写板书：井口大）

师："天不过井口那么大"，青蛙认为小鸟在说大话。为什么？我们先来做个试验，你们先抬头看看天花板有多大，是不是很宽敞？可是咱们把书卷起来再来看天花板，你看到的天花板有多大呢？

生：只能看到小小的一块天花板。

师：青蛙认为天只有井口那么大，错了吗？

生：也没错。因为青蛙的视线被遮挡住了，所以它只能看到井口那么大的天。

师：所以，青蛙会用什么语气反驳小鸟呢？你就是小青蛙，来读一读。

生："朋友，别说大话了！天不过井口那么大，还用飞那么远吗？"

师：很好呀。对自己很自信，对小鸟很瞧不起。"大话"是什么意思？

生：大话就是吹牛。

师：此时此刻青蛙完全不相信小鸟说的话，这是一个反问句，更加强调不用飞那么远。

师：小鸟也要反驳，你来读一读。

生："你弄错了。天无边无际，大得很哪！"

（师板书：无边无际）

师：你还知道有哪些地方是无边无际的呢？

生：沙漠无边无际、大海无边无际、草原无边无际……

师：无边无际就是形容范围极广阔，没有尽头。

师：小鸟在无边无际的蓝天上飞呀飞，它看到了什么？

生：小鸟看到了枝繁叶茂的大树。（表演大树的样子）

生：看见了湛蓝的湖水。（想象）

生：看到了辽阔的田野和美丽的城市。（联想）

师：同学们，小鸟看到的天很大，世界很美。你用什么语气读小鸟说的话？

生："你弄错了。天无边无际，大得很哪！"

师：你们一个读小青蛙，一个读小鸟，把他俩的争论继续下去。

（生读最后两句对话）

设计意图

在读好对话语气中，融入了实践、想象等体验活动，走进了人物内心世界，为复述故事、揭示寓意做铺垫。

板块三：角色表演，探索寓意

师：青蛙和小鸟的争论内容是，"天"有多大这个问题。他们嘴上有说的，心里也有想的。我们来演一演这个过程，通过表情和动作演出他们的想法。谁想当小青蛙，谁想当小鸟？

（学生分别扮演青蛙和小鸟）

师：我问问你，小青蛙，你刚才说话声音那么大，还用白眼看小鸟，心里想什么了？

生：青蛙坐在井里，没有看过世界，他认为天只有"井口大"，所以他认为自己说的有理，声音就大了。（大家笑）

师：那白眼什么意思？

生：我觉得小鸟在说大话，很瞧不起他。

师：小鸟，刚才你说话的速度为什么那么快？

生：因为小鸟觉得青蛙说的不对，所以很着急。

师：着急说服他，是吧？非常好，你俩坐下。大家说，小鸟能说服青蛙吗？

生：不能。

师：对了，青蛙从来没看过的，你怎么说他都不会信的。所以，我们常常把那种只认为自己对，不听别人劝的人，叫井底之蛙。（揭示寓意）

师：小鸟想出来一个好办法，带着小青蛙去看世界，小青蛙看到了什么？他会想什么呢？

生：青蛙看到了清澈的河流，他想："清澈的河流一定比我那口井舒服多了，哈哈！我要搬家了，我以后再也不做井底之蛙了！"（表述）

师：看得出来这只小青蛙转变想法了，他想换新家了，再也不想当那只自以为是的小青蛙了。

生：青蛙看到了高山、大海、沙漠，他想世界真大呀！我错怪小鸟了！（感悟）

师：青蛙为什么改变了想法？

生：因为他看到了世界。

师：他再听小鸟说飞了一百多里，还会认为小鸟说大话吗？

生：不会。

师：那些自己不懂就说别人说大话的人，是什么样的人？

（师指课题）

生：坐井观天的人。

师：这篇课文表面上写的是青蛙和小鸟争论天有多大，实际是通过他们的争论告诉我们一个道理，不要做青蛙那样目光狭窄的人，要相信有更多我们不知道的世界等待我们去发现。

> **设计意图**

通过角色表演、续写练习等体验活动，学生顺利理解了寓意。

第三节 关注成长，点亮智能

"让学生学习语言的功能，进而有效地使用语言、产生言语智慧，这就是语文课程的价值所在。"这是薛法根老师基于"言语交际功能"的语文课程观，更是"以发展儿童言语智能为核心目标"的教学理念的体现。我们明晰了这个理念后，努力寻找实践的路径，在阅读教学中通过迁移运用策略点亮学生的言语智能，使之转化为提高生命质量的言语智慧。迁移运用，是连接课堂与生活的桥梁，是通过实践获得言语成长的重要形式。我们可以凭借"教材"这个例子，引导学生了解阅读方法，使其今后在面对类似阅读时能延续这一思路，逐渐形成适合自己的阅读思维；依托课文语境创设生活情境，"迁移"刚刚的"学得"到"习得"，扩容和巩固"记忆组块"，使学生领悟思考问题的方法，越学越聪明；发掘文本隐含的言语图式，提炼表达规则，建构迁移运用支架，让学生习得规范、生动的语言，从接受到模仿再到灵活运用。学生将学得的阅读方法、思维方法、表达方法，在语言实践中有效地加以迁移运用，从而获得"言语智慧"。

一、迁移运用，搭建支架

解读者

李治萍，女，1981 年 11 月生，大庆市直属机关第一小学校语文学科主任。全国优秀语文教师、黑龙江省"龙江卓越"教师、大庆市优秀教师。她通过对组块教学的研读与实践，懂得教师要善于发掘文本中学生可接受和模仿的言语图式，并提炼言语运用规则，搭建支架，引导学生在迁移运用中生成"言语智慧"。

生成"言语智慧"的基础在于迁移学生的"学得"为"习得"，在教学中实现知识和技能的"迁移运用"。在日常教学实践中，我们要善于从文本中选取典范的、学生能接受和模仿的言语图式，提炼其中的语言运用规则，创设学生所熟悉的生活化情境，引导学生借鉴运用。这个过程我们可以理解为搭建支架，让学生在迁移运用中巩固知识和技能。

　　语文教学中的支架有很多的种类，通过对薛法根老师《为言语智能而教》一书的研读，结合日常教学实践，我们可以总结为体验式支架、发现式支架、启发式支架、示范式支架、图像式支架以及问题式支架等类型。教师在教学设计中要善于灵活运用适合的支架类型，帮助学生学习。"搭建支架"离不开对学生当前发展水平的认识，通过构建合理的支架把学生的言语能力从一个水平引导到另一个更高的水平。《爬山虎的脚》是统编版教材小学语文四年级上册第三单元的一篇课文。课文所在单元的阅读训练要素是"观察"与"表达"，对比本册同要素单元，对训练观察方法的要求更加具体、深入，这对学生往后的学习与生活更具引导意义。因而，教师在引导学生学会观察的同时，要懂得如何"搭建支架"，让学生在"迁移运用"中巩固知识和技能。

[教材课文]

爬山虎的脚

叶圣陶

　　学校操场北边墙上满是爬山虎。我家也有爬山虎，从小院的西墙爬上去，在房顶上占了一大片地方。

　　爬山虎刚长出来的叶子是嫩红的，不几天叶子长大，就变成嫩绿的。爬山虎的嫩叶，不大引人注意，引人注意的是长大了的叶子。那些叶子绿得那么新鲜，看着非常舒服。叶尖一顺儿朝下，在墙上铺得那么均匀，没有重叠起来的，也不留一点儿空隙。一阵风拂过，一墙的叶子就漾起波纹，好看得很。

　　以前，我只知道这种植物叫爬山虎，可不知道它怎么能爬。今年，我注意了，原来爬山虎是有脚的。爬山虎的脚长在茎上。茎上长叶柄的地方，反面伸出枝状的六七根细丝，这些细丝很像蜗牛的触角。细丝跟新叶子一样，也是嫩红的。这就是爬山虎的脚。

爬山虎的脚触着墙的时候，六七根细丝的头上就变成小圆片，巴住墙。细丝原先是直的，现在弯曲了，把爬山虎的嫩茎拉一把，使它紧贴在墙上。爬山虎就是这样一脚一脚地往上爬。如果你仔细看那些细小的脚，你会想起图画上蛟龙的爪子。

爬山虎的脚要是没触着墙，不几天就萎了，后来连痕迹也没有了。触着墙的，细丝和小圆片逐渐变成灰色。不要瞧不起那些灰色的脚，那些脚巴在墙上相当牢固，要是你的手指不费一点儿劲，休想拉下爬山虎的一根茎。

（选自统编教材小学语文四年级上册）

《爬山虎的脚》一课的教学目标是体会作者细致的、连续性的观察。为落实这一教学目标，教师可以搭建示范式支架，挖掘文本内容的示范引领作用，学生从中总结出作者细致观察的切入点；利用图像式支架更直观地了解爬山虎的叶子及脚的特点，重点研读课文的第四自然段，从描写爬山虎向上爬的句子和连续性动词——触、变、巴、拉、贴，体会作者如何通过细心、持久的观察写出这一变化的过程。教师还可以搭建体验式支架，体会这些动词运用的准确，让学生做一做这些动作。为了进一步学习作者观察的连续性，在文章的最后可以为学生搭建发现式支架，自主找到"不几天""后来""逐渐"表示时间变化的词加深理解。通过迁移运用的"支架"，不仅落实了本课的教学目标，也为本单元的习作奠定了基础。

"搭建支架"的目的是实现知识和技能的"迁移运用"，运用多种形式的"支架"，将课文中学得的观察事物的方法转化为学生的表达能力。这就如同，阅读吸收是主体思维的内化活动，内化得怎么样，要通过外化的语言来检测。读写结合正是这种从内化到外化的有效桥梁。教师要结合文本表达的特点，找准训练点，找准语言发展的生长点，立足表达要求，实现写的迁移运用。

本单元的习作训练要素是：进行连续观察，学写观察日记。所以在学习这篇课文后，教师仍然可以搭建发现式支架：出示蒜苗生长变化图，让学生运用本文积累到的观察和写作方法，进行迁移运用。引导学生从颜色和形状等方面观察不同阶段大蒜的变化，并使用本课中积累的动词来表达观察所得，重点指导描述变化过程。这样的教学环节，为本单元后面的习作做好提前预热，真正实现了课内向课外、知识向能力的迁移。在迁移运用中搭建支架，可以帮助智慧潜能的转化，成为将课堂所学转化为生活所需的利器。

[教学实录]

实践者

佟鑫，女，1985 年 11 月生，大庆市直属机关第一小学校语文教师，曾获多项荣誉称号和赛课及论文奖项。她在学习组块教学的过程中领悟到，教师要在教学中合理创建迁移运用的支架，让言语表达能力的提升落到实处。

板块一：迁移旧知，巩固细致观察法

师：同学们，上节课我们学习了古诗三首，谁来给大家背诵一下？

（生背诵《暮江吟》）

（生背诵《题西林壁》）

（生背诵《雪梅》）

师：同学们背诵得自然流畅。通过上节课的学习，我们了解到作者因为细致观察才将大自然中的画面景物描绘得淋漓尽致，让我们有身临其境之感，那么今天，我们来学习一篇叶圣陶爷爷的文章，看看他是怎么观察事物的。

（板书课题）

生：10. 爬山虎的脚。（齐读）

师：现在就请同学们把书打开，用你喜欢的方式来朗读课文，注意要把

字音读准、句子读通顺，遇到难读的地方多读几遍，开始吧!

（生自由朗读课文）

师：这两组词语你能读准吗? 自己先练习读一读。（出示由生字组成的词语，生自由读）

嫩绿　均匀　重叠　空隙　漾起　叶柄　一顺儿

触角　根茎　痕迹　蛟龙　蜗牛　枯萎　弯曲

师：现在我要开火车检测一下。

生：……

师：这个字需要纠正，"隙"是四声，请你再来读一遍。

生：隙。

师：我们来一起读这个词"空隙"。

师：把所有的词大声读一遍，注意词与词之间的停顿。

生：……

师：再来看这两组词，细心的你能不能发现这两组词都有什么特点呢? 你可以结合课文内容想一想。

（生思考）

生：第一组词是描写爬山虎叶子的，第二组词是描写爬山虎的脚的。

师：是啊，老师把这些词分成两组的原因被你发现了。第一组是描写爬山虎的叶子时用到的词，第二组是描写爬山虎的脚时用到的词。我们再来读一读。

（生自由读）

师：谁能填一填这两个空。（出示）

生：课文主要介绍了爬山虎的（叶子）和（脚）的特点，表达了作者对爬山虎的喜爱之情。

师：现在就请同学们轻声朗读课文的第三自然段，用横线画出描写爬山虎脚的句子。

（生轻声读第三自然段）

师：谁来说一说你画的是哪些句子呢？

生："爬山虎的脚长在茎上。茎上长叶柄的地方，反面伸出枝状的六七根细丝，这些细丝很像蜗牛的触角。细丝跟新叶子一样，也是嫩红的。"

师：（出示）我们看，这段文字是对爬山虎脚的描写，这里一共有几句话呢？三句。现在老师要找三名同学来分别读这三句话，其他同学也是有任务的，要在听的同时想一想作者是从哪些方面来描写爬山虎的脚的。

生：作者是从形状、颜色（稍停顿）和生长位置来描写的。

师：爬山虎的脚到底长在哪里呢？谁来填空？（出示：爬山虎的脚长在_____）老师提醒你一定要填得具体一点（同时出示爬山虎的脚图片）。

生：爬山虎的脚长在茎上长叶柄的地方。

师：同学们，你们同意这样的说法吗？这就是为什么题目叫"爬山虎的脚"，文章里还要写叶子的原因。好，请你再对它进行细致观察，再来填一填。

生：爬山虎的脚长在茎上长叶柄地方的反面。

师：看，经过更加仔细地观察，我们就将爬山虎脚的位置具体准确地指了出来。

（画爬山虎的茎）这是爬山虎的茎，我们来看"茎"这个字（出示），因为与植物相关，所以是草字头，上下结构，写的时候要注意什么？下面的部分不要写成"圣"字。一起来读一读这个字，记住是一声哦！

师：连接叶子的地方（在茎上画出分枝，粘贴上叶子，指明）这里就叫作——

生：叶柄。

师："柄"是一个形声字（出示），左边木字是形旁，右边的"丙"是声旁，一起来读一读。

师：茎上长叶柄地方的反面，同学们通过图片也能够了解，长叶柄地方的反面，反面就是另一面，老师在这里做一个小小的标记。（在茎和叶柄连接

处画出圆点）

师：现在老师想找一名同学来完成前面的这幅画，谁能来画一画爬山虎的脚？

（生在黑板上画）

师：我们来联系课文看一看，什么形状？（枝状），多少根细丝？

（六七根），这就是爬山虎脚的样子。

师：我们再来读读这段话。

（生齐读）

师：我们看到爬山虎的脚如此隐蔽，可是叶圣陶爷爷却把它写得这样具体和生动，正是说明他观察——

生：细致。

（板书：观察细致）

师：叶爷爷就是通过——（出示）

生：位置、形状、颜色。

师：这三个方面去进行全面而细致的观察的。

（板书：多方面）

设计意图

迁移运用上节课学过的观察方法，搭建图像式支架即完成茎和叶子的图画，继续巩固从位置、形状、颜色三个角度进行细致观察的方法，为本单元观察日记习作做准备。

板块二：体会动词，发现连续观察法

师：现在我们再来看爬山虎爬的过程，体会作者的细致观察。请同学们默读课文第四自然段，用波浪线画出描写爬山虎爬墙的句子。

（生默读第四自然段）

生："爬山虎的脚触着墙的时候，六七根细丝的头上就变成小圆片，巴住墙。细丝原先是直的，现在弯曲了，把爬山虎的嫩茎拉一把，使它紧贴在墙上。"

师：从这里你能体会到作者的观察细致吗？你具体是从哪个词中体会到的呢？

生：我是从"触着""变成""巴住""拉""贴"这些词看出的。

师：你抓住的都是？

生：动词。

…………

师：谁能结合这些动词表演出爬山虎爬墙的过程？

（生根据老师读的语句表演动作）

师：现在我们都来学一学他，往上爬一爬好吗？全体起立。

（师读爬墙过程，生表演）

师：现在你是不是清楚了它爬墙的过程了呢？谁再来读这段话？

（生读）

师：通过你的朗读，我们仿佛看到了爬山虎正在爬墙的画面，现在我们一起来读。

（生齐读）

师：同学们，作者用了一系列的动词就把爬山虎的爬墙过程描述得如此清晰，我们可以说作者用词——

生：准确。

（板书：用词准确）

师：通过这些词，我们不但能体会到它爬墙的过程，还能够感受到一点，那就是叶爷爷一定是在不同的时间点去观察的，对吗？那么，这样的观察我们就可以叫作连续观察。

（板书：连续观察）

师：说到连续观察，在第五自然段中也有所体现，现在就请同学们来认真读一读第五自然段，找一找哪里可以体现出是连续观察。

（生自由读第五自然段）

师：你从哪里能感受到作者是在连续观察？

生：开始写了"不几天"，后面又写了"后来"，又写了"逐渐"，我从这些词中可以看出来他是用很长时间来观察的。

师：这些词都是表示时间变化的词，叶爷爷一定是今天来看看，明天来看看，过了几天他再来看看，这样才能够发现爬山虎脚的变化。谁再来读读这一段？

（生读）

师：通过这节课，我们知道了细致观察体现在多方面描写、用词准确，还有连续观察。

设计意图

　　通过抓词语、表演等活动，搭建发现式支架，让学生自主感受作者如何把爬山虎爬的过程描述得清楚和生动的，强化认识连续性观察法。

板块三：巩固训练观察法，实现表达应用迁移

师：前一段时间，老师留了一个观察植物生长的小任务，我自己也进行了观察，并且还把它拍成了照片带到了课堂上，同学们，你们看！（出示蒜苗变化图）老师观察的是什么？

生：蒜。

师：蒜苗的生长过程。

师：你们能不能用多角度细致观察法介绍下这三张照片呢？先来看第一

天，谁来说说第一天大蒜是什么样的？

生：第一天的大蒜呈现乳白色，弯着腰，水灵灵的，好像一个绅士正在给我们鞠躬。

师：他抓住了颜色、形状的特点，并且还发挥了想象，真不错。

师：第二天，你们看，它有哪些变化呢？

生：第二天从蒜苗的顶部冒出了一个嫩绿色的小芽，底部长出了白色的根须，这些根须像老爷爷的白胡子，绿芽像一顶绿色的帽子。

师：你说得真好，你刚才用了一个动词，大家说他用了什么词？"冒"，老师特别喜欢这个字，我觉得他把蒜苗努力向上生长的力量表现了出来，表扬你！

生：第二天蒜苗头顶上钻出来一个绿绿的小芽，非常可爱，身后也长出了短短的须根，显得十分俏皮，整瓣蒜看上去像是一只可爱的小鸟。

师：她也用到了一个动词，是"钻"，看来你学习了叶圣陶爷爷，你现在用词也很准确，而且她说像小鸟，多生动啊！

师：最后第三天，蒜苗又发生什么变化了？变成什么样了？

生：第三天的蒜苗长得越来越高了，有两三厘米高，整个看上去像一片茂盛的小树林。

师：你看，她不但关注到了个体，而且现在已经着眼于整体了。

生：第三天的蒜苗看上去好像一个个挺拔的士兵围在一起，庆祝祖国的生日。

生：第三天大蒜头顶上的蒜苗长得越来越高了，足有两三厘米，底部的根须又多又密，透着一种静态美，整体看来就像一座座长满绿色植物的小山峰直刺湛蓝的天空。

师：你说得可真好啊，词语这么美。

师：经过刚才这几名同学的描述，我们已经发现蒜苗每一天都在不断变化，我们每一天都去观察，也可以说是在连续观察。今天回去继续观察一种事物，可以用上之前学到的图文结合的方法，也可以用上做表格的方法，当然也可以选择其他你喜欢的方式，我们来记录每天的收获，这样就可以完成一篇观察日记了。

师：今天的课上到这里，下课！

设计意图

通过搭建支架，引导学生基于细致、连续观察描述蒜苗变化图，实现了观察方法的迁移运用，为本单元习作"写观察日记"做好充分准备。

二、群文阅读，聚焦议题

解读者

马智华，女，1976 年 4 月生，大庆市直属机关第五小学校校长。她在学习组块教学后，致力于带领教师实践提升学生阅读能力的教学策略。

群文阅读是围绕议题展开一组文本阅读的方式，属于需要辩证式思维的实用性阅读方式。议题，即话题，是一组选文存在的价值和灵魂，也是实践群文阅读教学的关键要素。统编版教材大多以人文主题编排精读和略读课文，再辅以与主题相关的交流、习作等训练内容，还会拓展相应主题的阅读链接。可是教材容积有限，通过一两篇略读课文就想实现迁移运用"学得"的知识和技能，就显得力不从心了，这时如果适当加入群文阅读，就会架起迁移运用的彩虹桥，将课内与课外、学得与习得、学习与实践紧密连接。

以三年级上册的"预测策略"单元为例，进行实践探索。为了让学生进一步巩固"预测方法"的运用，以"预测"为议题，以"抠"为主题，选择了两篇悬念丛生，具有可预测性的吝啬鬼故事。

[群文]

怎一个"抠"字了得

文本一：

[幕启，贾仁病重卧床不起，贾长寿站立床边。]

贾长寿：（坐在床边握着贾仁的手，满脸愁容）父亲，您想吃什么吗？

贾仁：（叹了一口气）说到吃，我的儿啊，你知道我这病是怎么得上的吗？那一天我想吃烤鸭，我走到街上，那店里正烧鸭子，油汪汪的。我推了推那鸭子，使劲蹭了一把，恰好五个指头全蹭上了油。（窃喜地）回到家，我说给我盛饭吃，吃一碗饭我舔一个手指头，（回味似的）吃四碗饭舔了四根手指头。然后我突然打起了瞌睡，就在这板凳上睡着了，被一条狗舔了我这最后一根手指头，我一口气堵在胸口，就得病了。（颤抖着摆手，轻轻摇头）唉……罢了罢了！我的儿啊，我大概是活不了多久了。你打算怎么给我操办丧事啊？

贾长寿：如果父亲有个好歹啊，孩儿给您买一个上好的红木棺材。

贾仁：我的儿，千万不要买，红木太贵，我反正到时候已经是个死的人，哪里知道什么红木柳木！我后门头那儿有一个喂马槽，我看就挺好了！

（节选自元杂剧《看财奴》第三折并改编）

文本二：

严监生的病一天比一天重，亲戚们都来问候。五个侄子忙前忙后陪郎中开药。到中秋以后，郎中都不开药了。把家人从乡里叫了上来。病重得一连三天不能说话。晚间挤了一屋子的人，桌上点着一盏灯。严监生的气都不够用了，一口气上来，好像就要没了下一口气，却始终没有断气，还把手从被单里拿出来，伸着两个指头。大侄子上前问道："二叔，难道是你还有两个亲人还没有见面?"他就把头摇了两三摇。二侄子走上前来问道:"二叔,难道是还有两笔银子在哪里,还没吩咐明白?"他把两眼睁得滴溜圆,把头又狠狠地摇了几摇,越发指得紧了。奶妈抱着孩子插口道:"老爷应该是因为两位舅爷不在跟前,所以挂念着。"他听了这话,两眼闭着摇头。那手只是指着不动。赵氏慌忙擦了擦眼泪,走近上前道:"老爷,别人都说得不对,只有我知道你的意思!你是因为那盏灯里点的是两根灯草,不放心,害怕费了油,我马上挑掉一根就是了。"说完,忙走过去挑掉一根。众人看严监生时,点一点头,把手垂下,当时就没了气。

（节选自《儒林外史》并改编）

（一）迁移"学得"为"习得"

如果不想将学习变成机械的记忆、简单的复制和浅显的理解,就要引导学生学会将学到的知识迁移运用到新的情境之中来解决问题。要想将知识转化为能力,就需要在学习过程中不断训练、巩固,进而掌握方法,这是一个循序渐进的过程,也是在教材内容基础之上加入群文阅读拓展训练的原因之一。先复习学过的"预测方法",再将已有的预测经验迁移运用至本节课当中,从简单的预测文章内容,到尝试更深入地预测人物心理、行为,探究人物种种外在表现的内在原因,从而感受人物的"吝啬"形象,为进一步准确、熟练运用"预测方法"奠定基础。

（二）迁移"习得"为"用得"

明确了新旧知识的联系后,再通过"习得"向"用得"的内化迁移,才会获得学习的最大收益。当学生对吝啬鬼的夸张形象还没有彻底认识时,预测就会停留在常规思维上,所以,教师引入"戏剧"概念,帮助学生体会文中人物的心理、神态、动作等内容从而发现其荒诞所在,为预测接下来的超常情节奠定了基础。同时,仍然需要不断强化主题,引导学生紧紧围绕"抠",运用预测方法,有"法"可依地预测人物的行为和语言。学生在预测的过程中逐渐贴近作者思路,体会到了灵活运用预测方法带来的成就感和愉悦感。

（三）迁移"用得"为"经验"

有效的学习经验、完备的认知结构会对以后的学习产生积极的影响，所以教师不仅要教会学生阅读方法，还要指导学生探索适合自己的学习方式，在实践中总结有效的学习经验。第二篇文章是为学生总结预测经验而设的，让学生综合预测方法和对吝啬鬼的认知，预测"严监生"这一人物的心理。教师以问题为导向，围绕主题，聚焦议题，抓住严监生的"抠"，沿着"提取信息""整合信息""预测信息"的思路，由扶到放，让学生独立实践，形成了自己的预测阅读经验。

（四）迁移经验多运用

群文阅读经验不仅可以应用在某一技能的拓展、巩固训练中，它也可以作为教材的补充内容，辅助语文教学实践活动。例如，从三年级开始，教材编排了综合性学习单元，培养学生根据主题收集、整理、交流、展示资料的能力，这与群文阅读训练目标不谋而合。三年级上册的"综合性学习"，以传统文化为主题编排了课文，还安排了"中华传统节日"的活动提示，并在习作训练中要求写一写"自己家过节的过程"或"节日中发生的印象深刻的事"，这就要求学生收集大量相关资料，提取有用信息，为丰富习作内容所用。这个阅读过程就是群文阅读的过程。

可见，群文阅读的实践性和实用性，不仅能帮助学生达到阅读量的提升，还能在阅读能力和迁移运用方面得到提升。

[教学实录]

实践者

王欣，女，1991 年 9 月生，大庆市直属机关第五小学校语文教师。她在尝试运用组块理念进行群文阅读教学探索时，明确了群文阅读要始终聚焦核心议题，重组信息提取、加工、迁移、运用等训练内容教学板块，为发展学生阅读能力而教。

板块一：复习预测方法

师：同学们，我们之前学习过一篇课文叫《总也倒不了的老屋》，通过这节课，我们学习了一些预测方法，你们还记得吗？谁来说一说？

生：可以通过题目、关键词、图片、文章结构、生活经验来进行预测。

师：恭喜你，学有所得。今天我们继续运用这些预测方法来学习一篇非常有意思的文章，老师给大家带来一个新朋友，但是我觉得你们不见得愿意和他做朋友，为什么呢？那就请你听我介绍介绍。（角色扮演）一生衣饭不曾愁，赢得人称贾关洲，奈何父亲生重病，叫人终日皱眉头。大家好，我叫贾长寿，我爹的名字叫贾仁（学生笑）。我爹啊，他是一个大富豪，腰缠万贯，特别有钱，但是他这个人，舍不得花半文钱，可怜我这个富二代，从小到大，从来没有痛痛快快地花过一分钱。这不，我爹最近生了病，挺严重，我听说城外的寺庙特别灵，所以我打算朝我爹要点儿钱，去给他烧香祈福保他长寿，说到这里，你们觉得我爹他会给我这笔钱吗？

生：不会！

师：为什么呢？

生：因为刚刚您已经说过，你爹是一个特别抠的人，半文钱也舍不得花，所以不会给这笔钱的。

师：那你是使用了什么预测方法？

生：根据生活经验。

师：没错，按我爹这个人的生活态度他是不会给的，可这是你从我的介绍中了解到的，实际上，你在生活中并不认识我爹。刚才你说"舍不得花半文钱"是你预测的依据，那你还觉得是根据你的生活经验预测出来的吗？

生：老师，是根据你话里的关键词预测的！

师：（板书：关键词）真棒，一点即通！说到要钱的事，你们让我特别没信心哪，他都病成那个样子了，你们都觉得他还是不会给我钱呀，就没有一个人能给我点信心吗？觉得我爹会给我钱吗？

生：我觉得你爹会给你钱，因为你爹病了，如果你说你要去寺庙祈福让他长寿，他应该会给你钱。

师：这又是根据什么进行预测的？

生：生活经验！因为我们都知道钱没有命重要，很多人即使知道不一定能治好，也要想办法试一试。（教师板书：生活经验）

师：说得真有道理，哪怕希望渺茫，也要放手一试，毕竟人命关天，这才是人之常情。刚才我说他病得挺严重了，那你们猜猜，我爹他到底为什么会生病呢？

生：因为你爹他有很多钱，他就天天想这些钱，怕别人把这些钱偷走，天天想钱，把自己想病了。

师：忧思过重，有道理，看来你抓住关键了，我爹确实是这么一个在意钱的人。

生：我觉得贾仁是每天光想着赚钱了，身体很累，就病倒了。

师：你根据什么来预测的？

生：我是根据生活经验，因为很多人都是因为赚钱不顾身体，之后就病倒了。

师：沦为了金钱的奴隶。你们说得都很有道理，那么请你们来到我家，咱们一起去看看我爹，看看他为什么生了病，找到病根儿，说不定就能药到病除。

设计意图

复习预测方法，让学生将课内掌握的预测方法迁移运用至课外阅读中，聚焦"抠"的议题，猜测人物的行为和心理。

板块二：巩固预测方法

师：（出示部分课文）同学们，你们发现这篇文章和我们以前学的课文哪里不一样了吗？

生：第二行第一句话加了括号。

生：它是对话形式的。

师：是的，它是对话形式的，前面的人名是说话人。这种格式的文章就是文学体裁中的戏剧，在剧本当中，"幕"是"幕布"的"幕"，"帷幕"的"幕"，"幕启"就代表幕布拉开，好戏登场了，剧中人物依次上场；方括号里主要交代舞台布景和人物活动情况等。这里的人物都有谁？

生：贾仁和贾长寿。

师：人物的活动情况呢？

生：贾仁卧床不起，贾长寿站立在床边。

师：圆括号里交代的是人物说话时的表情、动作等。贾仁病重卧床不起，贾长寿站立床边，握着贾仁的手说："父亲，你想吃些什么吗？"（教师读文至"舔四个手指头"）说到这，你说我爹这病是怎么得上的？谁有了新想法？

生：吃饱了撑的。

师：你的预测依据是什么？

生：我依据生活经验，因为吃四碗饭也吃得太多了。

生：我也是根据生活经验进行预测的，我感觉他手上有很多细菌，细菌进入了他的肚子里，所以他就病倒了。

师：生活经验告诉我们，吃得太多，吃得不干净都有可能会生病，可是会病重到如此地步吗？请同学们仔细看看文章，除了生活经验，我们还可以依据关键词和动作。你想一想，贾仁是一个什么样的人？

生：很抠的人。

师：他生病最可能和什么有关系。

生：抠。

师：按照这个思路，去文中找找关键之处，再结合动作，你们有新的想法了吗？

生：他不是舔了四根手指吗？还剩一根，他就总是惦记着，总想舔，但是吃不进去了，就郁闷生病了。

师：你不仅找到了文中的关键信息，还关注到这根还没舔到的手指了，你想一想，这么抠的贾仁都舔了四根了，他能放过这最后一根吗？

生：不能。

师：那他舔没舔着这最后一根手指呢？他到底为什么会生病呢？我们接着往下看。（学生读文）谁预测得最接近？把掌声送给今天的第一个预测小能手。（学生鼓掌）唉，因为这最后一根手指抢先被狗给舔走就生了病，如果用一个字来形容一下这个贾仁，他怎么样？

生：抠。

师：所以说这个贾仁真是怎一个"抠"字了得啊。（教师补充板书"抠"）现在他都快死了，到了我这个儿子尽孝心的时候了，他把我叫到床前，问我："唉……罢了罢了！我的儿啊，我大概是活不了多久了。你打算怎么给我操办丧事啊？"说到这里，你们知道怎么办葬礼吗？

生：你应该给他买几只大烤鸭送去。

师：是得给他买点好吃的。

生：我认为应该给他准备点烧的纸钱，因为他生平很抠门，应该给他多准备点钱。

生：你刚才说要拿点钱去寺庙，我觉得应该去给他拜一拜，祝福他在天堂过得好。

生：还应该给他准备棺材，因为以前人去世都用棺材。

生：他生前那么抠门，我觉得你要在他去世后给他准备一件龙袍。

师：你的想法太大胆了，总之你是觉得要给他准备一件好衣服。看来你们的预测都离不开贾仁的"抠"了，可是你们这些办葬礼的知识都是从哪里来的？

生：生活经验。

师：（出示表格）在生活中，我们要给一个人办葬礼，要准备一些衣服啊，酒席啊，棺材啊，等等，看看贾长寿是不是和你们一样的想法呢？（出示课文，学生读文）

师：你读得准确，但是贾长寿说这句话的前提是他爹贾仁病重快不行了，情绪上应该怎样呢？

生：应该很难过，悲伤一点。

师：没错，请你把自己当作贾长寿再来试一试。

生："如果父亲有个好歹啊，孩儿给您买一个上好的红木棺材！"

师：声情并茂，读得真好，同学们依据生活经验预测得也是只多不少。可是买上好的棺材需要花钱哪！你们猜，按照贾仁的性格，他会怎么回答呢？

生：不行，绝对不可以买的，我要保留这些钱！

师：你这坚决不想花钱的样子太像贾仁了。他到底会怎么回答呢？除了关键词和生活经验，我们还有一个重要的预测伙伴，就是图片。（板书：图片）请同学们看图片，想想我爹贾仁到底会怎么回答我呢？

生：我觉得他会说，红木棺材太贵了，还是用马槽吧。

生：图片中贾仁手指指着马槽的方向，我觉得他会想死后把自己放在马槽里。

师：学以致用，看来图片真是你们预测的好帮手，你们抓住了图片中的关键信息，通过图中贾仁手指的方向来预测，我们一起看看贾仁到底是怎么说的。（出示文本，学生读文）

师：如果在这里加上贾仁的动作和情绪，你们觉得当时的情景会是怎样的？

生：他应该是连忙摆手，非常着急地说不让他儿子买棺材，然后用手指着喂马槽。

师：我觉得你说得很贴切，那么我把你的想法加上圆括号，补充在文本中，看看这回贾仁是不是更活灵活现了？看来你也很有当戏剧作家的潜质呢！这回人物更丰满了，看谁能读出第二个活灵活现的小贾仁。（学生读文）

师：我觉得你们都应该把掌声送给自己，今天你们都是预测小能手，都有一双火眼金睛。（学生鼓掌）你们看这个贾仁，他宁可把自己葬在喂马槽里都不肯花钱，真是对自己苛刻抠门到极致！我们觉得不可思议，但是在文学作品中像贾仁这样的吝啬鬼可不止一个，我们再来认识一个人，他叫严监生。（出示部分文本，学生读文）

设计意图

将预测情节、朗读文本、刻画人物等内容组合在一起，由扶到放，引导学生灵活运用预测方法提取关键信息，悟人物形象。

板块三：总结预测经验

师：他伸出的两根手指是要表达什么意思呢？可不是要喊"耶"。请你说说你的预测结果，并说出运用了什么预测方法吧。

生：我觉得他伸出两根手指是要留两个人。我是依据生活经验进行预测的，因为人去世前总想看看最亲近的人。

生：我感觉他是要说"你们不要花钱，两个银子都不要花"。我是根据关键词进行预测的，因为老师您刚才说他跟贾仁一样是吝啬鬼。

师：你抓住了老师说话中的关键词，看来有了认识"贾仁"的经验，同学们对于猜中"严监生"的想法都更有方向了。那么，大家有没有猜中这个不能说话的严监生的心思呢？

（出示文本，学生读文）

师：先把掌声送给自己，因为你们预测的和作者想的差不多，可是大家猜中严监生的心思了吗？

生：没有猜中。

师：你从哪里看出来的？

生：文中最后一句说"大家急得团团转，就是不知道他想说什么"。

师：大家都猜不中，严监生可真是有口难言哪，接下来请同桌互相讨论，猜猜严监生的心情，再想想，大家第一次没猜中，严监生是什么动作、什么表情；又没猜中，严监生又是什么动作、什么表情；最后还没猜中，严监生是什么反应。把文中的空白处补充出来。

（学生同桌讨论）

师：哪一组同学忍不住想分享？

生：第一次是摆摆手，第二次是摇摇头，第三次是（做动作）。

师：你的动作做得非常好，你能用语言描述一下吗？

生：第三次就是用手指着他们，心里想着：你们怎么这么笨呢，猜了这么多次都猜不中。

师：哎哟，你把他的心理活动都说出来了，老师看你都急出汗了，没关系，你的动作做得非常好，我找人帮你补充。

生：第一个空填的是他就轻轻地摇摇头。第二个空填的是有点着急了，使劲地摆手，第三次就是彻底崩溃了（做动作）。

师：你这是什么动作？用语言描述出来。

生：把手放在额前，扶额并低下了头，表示崩溃了。

师：扶着额头这是一种无奈的表现，很贴切。

生：我觉得第一次是轻轻地摆摆手，第二次是摇头，第三次是用自己最后的力气使劲拍床。

师：是啊，想说你们怎么还猜不中啊。

生：第一次是轻轻地摆摆手，表示不对；第二次是有点着急了，使劲拍床；第三次就是没有信心了，直接吐血了。

师：老师觉得你们一次又一次把严监生的形象展现得淋漓尽致，把文章的内容也预测出了个大概，我感觉原文都没有你们填得好。接下来，同学们一起进入戏剧的世界中，同桌两人一个读，另一个做动作演一演。（学生读文、表演）

师：大家猜不中，严监生怎能安息，别忘了，我们还有一个预测小帮手，（出示图片）你们看看会不会有些启发。

师：他想说什么？

生：因为老师您说严监生也是个很抠的人，我觉得他应该和上一篇文章里的贾仁一样，抠得不合常理，而且他想说的话肯定和"二"有关系。图片上有一个人的衣服上有两个扣子，他想告诉那个人用两个扣子太浪费了，以后就用一个，省点儿钱。

生：我不同意他的观点，因为买扣子不是花他的钱，他应该不会这么在乎。我有一种想法，图中蜡烛上有两根灯芯，因为他很抠，觉得点两根灯芯太费钱了，所以他想灭掉一根。

（学生鼓掌）

师：掌声都响起了，看来大家不仅抓住了吝啬鬼的特点，还仔细观察了图片。我们看他们说得对不对。（出示文本，学生读文）他真的预测对了，我们把掌声送给第三位预测小能手。

（学生鼓掌）

> ### 设计意图
>
> 将预测故事情节和刻画人物形象训练组合在一起，学生在总结预测经验，有理有据猜测人物心理的同时，也发现了人物刻画的秘密。在深入阅读中提升了学生的语文素养。

三、文体教学，倡导发现

解读者

张恒梅，女，1977年11月生，大庆市萨尔图区教师进修学校小学语文教研员。她在学习研究组块教学的过程中，明晰了教师挖掘教材教学价值的重要性，尤其是教学应用类文体时，要充分利用文本培养学生自主发现文体特征的能力。

阅读教学旨在发展学生的思维，在语文学习中教师要明确文体教学的价值所在，着力倡导学生自主发现文体特征，促使文体思维得到发展。薛法根老师倡导"文本分类教学"，将小学语文教材中的文本按照文体类型进行重组，希望学生更加集中、更加透彻地掌握这一类文体阅读的基本方法。不同的文体表达方式不同，阅读方式也就不同，在文体教学中，多采用发现策略达成教学目标：一是准确识别文体类型；二是领会文体表达要领；三是感受表达效果；四是迁移运用写好练笔。

以说明类文体教学为例，探讨教学实践。说明文主要是以"读得懂，说得清，写得明"为核心教学任务，教师要调动学生个性体验，引导学生辨析、揣摩文字的意义，进而最终自己发现、找到答案。

[教材课文]

太阳

有这么一个传说，古时候，天上有十个太阳，晒得地面寸草不生。人们热得受不了，就找一个箭法很好的人射掉九个，只留下一个，地面上才不那么热了。其实，太阳离我们约有一亿五千万千米远。到太阳上去，如果步行，日夜不停地走，差不多要走三千五百年；就是坐飞机，也要飞二十几年。这么远，箭哪能射得到呢？

我们看到太阳，觉得它并不大，实际上它大得很，约一百三十万个地球的体积才能抵得上一个太阳。因为太阳离地球太远了，所以看上去只有一个盘子那么大。

太阳会发光，会发热，是个大火球。太阳的温度很高，表面温度有五千多摄氏度，就是钢铁碰到它，也会变成气体。

太阳虽然离我们很远很远，但是它和我们的关系非常密切。有了太阳，地球上的庄稼和树木才能发芽、长叶、开花、结果；鸟、兽、虫、鱼才能生存、繁殖。如果没有太阳，地球上就不会有植物，也不会有动物。我们吃的粮食、蔬菜、水果、肉类，穿的棉、麻、毛、丝，都和太阳有密切的关系。埋在地下的煤炭，看起来好像跟太阳没有关系，其实离开太阳也不能形成，因为煤炭是由远古时代的植物埋在地层底下变成的。

地面上的水被太阳晒着的时候，吸收了热，变成了水蒸气。空气上升时，温度下降，其中的水蒸气凝成了无数的小水滴，飘浮在空中，变成云。云层里的小水滴越聚越多，就变成雨或雪落下来。

太阳晒着地面，有些地区吸收的热量多，那里的空气就比较热；有些地区吸收的热量少，那里的空气就比较冷。空气有冷有热，才能流动，成为风。

太阳光有杀菌的作用，我们可以利用它来预防和治疗疾病。

地球上的光明和温暖，都是太阳送来的。如果没有太阳，地球上将到处是黑暗，到处是寒冷，没有风、雪、雨、露，没有草、木、鸟、兽，自然也不会有人。一句话，没有太阳，就没有我们这个美丽可爱的世界。

（选自统编教材小学语文五年级上册）

（一）聚焦目标，设计发现活动

说明类文体教学是建立在准确获取语言信息基础上的，此类文本用词科学严谨，表达通俗易懂，有时为了说明事物或事理还要准确使用知识性术语。所以教师在第一板块字词教学时，帮助学生扫清字词障碍，同时要注重文体特征，创设多元活动，初步体会说明文的语言特点。以《太阳》一课为例，老师在字词的选择上要精心设计，例如"摄氏度"在文中是具体描写太阳温度高的词语，老师可以用对比的方式展开教学活动，出示一段运用修辞描写太阳热的语句，可以是比喻句或是夸张句，置换到文中具体数字中，让学生读中感受，只有准确无误的描述才能写清楚太阳的温度究竟有多高。这样在学习理解词语的同时，又与不同文体的语句进行比较，建立读者意识，在学习初始就感受到说明文语言表达的科学严谨。然后再结合"抵得上"一词的学习，抓住"氏"与"抵"进行对比，让学生观察字形，加深区别记忆。看似只是生僻字教学，与文体之间并无关联，实则是聚焦核心目标——"明确文体特征"展开教学。

（二）理清结构，体会表达效果

"把握文本的教学价值"是组块教学内容研制策略之一。根据文体特点及学段目标，通过梳理教材我们发现，统编版教材中的说明文更多是一些文艺性科普小品文，它往往将所要说明对象的一些信息隐藏于生动的描述中。教学时，引导学生透过描写去辨认、提炼文章所反映的事物要点，准确获取信息，这是阅读说明性文章的重要价值。教师可以在第二板块中创设"提取信息""整理信息""分析信息"三个活动来实现梳理文章脉络这一目标。比如"鱼骨图"作为一种图形组织者，是一种非常直观、简单的可视化思维工具，可以帮助学生理清作者的写作思路，简明扼要地总结文章主要内容。在学生初读课文之后，教师可以教给学生利用鱼骨图来梳理文章写作顺序，由于操作简单，极大地激发了学生的浓厚兴趣。

学习说明方法，感受其表达效果也是说明文教学的重要内容。达成这一目标，不能依靠老师简单的说教，也不能贴标签式的灌输，教师要给学生搭建平台。教学中，可以通过置换、增删、联想等方法，让学生在充满乐趣的学习中，自主发现"列数字、作假设、举例子"三种说明方法各自独特的表达效果，学生学得扎实又印象深刻。例如，学生在体会列数字说明方法表达效果时，教师把文中具体的数字置换成"非常非常远""很多很多年""挺多年"，然后学生通过对比读原文语句和改写语句两组句子，真切地体会到含糊不清的词语是不能准确表述事物特点的，只有具体数字可以科学严谨地表达，使学生深刻体会到说明类文体语言表述的典型特征。

（三）比较归类，感受语言准确

说明文要用科学、准确的语言去描述客观事物，这是说明文有别于其他文体的重要特征。"约""差不多""据说"等看似模糊的字眼恰恰能准确地说明事物的特点，但学生在阅读时很容易从这些词上"滑过去"，忽略它们的价值。教师要通过归类、比较等方法让学生去发现这些语言现象，了解它们背后隐藏的语言"秘密"。

教学中，老师可以列举"五千多摄氏度"和"五千摄氏度"两组词语进行比较，引起学生心中的疑问——一个"多"字，看似含糊，怎么就能够准确描述太阳温度呢？再通过课外资料的补充学习，让学生明白作者这样写的原因，再一次体会到说明文文体语言表达的准确性。然后让学生自己去文中寻找类似的语言现象，加深学习体会，将学习所得迁移运用到自主学习中。

（四）创设情境，写好课堂练笔

读写结合是语文教学的重要内容，说明类文体教学亦是如此。教师要给学生创设情境任务，利用课堂习得进行写作拓展。通过前几个板块的有效教学，学生通过多元化活动，已经充分了解说明文文体的特征，还学会运用多种说明方法来描述事物特点，因此在第四板块就可以水到渠成地设计写好小练笔。本课的课后练习是让学生写关于电视塔的小练笔，教师一定要抓住契机，引导学生把学习所得迁移运用到练笔当中。教学时，利用视频或图片勾起学生对广播电视塔的印象，然后抓住塔"高"这个突出特点，就势引导学生运用多种方法来说明它的"高"。学生基于言语交际的实际需要，不仅可以使用文中出现的列数字、做比较这些说明方法，还可以尝试运用打比方来描写事物。教学活动的创设是为了生活实践的需要，通过这样有针对性的实际操练，学生既读懂了说明类文体，也会用这样的方式来写事物，同时又为本单元的说明文习作做了很好的准备。

[教学实录]

实践者

　　张雪，女，1989年7月生，大庆市兰德学校语文教师，大庆市教学能手。在学习与实践组块教学的一年里，她认识到教学要有文体意识，充分挖掘不同文体的教学价值，激发学生自主探究各类文体阅读方法的乐趣。

板块一：理词识字，明确文体特征

师：今天老师和大家共同学习《太阳》。这是一篇什么体裁的文章？

生：说明文。

师：著名的教育家叶圣陶先生曾经说过——说明文以"说明白了"为成功。这篇课文你觉得作者把太阳"说明白了"吗？

生：（齐答）说明白了。

师：我来考考大家。（出示"摄氏度"，指名读）"摄氏度"是什么意思？

生：是一种温度单位，我们平时总用到"摄氏度"。

师：（出示：太阳的温度很高，表面温度有五千多摄氏度……）从这句话中你感受到了什么？

生：太阳的温度特别高。

师：再看这段文字（出示：太阳像个大火炉，地上的土块被晒得滚烫滚烫的，就连空气也是热烘烘的，走在街上就像进了蒸汽浴室一样难受），你有没有感受到太阳的温度很高？（生答有）如果把这段文字换入课文中是否可以？

生：放在整篇课文中感觉这段文字有些别扭，也没写明白太阳温度有多高。

师：像上面这段文字属于文学性的描述，可以放在记叙文、散文等文体中，但说明文必须用科学、准确的语言正确无误地介绍事物，这也是说明文区别于其他文体的重要特点。

师：（出示"抵得上"，指名读）什么是"抵得上"？（生答相当于）（出示"我们看到太阳，觉得它并不大，实际上它大得很，约一百三十万个地球的体积才能抵得上一个太阳。"）这句话是什么意思？

生：大约一百三十万个地球才相当于一个太阳。

师：看来这句话大家一看就明白了。再看这段关于太阳体积的描写。（出示资料：太阳的半径为 69.6 万千米，利用球体的体积公式 $V=(4/3)\pi r^3$，可以算出太阳的体积约为 1.412×10^{18} 立方千米。）你读完知道太阳的体积有多大了吗？

生：这里的数字和公式我都没学过，这么写虽然写清楚了太阳的体积是多大，但是我还是不明白到底有多大。

师：这段资料中的数字虽然非常具体，但同学们却看不懂，也就是没"说明白"。作者虽然没有直接告诉我们太阳的体积具体是多少，但通过运用"抵得上"进行比较，我们就能感受到太阳的体积很大。同样都是说明文，同样都是写太阳的体积，但读者不同，写法不同，这篇《太阳》是写给同学们看的说明文，所以语言风格通俗易懂。

师：这两个词中"抵"和"氐"是本课要求会写的字，观察这两个生字，发现了什么？

生："抵"比"氐"多了提手旁，右边的"氐"下面还有一个点。

（师示范书写，指导书写要领）

设计意图

一边理解词语，一边与不同文体的相关句子进行比较，让学生体会说明文的文体特点。

板块二：提取信息，学习说明方法

师：请大家默读课文，思考课文写了太阳哪些方面的内容？（学生边读边批注，并进行分享）

师：我们通过圈画、批注的方式梳理了一遍课文大概的内容，但这样梳理还不够直观、有条理。今天老师教大家用"鱼骨图"的方式来梳理课文内容。（师边讲解边用课件出示鱼骨图对应的部分）

师：第一自然段写的传说，知道是什么传说吗？（生齐答后羿射日）知道后羿射日传说的同学举手。（生全部举手）看来这个传说大家都知道，后面"与人类关系密切"这部分内容以前知道的请举手，（没有学生举手）看来这部分是同学们以前不熟悉的内容。发现作者按照什么顺序进行写作了吗？

生：由读者熟悉到陌生的写作顺序。

师：如果我把"与人类关系密切"放在前面，后羿射日的传说放在后面，行不行呢？

生：不行。从读者熟悉的内容写起，可以引起读者的阅读兴趣，如果一开始就让读者看"与人类关系密切"这部分，可能就看不下去了。

师：继续观察鱼骨图，作者主要抓住太阳哪些特点来写的？（生答距离远，体积大，温度高）太阳还有很多特点，为什么只写这三个特点呢？

生：因为它们是太阳最突出的特点。

师：说明事物需要运用说明方法，请大家默读第一到第三自然段，看看作者运用了哪些说明方法来写太阳"远、大、热"这三个突出特点？（生齐读第一自然段）

生："太阳离我们约有一亿五千万千米远。"这句话运用了列数字的说明方法。（师贴词卡"列数字"）

师：这段文字中列了好多数字，一亿五千万千米，三千五百年，二十几年，太枯燥了，所以我把这些数字换成了"非常非常远、很多很多年、挺多年"（出示课文原句与修改后的句子），这么换行不行？

生：不行。叶圣陶先生说了，说明文以说明白了为成功，用这些词语没说明白太阳离我们到底有多远。

生：不行。描写得不具体。说明文要有科学依据，如果用这些模糊的词而不用具体的数字，就没有把太阳离我们远说得很准确。（板书：准确）

生："到太阳上去，如果步行，日夜不停地走，差不多要走三千五百年；就是坐飞机，也要飞二十几年。"这句话运用的是作假设。

师："如果"是一种假设，这些假设的事情可能发生吗？

生：不可能发生。

师：既然是不可能发生的事情，我觉得这些句子还是删掉吧。（出示课文原句与修改后的句子）

生："一亿五千万千米"对我们来说太抽象了，根本没有什么概念，体会不到有多远。步行和坐飞机离我们生活很近，我们比较容易理解。

生：不能删，作者说日夜不停地走，差不多要走三千五百年，让我感觉到太阳离我们非常非常远。

生：我以前坐飞机从大庆到北京飞了两个多小时，当我读到"就是坐飞机，也要飞二十几年"时，我就能想象太阳离我们非常遥远。

师：对，我们无法想象"一亿五千万千米"到底有多远，但我们可以想象日夜不停地走三千五百年和坐飞机飞二十几年时间很长，作者把抽象的距离长度换成了具体的时间，我们就可以想象、感知到太阳离我们非常远，这就是作假设的独特作用——形象。

（师在词卡"作假设"后板书：形象）

生："约有一百三十万个地球的体积才能抵得上一个太阳。"运用了做比较的说明方法。

师：（出示大庆地图）咱们大庆五区四县加起来大不大？（生齐答大）大庆都这么大了，我在中国地图上查了一下，（出示中国地图）大庆在中国地图上就是很小很小的一个点，我又看了一下世界地图，（出示世界地图）中国在世界地图上也就这么大，要是在外太空上往地球上看，（出示地球图片）你觉得能看到咱们大庆吗？

生：看不到，地球可真大！

师：得多少个地球才能抵得上一个太阳？

生：大约一百三十万个地球。

师：我觉得除了地球，也可以拿太阳系中的火星、水星等其他行星与太阳进行比较。

生：不行，我们不熟悉这些星球的大小，这样做比较也感觉不到太阳有多大。

师：看来要想把做比较运用好，要用读者熟悉的事物做比较，才能让读者很生动形象地感受到太阳有多大。（师在词卡"做比较"后板书：生动）

生："就是钢铁碰到它，也会变成气体。"运用了作假设的说明方法。

师：知道钢铁熔化的温度是多少吗？（生答不知道）是一千五百摄氏度，这只是钢铁熔化成液体的温度，大家再看课文，钢铁碰到太阳就变成什么了？

生：气体。

师：如果人碰到太阳会怎么样呢？

生：太阳的温度太高了，人可能会瞬间消失。

师：（指着板书总结）运用"列数字、做假设、做比较"，可以把事物的特点写得"准确、形象、生动"。

（出示：我国发现过一头近四十吨重的鲸，约十七米长，一条舌头就有十几头大肥猪那么重，它要是张开嘴，人站在它嘴里，举起手来还摸不到它的上颚，四个人围着桌子坐在它的嘴里看书，还显得很宽敞）

师：大家阅读这段资料，作者在写这头鲸的什么特点？用了什么说明方法？达到了什么表达效果？

生：我感受到这头鲸的体形庞大。作者运用了列数字写这头鲸的体重和身长，准确地说清楚了这头鲸体形有多大。

生：为了让读者生动形象地感知到这头鲸到底有多大，作者运用做比较，把它的舌头和几十头大肥猪进行比较，大肥猪是我们比较熟悉的事物，所以很容易地就能让我们感受到这头鲸非常大。

生：作者还运用了做假设，假设了两种我们熟悉的生活场景，举手向上摸和四个人围着桌子坐，把这头鲸的嘴有多大写得非常生动，它的嘴就已经这么大了，那整头鲸得多大啊！

师：作者为了描写这头鲸体形庞大，运用了几种说明方法？

生：三种，列数字、做比较和做假设。

师：我们在写事物的一个特点时，为了让读者准确、形象地感知到事物的特点，可以像这段资料一样运用多种说明方法。

（出示：长须鲸刚生下来就有十多米长，七吨重，一天能长三十千克到五十千克，两三年就可以长成大鲸。）

师：默读这段资料，作者写了长须鲸什么特点？运用了什么说明方法？

生：作者写出了长须鲸生长速度快的特点，运用了列数字。

师：作者为什么这里不运用做比较或做假设等其他的说明方法呢？

生：这里不是为让读者感受长须鲸有多大，每天长的重量有多重，而是为了让读者知道它生长速度快，还是用列数字比较直观、准确。

师：对，有时我们写事物的某个特点，可能只需要一种说明方法，这要根据事物的特点进行选择，充分考虑读者的阅读感受。

设计意图

以学习说明方法为核心目标，重组教学内容：通过画鱼骨图梳理文章脉络，找到太阳的突出特点；通过"置换""增删""联想"体会文中说明方法的表达效果；通过品析"习作例文"片段，学习如何选择恰当的说明方法。为学生迁移运用说明方法做好准备。

板块三：比较归类，体会语言准确

师：（出示：太阳的温度很高，表面温度有五千多摄氏度……）看这里的"五千多摄氏度"是精确数字吗？（生答不是）加上"多"字就变得不是很精确，而是一个大概的数字，作者为什么不用精确的"五千摄氏度"呢？（生答可能太阳的温度不是正好的五千摄氏度吧）大家阅读以下这段资料，再想想作者为什么不用"五千摄氏度"。（出示关于太阳表面温度研究的资料）

生：因为太阳表面的温度不是由仪器测量的，而是通过公式推算的大概温度，所以作者用的是"五千多摄氏度"。

师：所以作者这样写更加科学、准确。请同学们去文中找一找这种看似不准确，很模糊的字眼，却充分体现了说明文语言科学、准确的特点。

生："太阳离我们约有一亿五千万千米远。""约一百三十万个地球的体积才能抵得上一个太阳。"这两句话中的"约"字体现了语言的准确性。

生："就是坐飞机，也要飞二十几年"中的"几"字。

生："日夜不停地走，差不多要走三千五百年"中的"差不多"。

师：大家看，像"约""差不多""大概""估计"等这样看似模糊的词语的运用，能让说明文的语言更科学、准确。

（出示句子：通过统计发现，中国13岁男孩的平均身高为159.5厘米。）

师：大家看这个句子语言是否科学、准确？

生：我觉得不准确，统计的人不可能把中国所有13岁的男孩都统计到，这个159.5厘米也只是一个参考数字，应该说"平均身高约为159.5厘米"。

师：加上"约"字确实变得更加严谨、科学了。大家再看这个例子。（出示用尺子测量语文书的照片。出示句子：这本语文书长约25.8厘米。）大家看这个句子语言是否科学、准确？

生：从图片上看，这本语文书正好是25.8厘米长，加上"约"字反而会误导读者，应该把"约"字去掉。

师：看来不是加上"约""差不多"等这样模糊的词语就一定可以让语言

变得科学、准确，在写说明文时最重要的是要客观、准确地描述事物，要本着实事求是的科学态度来向读者介绍事物。

以学习说明文语言科学、准确的特点为核心目标，重组教学内容：通过比较和归类学习，体会"约""差不多"等词语的运用让说明语言更加准确；通过品析不同的句子，辩证看待"约""差不多"等词语的使用，学习使语言变得科学、准确的方法。为学生使用客观、准确的语言完成本单元的习作做好准备。

板块四：迁移运用，练写身边事物

师：（出示大庆广播电视塔的图片）你见过它吗？（生答大庆广播电视塔）你见到电视塔第一印象是什么？（生答非常高）《太阳》这篇课文抓住的是太阳"远、大、热"三个突出的特点来写的，如果让你介绍大庆广播电视塔，你打算抓住它的什么突出特点来写？

生：我要写它非常高这个突出特点。

师：大家尝试着写一个小片段，介绍一下大庆广播电视塔"高"的特点。（师继续出示资料包：高约260米，一张广电大厦和大庆广播电视塔的远景照片）

生：大庆广播电视塔的高度约260米，两个广电大厦的高度才能抵得上一个大庆广播电视塔的高度，它像一个高大的巨人屹立在天地之间。

师：这位同学运用了列数字、做比较和打比方，还可以用什么说明方法呢？请大家回家继续完成这个小练笔。

设计意图

通过创设学生熟悉的生活情境，引导学生迁移运用说明方法，为后续完成本单元的习作做准备。

参考文献

［1］薛法根.为言语智能而教［M］.北京：教育科学出版社，2014.

［2］薛法根.现在开始上语文课——薛法根课堂教学实录［M］.北京：教育科学出版社，2014.

［3］薛法根.文本分类教学［M］.福州：福建教育出版社，2018.

［4］薛贵.脑科学与学习变革［J］.教育家，2018（4）.

［5］蔡建新.解读"组块教学"——试谈薛法根的"组块教学"［J］.小学教学研究，2011（12）：35–37.

［6］王恒友.让学生带着体验阅读文本［J］.文学教育（下），2019（004）：98–99.

后 记

　　大庆市教师发展学院作为市级研培部门，认真履行研究、指导、服务、管理的职能，致力于提升教研水平和教师培训效能。精准教研策略实施以来，深入课堂及时发现问题和解决问题成为大庆研培工作的重要路径。贴近课堂，解决教学存在的问题，这种做法激发了大家探索前沿教育理念和教学模式的热情。

　　薛法根校长的组块教学理念被小学语文教研员韩宇哲老师在众多著名的科研成果中发现，并推荐给我。经过研读和思考，我认为组块教学的确是治疗小学语文教学"高耗低效"的良药：组块教学理念依托儿童发展观、语文课程观和大脑功能科学构建教学模式，试图通过改善语文教学活动的质量，极大可能地促进生命智慧潜能的生长；组块教学的实践模式和操作环节体系完整，利于推广和研究；组块教学策略研究的成果结实而饱满，理论和课例相得益彰，便于教师们学习和实践；组块教学理念在全国具有很大的影响力，专家强强联手的"全国联盟"，为致力于组块教学研究的区域提供义务培训和指导。

　　2018 年 11 月我代表大庆教师发展学院向全国组块教学联盟提出加入申请。经过组块教学研究室专家组评议，通过了审核，12 月 13 日授牌成立"全国组块教学联盟大庆工作站"。吕占国担任站长，我担任副站长，韩宇哲老师担任工作站事务负责人，张海霞老师担任工作站秘书长。2019 年 1 月开始全员学习薛法根教育文丛，教师们在阅读中逐渐了解并热爱上了组块教学；2月26日，经过面试答辩，工作站从500多位报名者里选定了首期成员110人；3月15日在工作站揭牌仪式上，我部署了三年期课题"基于统编教材的组块教学理念下的阅读教学课型研究"的研究方案，按照分工，划分了9个课题研究小组；3月28日，全国特级教师薛法根校长带着联盟的专家们亲临大庆指导，帮我们明确了研究的方向和路径。

2019年4—7月，课题组按照研究计划开展了组块教学实践研究，尝试落实组块教学的理念和策略。各个课题组的成员们在组长的带领下勤于学习、精于思考，进步很快。每一次的教研活动中都有九位组长的身影——薛立娜、宋有丽、佟敏娟、马兴术、张恒梅、李玉梅、彭涛、于招霞、徐海霞，也离不开各县区教师进修学校教研员、实验校领导和助理们的前后忙碌——孟兆君、秦慧学、马兴术、董春杰、王晓梅、唐亚玲、李晓娟、袁秀玲、高伟、杨艳辉、崔文红、周艳红、孙丽红、李治萍、高丽莎、张莉、李娜、李辉、孙璐璐、于慧敏、闫艺馨、徐迪、丁秀丽、赵文冬、马立英、宋贤华、张春玲、李响、贾野、李晓飞、王晓艳……恕我不能逐一列出。因大家的勇立潮头、埋头苦干，工作站的工作才得以顺利开展。尤其在各项大型活动中，肇源县、萨尔图区、龙凤区老师们的突出表现令人难忘；靓湖学校、高新区学校、机关三小、东城领秀学校、祥阁学校、庆风小学、奥林学校、机关一小、机关二小、机关四小、机关五小、澳龙学校的鼎力支持、优质服务令人感动；参与教研展示的团队和个人废寝忘食、精益求精的劲头令人敬佩；组块教学大赛、粉笔字大赛中每位选手的力争上游令人赞叹。

工作站的研究和实践工作在一项项有的放矢的活动中拔节再拔节。当大家有了一些收获后，也有了困惑，于是工作站把握时机开展了"再读组块教学"的读书活动，期待通过精读薛法根校长的《为言语智能而教》，总结收获，解决困惑。8月，大家结合薛校长的《现在开始上语文课》和自己教学中的课例，解读《为言语智能而教》中的相关理念、理论、概念和策略，形成读书笔记后分享至微信学习群内。如火如荼的暑假"结伴读书"活动让我们在分享中对组块教学有了更深入的认识，获得了继续研究和实践的动力和能源。

　　读书活动期间，薛法根校长看了部分成员的读书笔记，觉得写得很好，可以汇编起来，如果初学组块教学的人读了，就会有助于理解和操作。于是，9月中旬开始汇编工作，每位成员针对自己解读的观点修改和完善论述、例证；10月中旬担任每章初稿修订任务的是23位编委：马兴术、薛立娜、彭涛、宋有丽、佟敏娟、高伟、张恒梅、李玉梅、徐海霞、张莉、高丽莎、于招霞、丁秀丽、李晓飞、徐迪、贾野、张胜男、闫艺馨、李治萍、杨昊霖、段雨萌、张洋溢、李娜；第一至五章的主编分别是张恒梅、丁秀丽、马兴术、高丽莎、张海霞和贾野。11月初，韩宇哲与张海霞老师，对汇编总稿进行了逐章逐节的第一轮修订完善；11月10日开始，我和韩宇哲老师对总稿的框架和层次做了修订，并将对《为言语智能而教》理念理解错误和偏差的文稿退回重写；将观点重复和课例引用角度相同的文稿退回重写；将由于思考不清造成论述模糊的文稿退回重写。每一位作者都潜心钻研，投入到重写和修订的工作中。审阅日益精进的读书笔记过程，也是我对组块教学认识获得提升的过程。汇编的过程中，薛法根校长提出了很多宝贵的修改建议，因此促成了我们顺利完稿。

　　在读书笔记汇编出版之际，我要特别感谢薛法根校长，因他的关注和引领才使得大庆工作站行走有力，让大庆小语团队焕发出了前所未有的活力；我也要感谢"组块教学研究室"的专家们，因他们的无私扶持和关怀，才使得大庆工作站在成立仅8个月的时间里拥有了这部编著，让每位教师获得了成长感和幸福感；我还要感谢韩宇哲老师和她带领下的大庆小语团队，博学精思、脚踏实地，为提升教研、教学水平从不懈怠，乐此不疲，收获了喜人的初期成果。

　　没有无缘无故的成长，每一份成长的背后都有一份动力，更有一份努力。结伴读书还会继续，读书笔记也依然会源源不断，这将成为大庆工作站前行中的习惯——相互分享，逐光暖行！

张涛

2019 年 11 月 18 日